O filtro invisível

Eli Pariser

O filtro invisível

O que a internet está escondendo de você

Tradução:
Diego Alfaro

ZAHAR

Ao meu avô, Ray Pariser, que me ensinou que a melhor maneira de utilizar o conhecimento científico é colocá-lo a serviço da busca de um mundo melhor. E à minha família e amigos, que enchem minha bolha de inteligência, bom humor e amor.

Título original:
The Filter Bubble
(What the Internet Is Hiding from You)

Tradução autorizada da primeira edição americana, publicada em 2011 por The Penguin Press, de Nova York, Estados Unidos

Jorge Zahar Editor Ltda.
rua Marquês de São Vicente 99 – 1º andar | 22451-041 Rio de Janeiro, RJ
tel (21) 2529-4750 | fax (21) 2529-4787
editora@zahar.com.br | www.zahar.com.br

Grafia atualizada respeitando o novo Acordo Ortográfico da Língua Portuguesa

Preparação: Guilherme Bernardo | Revisão: Maria Helena Torres, Eduardo Farias
Indexação: Nelly Praça | Capa: Thiago Lacaz

CIP-Brasil. Catalogação na fonte
Sindicato Nacional dos Editores de Livros, RJ

Pariser, Eli
P259f O filtro invisível: o que a internet está escondendo de você / Eli Pariser; Tradução Diego Alfaro. – Rio de Janeiro: Zahar, 2012.

Tradução de: The filter bubble: what the Internet is hiding from you
Inclui índice
ISBN 978-85-378-0803-0

1. Organização da informação. 2. Web semântica – Aspectos sociais. 3. World Wide Web (Sistema de recuperação da informação) – Acesso por assunto. 4. Internet – Censura. I. Título.

CDD: 303.4833
11-8569 CDU: 316.422

Sumário

Introdução

> A morte de um esquilo na frente da sua casa pode ser mais relevante para os seus interesses imediatos do que a morte de pessoas na África.
>
> MARK ZUCKERBERG, fundador do Facebook

> Nós moldamos nossas ferramentas, e então nossas ferramentas nos moldam.
>
> MARSHALL MCLUHAN, teórico da comunicação

POUCAS PESSOAS NOTARAM a mensagem postada no blog corporativo do Google em 4 de dezembro de 2009. Não era muito chamativa – nenhum anúncio espalhafatoso, nenhum golpe publicitário do Vale do Silício, só uns poucos parágrafos de texto perdidos em meio a um resumo semanal que trazia os termos mais pesquisados e uma atualização do software de finanças do Google.

Mas a postagem não passou totalmente despercebida. O blogueiro Danny Sullivan, que escreve sobre mecanismos de busca, esquadrinha os itens postados no blog do Google em busca de pistas que indiquem para onde se encaminha esse gigante do mundo virtual; para Danny, a postagem foi muito importante. Tão importante que, no dia seguinte, ele escreveu que aquela era "a maior mudança já ocorrida em mecanismos de busca". Segundo Danny, o título já dizia tudo: "Busca personalizada para todos."

A partir daquela manhã, o Google passaria a utilizar 57 "sinalizadores" – todo tipo de coisa, como o lugar de onde o usuário estava conectado, que navegador estava usando e os termos que já havia pesquisado – para tentar adivinhar quem era aquela pessoa e de que tipos de site gostaria. Mesmo que o usuário não estivesse usando sua conta do Google, o site padronizaria os resultados, mostrando as páginas em que o usuário teria mais probabilidade de clicar segundo a previsão do mecanismo.

A maior parte das pessoas imagina que, ao procurar um termo no Google, todos obtemos os mesmos resultados – aqueles que o PageRank, famoso algoritmo da companhia, classifica como mais relevantes, com base nos links feitos por outras páginas. No entanto, desde dezembro de 2009, isso já não é verdade. Agora, obtemos o resultado que o algoritmo do Google sugere ser melhor para cada usuário específico – e outra pessoa poderá encontrar resultados completamente diferentes. Em outras palavras, já não existe Google único.

Não é difícil enxergar essa diferença na prática. Na primavera de 2010, enquanto os escombros da plataforma de petróleo Deepwater Horizon cuspiam petróleo no Golfo do México, pedi a duas amigas que buscassem o termo "BP". As duas eram bastante parecidas entre si – mulheres com bom grau de instrução, brancas, politicamente de esquerda, vivendo na região nordeste dos Estados Unidos. Mas os resultados que encontraram foram bem diferentes. A primeira encontrou informações sobre investimentos na BP. A segunda, notícias. Para uma, a primeira página de resultados continha links sobre o derramamento de petróleo; para a outra, não havia nenhum link sobre o tema, apenas uma propaganda promocional da BP.

Até o número de resultados apresentados pelo Google variava – cerca de 180 milhões para uma delas e 139 milhões para a outra. Se os resultados eram tão diferentes entre essas duas mulheres progressistas da costa leste dos Estados Unidos, imagine a diferença entre os resultados encontrados pelas minhas amigas e, por exemplo, um homem republicano de meia-idade que viva no Texas (ou, então, um empresário japonês).

Agora que o Google está personalizado para todos, a pesquisa "células-tronco" pode gerar resultados diametralmente opostos para cientistas favoráveis à pesquisa com células-tronco e para ativistas opostos a ela. "Provas da mudança climática" pode gerar resultados diferentes para um ambientalista e para um executivo de companhia petrolífera. Segundo pesquisas, a ampla maioria das pessoas imagina que os mecanismos de busca sejam imparciais. Mas essa percepção talvez se deva ao fato de que esses mecanismos são cada vez mais parciais, adequando-se à visão de mundo de cada um. Cada vez mais, o monitor do nosso computador é uma espécie de espelho que reflete nossos próprios interesses, baseando-se na análise de nossos cliques feita por observadores algorítmicos.

O anúncio do Google representou um marco numa revolução importante, porém quase invisível, no modo como consumimos informações. Podemos dizer que, em 4 de dezembro de 2009, começou a era da personalização.

QUANDO EU ERA MAIS JOVEM, na região rural do estado do Maine, na década de 1990, recebíamos todo mês em nossa fazenda a revista *Wired*, cheia de histórias sobre a AOL e a Apple e sobre como os hackers e os tecnólogos estavam mudando o mundo. Eu era pré-adolescente e tinha a clara impressão de que a internet iria democratizar o planeta, conectando-nos a informações melhores e nos dando a capacidade de interferir sobre elas. Os futuristas e tecno-otimistas da Califórnia que escreviam aquelas páginas estavam inteiramente convictos de que uma revolução inevitável e irresistível chegaria a qualquer momento, uma revolução que nivelaria a sociedade, desbancaria as elites e traria uma espécie de utopia global libertadora.

Na faculdade, aprendi sozinho a programar em HTML, além de adquirir noções elementares das linguagens PHP e SQL. Eu gostava de construir sites para amigos e preparar projetos para a universidade. Quando um e-mail recomendando um site que eu havia criado se tornou viral depois dos atentados de 11 de setembro de 2001, vi-me subitamente em contato com meio milhão de pessoas de 192 países.

Para um rapaz de vinte anos de idade, foi uma experiência extraordinária – em questão de dias, encontrei-me no centro de um pequeno movimento. Também foi um pouco avassalador. Por isso uni forças com um pequeno projeto desenvolvido na Universidade de Berkeley por estudantes engajados, chamado MoveOn.org. Os cofundadores, Wes Boyd e Joan Blades, tinham criado uma empresa de software que trouxe ao mundo o protetor de tela das torradeiras voadoras. O nosso programador-chefe era um rapaz de vinte e poucos anos, com ideias políticas libertárias, chamado Patrick Kane; o nome de seu serviço de consultoria, We Also Walk Dogs ("Também levamos cachorros para passear"), havia saído de uma história de ficção científica. Carrie Olson, uma veterana dos tempos das Torradeiras Voadoras, gerenciava as operações. Todos trabalhávamos das nossas casas.

O trabalho em si, em geral, não era muito glamouroso – formatar e enviar e-mails, construir sites. Mas era empolgante, porque estávamos convencidos de que a internet tinha o potencial de iniciar uma nova era de transparência. A perspectiva de que os líderes pudessem se comunicar de forma direta e gratuita com seus eleitores iria mudar tudo. E a internet dava aos eleitores um novo poder para congregarem esforços e se fazerem ouvir. Quando olhávamos para Washington, víamos um sistema emperrado por intermediários e burocratas; a internet tinha potencial para acabar com tudo aquilo.

Quando entrei para o MoveOn em 2001, tínhamos cerca de 5 mil membros nos Estados Unidos. Hoje, são mais de 5 milhões – o que faz do MoveOn um dos maiores grupos de interesse dos Estados Unidos, consideravelmente maior do que a National Rifle Association, a associação defensora do direito ao porte de armas. Juntos, nossos membros já ofereceram mais de 120 milhões de dólares em pequenas doações para apoiar causas comuns – um sistema de saúde universal, uma economia verde e um processo democrático mais próspero, para citar algumas.

Durante algum tempo, parecia que a internet iria redemocratizar completamente a sociedade. Blogueiros e os chamados "jornalistas cidadãos" iriam reconstruir os meios de comunicação com as próprias mãos. Os políticos só poderiam concorrer nas eleições se contassem com ampla base de apoio, recebendo pequenas doações de pessoas comuns. Os governos locais se tornariam mais transparentes e teriam de prestar contas aos cidadãos. Contudo, esses tempos de conectividade cívica com os quais eu tanto sonhava ainda não chegaram. A democracia exige que os cidadãos enxerguem as coisas pelo ponto de vista dos outros; em vez disso, estamos cada vez mais fechados em nossas próprias bolhas. A democracia exige que nos baseemos em fatos compartilhados; no entanto, estão nos oferecendo universos distintos e paralelos.

Minha sensação de desconforto ganhou corpo quando notei que meus amigos conservadores tinham desaparecido da minha página no Facebook. Na política, eu tenho inclinações de esquerda, mas gosto de saber o que pensam os conservadores; por isso, fiz algum esforço para formar amizades com conservadores e os adicionei como contatos no Facebook. Eu queria saber que links eles iriam postar, queria ler seus comentários e aprender um pouco com eles.

Mas seus links nunca apareciam na minha seção de Principais Notícias. O Facebook aparentemente estava fazendo as contas e percebendo que eu ainda clicava mais vezes nos links dos meus amigos progressistas do que nos dos meus amigos conservadores – e que clicava ainda mais em links com os últimos clipes da Lady Gaga. Por isso, nada de links conservadores para mim.

Comecei a fazer algumas pesquisas, tentando entender como o Facebook decidia o que me mostrar e o que ocultar. Acabei descobrindo que o Facebook não estava sozinho.

Sem grande aviso ou estardalhaço, o mundo digital está mudando em suas bases. O que um dia foi um meio anônimo em que qualquer pessoa podia ser quem quisesse – no qual, nas palavras de uma famosa charge da *New Yorker*, "ninguém sabe que você é um cachorro" – transformou-se agora numa ferramenta dedicada a solicitar e analisar os nossos dados pessoais. Segundo um estudo do *Wall Street Journal*, os cinquenta sites mais visitados da internet, sejam eles a CNN, o Yahoo ou o MSN, instalam cada um, em média, 64 cookies repletos de dados e *beacons* de rastreamento pessoal. Se buscarmos uma palavra como "depressão" no Dictionary.com, o site irá instalar 223 cookies e *beacons* de rastreamento em nosso computador, para que outros sites possam nos apresentar anúncios de antidepressivos.

Se compartilharmos um artigo sobre culinária na ABC News, seremos perseguidos em toda a rede por anúncios de panelas revestidas de Teflon. Se abrimos – por um mero instante – uma página que liste sinais para identificar se nosso cônjuge está nos traindo, logo seremos assombrados por anúncios de testes de paternidade por DNA. A nova internet não só já sabe que você é um cachorro – ela conhece a sua raça e quer lhe vender um saco de ração *premium*.

A tentativa de saber o máximo possível sobre seus usuários tornou-se a batalha fundamental da nossa era entre gigantes da internet como Google, Facebook, Apple e Microsoft. Como me explicou Chris Palmer, da Electronic Frontier Foundation: "Recebemos um serviço gratuito, e o custo são informações sobre nós mesmos. E o Google e o Facebook transformam essas informações em dinheiro de forma bastante direta." Embora o Gmail e o Facebook sejam ferramentas úteis e gratuitas, também são mecanismos extremamente eficazes e vorazes de extração de dados, nos quais despejamos os detalhes mais íntimos das nossas vidas. O nosso belo iPhone novo sabe exatamente onde estamos, para quem ligamos, o que lemos; com seu microfone, giroscópio e GPS embutidos, sabe se estamos caminhando, se estamos no carro ou numa festa.

Ainda que o Google tenha (até agora) prometido guardar nossos dados pessoais só para si, outras páginas e aplicativos populares da internet – do site de passagens aéreas Kayak.com ao programa de compartilhamento AddThis – não dão essa garantia. Por trás das páginas que visitamos, está crescendo um enorme mercado de informações sobre o que fazemos na rede, movido por empresas de dados pessoais pouco conhecidas, mas altamente lucrativas, como a BlueKai e a Acxiom. A Acxiom, por si só, já acumulou em média 1.500 informações sobre cada pessoa em sua base de dados – que inclui 96% da população americana –, com dados sobre todo tipo de coisa, desde a classificação de crédito de um usuário até o fato de ter comprado remédios contra incontinência. Usando protocolos ultravelozes, qualquer site – não só os Googles e Facebooks – pode agora participar da brincadeira. Para os comerciantes do "mercado do comportamento", cada "indicador de clique" que enviamos é uma mercadoria, e cada movimento que fazemos com o mouse pode ser leiloado em microssegundos a quem fizer a melhor oferta.

A fórmula dos gigantes da internet para essa estratégia de negócios é simples: quanto mais personalizadas forem suas ofertas de informação, mais anúncios eles conseguirão vender e maior será a chance de que você compre os produtos oferecidos. E a fórmula funciona. A Amazon vende bilhões de dólares em produtos prevendo o que cada cliente procura e colocando esses produtos na página principal de sua loja virtual. Até 60% dos filmes alugados pela Netflix vêm de palpites personalizados feitos pelo site sobre as preferências dos clientes – a esta altura, a Netflix consegue prever o quanto iremos gostar de certo filme com margem de erro de aproximadamente meia estrela. A personalização é uma estratégia fundamental para os cinco maiores sites da internet – Yahoo, Google, Facebook, YouTube e Microsoft Live – e também para muitos outros.

Nos próximos três a cinco anos, disse Sheryl Sandberg, diretora-executiva de operações do Facebook, a ideia de um site que não seja adaptado a cada usuário vai parecer estranha. Tapan Bhat, vice-presidente do Yahoo, concorda: "O futuro da internet é a personalização – a rede agora gira em torno do 'eu'. A ideia é entrelaçar a rede de uma forma inteligente e personalizada para o usuário." Eric Schmidt, presidente do Google, afirma, entusiasmado, que o "produto que eu sempre quis projetar" é um código do Google que "adivinhe o que eu vou escrever". O Google Instant, funcionalidade lançada no outono de 2010 que adivinha o que estamos procurando enquanto digitamos, é apenas o começo – Schmidt acredita que o que os clientes esperam do Google é que o site "lhes diga o que deverão fazer a seguir".

Toda essa personalização poderia estar restrita à oferta de propaganda personalizada. Mas a personalização não define apenas aquilo que compramos. Para uma porcentagem cada vez maior de pessoas, *feeds* de notícias como o do Facebook estão se transformando em sua fonte principal de informações – 36% dos americanos com menos de trinta anos de idade leem suas notícias em redes sociais. E a popularidade do Facebook está disparando em todo o mundo: quase meio milhão de pessoas adere ao site a cada dia. Seu fundador, Mark Zuckerberg, costuma se vangloriar dizendo que o Facebook talvez seja a maior fonte de notícias do mundo (pelo menos segundo algumas definições de "notícia").

E a personalização está moldando os fluxos de informação muito além do Facebook, pois sites como o Yahoo Notícias ou o News.me – financiado pelo *New York Times* – estão passando a nos fornecer manchetes segundo nossos interesses e desejos pessoais. A personalização influencia os vídeos a que assistimos no YouTube e numa dúzia de concorrentes menores, além das postagens de blogs que acompanhamos. Afeta os e-mails que recebemos, os possíveis namoros que encontramos no Ok Cupid e os restaurantes que o Yelp nos recomenda – ou seja, a personalização pode facilmente afetar não só quem sai para jantar com quem, mas também aonde vão e sobre o que conversam. Os algoritmos que orquestram a nossa publicidade estão começando a orquestrar nossa vida.

O código básico no seio da nova internet é bastante simples. A nova geração de filtros on-line examina aquilo de que aparentemente gostamos – as coisas que fazemos, ou as coisas das quais as pessoas parecidas conosco gostam – e tenta fazer extrapolações. São mecanismos de previsão que criam e refinam constantemente uma teoria sobre quem somos e sobre o que vamos fazer ou desejar a seguir. Juntos, esses mecanismos criam um universo de informações exclusivo para cada um de nós – o que passei a chamar de bolha dos filtros – que altera fundamentalmente o modo como nos deparamos com ideias e informações.

É claro que, em certa medida, costumamos consumir os produtos de mídia mais atraentes para os nossos interesses e *hobbies*, ignorando boa parte do resto. Mas a bolha dos filtros traz três novas dinâmicas com as quais nunca havíamos lidado até então:

Primeiro, estamos sozinhos na bolha. Um canal de TV a cabo que atenda a um interesse muito específico (o golfe, por exemplo) terá outros espectadores, com os quais partilharemos um referencial. Agora, no entanto, cada pessoa está sozinha em sua bolha. Numa época em que as informações partilhadas são a base para a experiência partilhada, a bolha dos filtros é uma força centrífuga que nos afasta uns dos outros.

Segundo, a bolha dos filtros é invisível. Os espectadores de fontes de notícias conservadoras ou progressistas geralmente sabem que estão assistindo a um canal com determinada inclinação política. No entanto, a pauta do Google não é transparente. O Google não nos diz quem ele pensa que somos ou por que está nos mostrando o resultado que vemos. Não sabemos se as suposições que o site faz sobre nós estão certas ou erradas – as pessoas talvez nem imaginem que o site está fazendo suposições sobre elas. Minha amiga que recebeu informações sobre a BP destinadas a investidores ainda não entendeu por quê, posto que não investe na bolsa de valores. Por não escolhermos os critérios que os sites usarão para filtrar os diversos assuntos, é fácil intuirmos que as informações que nos chegam através de uma bolha de filtros sejam imparciais, objetivas, verdadeiras. Mas não são. Na verdade, quando as vemos de dentro da bolha, é quase impossível conhecer seu grau de parcialidade.

Por fim, nós não optamos por entrar na bolha. Quando ligamos o canal Fox News ou lemos o jornal *The Nation*, estamos fazendo uma escolha sobre o tipo de filtro que usamos para tentar entender o mundo. É um processo ativo: nós conseguimos perceber de que modo as inclinações dos editores moldam a nossa percepção, como quando usamos óculos com lentes coloridas. Mas não fazemos esse tipo de escolha quando usamos filtros personalizados. Eles vêm até nós – e, por serem a base dos lucros dos sites que os utilizam, será cada vez mais difícil evitá-los.

NATURALMENTE, EXISTE UMA BOA RAZÃO para que os filtros personalizados sejam tão fascinantes. Na atualidade, somos sobrecarregados por uma torrente de informações: 900 mil postagens em blogs, 50 milhões de tweets, mais de 60 milhões de atualizações de status no Facebook e 210 bilhões de e-mails são enviados para o éter eletrônico todos os dias. Eric Schmidt costuma ressaltar que, se gravássemos toda a comunicação humana desde o início dos tempos até 2003, precisaríamos de aproximadamente 5 bilhões de gigabytes para armazená-la. Agora, estamos criando essa mesma quantidade de dados a cada dois *dias*.

Até os profissionais estão tendo dificuldade em acompanhar esse ritmo. A Agência Nacional de Segurança (NSA) dos Estados Unidos, que copia boa parte do tráfego on-line que flui pela principal central da AT&T em São Francisco, está construindo dois novos complexos do tamanho de estádios para processar todos esses dados. O maior problema enfrentado é a escassez de energia: literalmente, não há eletricidade suficiente na rede elétrica para alimentar tanta computação. A NSA está pedindo ao Congresso que abra uma linha de financiamento para construir novas centrais elétricas. Até 2014, a agência prevê ter de lidar com tanta informação que já inventou novas unidades de medição apenas para descrevê-la.

Tudo isso levará inevitavelmente ao que Steve Rubel, blogueiro e analista de mídia, chama de colapso da atenção. Como o custo da comunicação a longas distâncias e para grandes grupos de pessoas tem caído vertiginosamente, somos cada vez mais incapazes de dar conta de tanta informação. Nossa concentração se desvia da mensagem de texto para as principais notícias e daí para o e-mail. A tarefa de examinar essa torrente cada vez mais ampla em busca das partes realmente importantes, ou apenas relevantes, já exige dedicação em tempo integral.

Assim, quando os filtros personalizados nos oferecem uma ajuda, temos a tendência de aceitá-la. Em teoria, os filtros podem nos facilitar a encontrar as informações que precisamos conhecer, ver e ouvir, as partes que realmente importam em meio às fotos de gatos, aos anúncios de Viagra e aos vídeos com coreografia em esteiras elétricas. O Netflix nos ajuda a encontrar e assistir ao filme certo em seu enorme catálogo de 140 mil vídeos. A função Genius do iTunes chama a nossa atenção para as novas músicas da nossa banda preferida, que, de outra forma, poderiam passar despercebidas.

No fim das contas, os defensores da personalização nos oferecem um mundo feito sob medida, adaptado à perfeição para cada um de nós. É um lugar confortável, povoado por nossas pessoas, coisas e ideias preferidas. Se nunca mais quisermos ouvir falar de *reality shows* (ou de coisas mais sérias, como tiroteios), não precisaremos mais ouvir falar – e, se só estivermos interessados em saber de cada movimento de Reese Witherspoon, teremos essa possibilidade. Se nunca clicarmos em artigos sobre culinária, sobre gadgets ou sobre o mundo além das fronteiras de nosso país, essas coisas simplesmente desaparecerão. Nunca mais ficaremos entediados, nada mais nos perturbará. Os meios de comunicação serão um reflexo perfeito de nossos interesses e desejos.

Por definição, essa é uma perspectiva atraente – um retorno a um universo ptolemaico no qual o sol e todo o resto gira ao nosso redor. Mas tem um custo: se tudo se tornar mais pessoal, talvez percamos algumas das características que tornavam a internet tão interessante.

Quando comecei a pesquisa que me levou a escrever este livro, a personalização parecia uma mudança sutil, quase irrelevante. Mas quando pensei nas consequências de ajustar uma sociedade inteira dessa forma, a questão começou a parecer mais importante. Embora eu acompanhe a evolução tecnológica bastante de perto, percebi que ainda desconhecia muitas coisas: como funciona a personalização? O que a move? Para onde se dirige? E, o mais importante, o que vai fazer conosco? Como irá mudar nossa vida?

Na tentativa de responder a essas perguntas, conversei com sociólogos e vendedores, engenheiros de software e professores de direito. Entrevistei um dos fundadores do Ok Cupid, site de namoros movido a algoritmos, e um dos maiores visionários do gabinete de guerra da informação dos Estados Unidos. Aprendi mais do que gostaria sobre a mecânica por trás da venda de anúncios on-line e dos mecanismos de busca. Discuti com cibercéticos e cibervisionários (e umas poucas pessoas que eram as duas coisas ao mesmo tempo).

Ao longo da minha investigação, fiquei chocado ao perceber como é difícil enxergarmos plenamente aquilo de que a personalização e as bolhas de filtros são capazes. Quando entrevistei Jonathan McPhie, o principal responsável pela personalização das pesquisas no Google, ele sugeriu ser quase impossível adivinhar como os algoritmos moldariam a experiência de qualquer usuário específico. Eram variáveis e dados demais para acompanhar. Assim, embora o Google possa examinar nossos cliques de forma genérica, é muito mais difícil saber como o sistema funcionará para qualquer usuário específico.

Também fiquei surpreso com o grau de personalização ao qual já somos submetidos – não só no Facebook e no Google, mas em quase todos os grandes sites da rede. "Acho que já não há caminho de volta", disse-me Danny Sullivan. Embora já existam pessoas preocupadas com a personalização da mídia há uma década – o professor de direito Cass Sunstein escreveu um livro inteligente e provocador sobre o tema em 2000 –, a teoria está rapidamente se transformando em prática: a personalização já faz parte da nossa experiência diária, muito além do que percebemos. Estamos agora começando a entender como a bolha dos filtros funciona na prática, os casos em que falha e o que isso significa para nossa vida cotidiana e para a sociedade.

Toda tecnologia tem uma interface, disse-me Ryan Calo, professor de direito em Stanford, um ponto em que nós terminamos e a tecnologia começa. E quando a tecnologia passa a nos mostrar o mundo, acaba por se colocar entre nós e a realidade, como a lente de uma câmera. É uma posição poderosa, observa Calo. "São muitas as maneiras pelas quais ela pode deformar a nossa percepção do mundo." E é exatamente isso o que faz a bolha dos filtros.

A BOLHA DOS FILTROS tem custos tanto pessoais como culturais. Ela traz consequências diretas para quem usa filtros personalizados (e, muito em breve, quase todos nós os usaremos, conscientemente ou não). Também gera consequências sociais, que surgem quando uma massa de pessoas começa a viver uma existência filtrada.

Uma das melhores maneiras de entendermos como os filtros moldam nossa experiência individual é pensarmos em termos da nossa dieta de informações. Como disse a socióloga danah boyd num discurso na Expo Web 2.0 de 2009:

> Nossos corpos estão programados para consumir gorduras e açúcares porque estes são raros na natureza. ... Da mesma forma, somos programados biologicamente para estar atentos às coisas que nos estimulam: qualquer conteúdo

grosseiro, violento ou sexual, e fofocas humilhantes, vergonhosas ou ofensivas. Se não tivermos cuidado, vamos acabar contraindo o equivalente psicológico da obesidade. Vamos acabar consumindo um conteúdo nada benéfico para nós mesmos e para a sociedade como um todo.

O sistema da agricultura industrial, que produz os alimentos e os traz até nós, determina aquilo que comemos; da mesma forma, a dinâmica da nossa mídia determina as informações que consumimos. Estamos passando rapidamente a um regime repleto de informações pessoalmente relevantes. E, embora esse regime possa ser útil, uma coisa boa, em excesso, também pode causar problemas reais. Quando deixados por conta própria, os filtros de personalização servem como uma espécie de autopropaganda invisível, doutrinando-nos com as nossas próprias ideias, amplificando nosso desejo por coisas conhecidas e nos deixando alheios aos perigos ocultos no obscuro território do desconhecido.

Na bolha dos filtros, há menos espaço para os encontros fortuitos que nos trazem novas percepções e aprendizados. A criatividade muitas vezes é atiçada pela colisão de ideias surgidas em disciplinas e culturas diferentes. A combinação dos conhecimentos da culinária e da física cria a frigideira antiaderente e o fogão elétrico. Mas, se a Amazon pensar que estou interessado em livros de culinária, é pouco provável que me mostre livros sobre metalurgia. Não são só esses encontros fortuitos que estão em risco. Por definição, um mundo construído a partir do que é familiar é um mundo no qual não temos nada a aprender. Se a personalização for excessiva, poderá nos impedir de entrar em contato com experiências e ideias estonteantes, destruidoras de preconceitos, que mudam o modo como pensamos sobre o mundo e sobre nós mesmos.

E, ainda que a premissa da personalização seja a de nos oferecer um serviço, o usuário não é o único que tem um interesse velado por seus próprios dados. Pesquisadores da Universidade de Minnesota descobriram recentemente que mulheres que estão ovulando respondem melhor a ofertas de roupas coladas ao corpo, sugerindo que os publicitários "calculassem estrategicamente" o momento de suas ofertas on-line. Para quem dispuser de informações suficientes, adivinhar esse momento pode ser mais fácil do que parece.

Na melhor das hipóteses, se uma empresa souber que artigos você lê ou em que ânimo está, poderá apresentar anúncios relacionados aos seus interesses. Na pior, poderá tomar decisões que afetem negativamente a sua vida. Se você visitar uma página para mochileiros sobre viagens em países do terceiro mundo, uma companhia de seguros que tenha acesso ao seu histórico on-line poderá decidir aumentar a sua franquia, sugere o professor de direito Jonathan Zittrain. Pais e mães que compraram o programa Sentry, da EchoMetrix, para rastrear seus filhos on-line ficaram escandalizados quando descobriram que a empresa estava vendendo os dados sobre seus filhos a empresas de marketing.

A personalização se baseia numa barganha. Em troca do serviço de filtragem, damos às grandes empresas uma enorme quantidade de dados sobre nossa vida diária – dados que muitas vezes não dividiríamos com nossos amigos. Essas empresas estão ficando cada vez melhores no uso desses dados para traçar suas estratégias. No entanto, muitas vezes acreditamos excessivamente que essas empresas irão cuidar bem dessas informações, e, quando nossos dados são usados para tomar decisões que nos afetam negativamente, em geral não ficamos sabendo.

Em última análise, a bolha dos filtros pode afetar nossa capacidade de decidir como queremos viver. Para sermos os autores da nossa própria vida, afirma o professor Yochai Benkler, temos que estar cientes da variada gama de opções e estilos de vida disponíveis. Quando entramos numa bolha de filtros, permitimos que as empresas que a desenvolveram escolham as opções das quais estaremos cientes. Talvez pensemos ser os donos do nosso próprio destino, mas a personalização pode nos levar a uma espécie de determinismo informativo, no qual aquilo em que clicamos no passado determina o que veremos a seguir – uma história virtual que estamos fadados a repetir. E com isso ficamos presos numa versão estática, cada vez mais estreita de quem somos – uma repetição infindável de nós mesmos.

Também existem consequências mais amplas. Em *Bowling Alone* ("Jogando boliche sozinhos"), um best-seller sobre o declínio da vida cívica nos Estados Unidos, Robert Putnam examinou o problema do grande decréscimo no "capital social" – os laços de confiança e lealdade que estimulam as pessoas a fazer favores umas às outras, trabalhar juntas e colaborar para resolver problemas comuns. Putnam identificou dois tipos de capital social: existe o capital de "ligação", orientado para o interior de grupos já formados e criado, por exemplo, quando participamos de um encontro dos ex-alunos da nossa faculdade, e também o capital de "ponte", gerado num evento tal como uma assembleia de bairro, na qual pessoas com histórias de vida distintas se reúnem e se conhecem. O capital de ponte é poderoso: quanto mais construímos esse tipo de capital, mais probabilidade temos de encontrar nosso próximo emprego ou um investidor para nosso pequeno negócio, pois ele nos permite buscar ajuda em várias redes sociais diferentes.

Todos esperavam que a internet fosse se tornar uma enorme fonte de capital de ponte. Escrevendo no ápice da bolha das empresas "ponto com", Tom Friedman declarou que a internet faria com que "todos nos tornássemos vizinhos de porta". Na verdade, essa ideia era o núcleo de sua tese em *The Lexus and the Olive Tree*: "A internet será como uma enorme prensa que agarra o sistema da globalização … e o aperta cada vez mais em volta de todos, tornando o mundo cada vez menor e mais rápido a cada dia que passa."

Friedman parecia ter em mente uma espécie de aldeia global na qual crianças na África e executivos em Nova York construiriam juntos uma comunidade. Mas não é isso que está acontecendo: os nossos vizinhos de porta virtuais são cada vez mais parecidos com nossos vizinhos reais, e os nossos vizinhos reais são cada vez mais parecidos conosco. Estamos criando muitas ligações, mas muito poucas pontes. E isso é importante, pois são as pontes que criam nosso senso do que é "público" – o espaço em que resolvemos os problemas que transcendem nosso nicho e nossos restritos interesses pessoais.

Temos a predisposição de reagir a um conjunto bastante específico de estímulos – se uma notícia for sobre sexo, poder, fofocas, violência, celebridades ou humor, provavelmente iremos lê-la primeiro. Esse é o tipo de conteúdo que entra com mais facilidade na bolha dos filtros. É bastante fácil clicarmos em "Curtir" para a postagem de um amigo sobre uma maratona ou um artigo instrutivo sobre como preparar sopa de cebola, o que acabará aumentando a sua visibilidade. É mais difícil clicarmos no botão "Curtir" para um artigo intitulado "Darfur tem o mês mais sangrento em dois anos". Num mundo personalizado, questões importantes, porém complexas ou desagradáveis – como o crescimento da população carcerária ou o número de desabrigados nas ruas –, têm menos probabilidade de atrair a nossa atenção.

Para um consumidor, não há nada de errado em eliminar o que é irrelevante ou desagradável. Mas o que é bom para os consumidores não é necessariamente bom para os cidadãos. As coisas de que gosto podem não ser as que realmente quero, muito menos as que preciso saber para me tornar um membro bem-informado da minha comunidade ou do meu país. "Estarmos expostos ao que parece distante dos nossos interesses é uma virtude cívica", disse-me Clive Thompson, jornalista que escreve sobre tecnologia. "Num mundo complexo, quase tudo nos afeta – e isso interrompe o ciclo que faz as pessoas só pensarem em seus interesses econômicos pessoais." O crítico cultural Lee Siegel coloca a questão de outra forma: "O cliente tem sempre razão, mas as pessoas não."

A ESTRUTURA DA MÍDIA afeta o caráter da sociedade. A palavra impressa conduz a um grau de debate democrático muito distinto do que teríamos se ainda copiássemos de um pergaminho para o outro. A televisão teve um efeito profundo na vida política do século XX – do assassinato de Kennedy ao 11 de Setembro –, e num país cujos habitantes passam 36 horas por semana assistindo televisão não é coincidência que as pessoas tenham menos tempo para a vida cívica.

A era da personalização já chegou e está derrubando muitas das nossas previsões sobre o que a internet iria desencadear. Os criadores da internet vislumbraram algo maior e mais importante do que um sistema global para compartilhar fotos de animais de estimação. O manifesto que ajudou a lançar a Electronic Frontier Foundation, no início da década de 1990, defendia uma "civilização da Mente no ciberespaço" – uma espécie de metacérebro mundial. Mas os filtros personalizados cortam as sinapses desse cérebro. Sem saber, estamos nos submetendo a uma espécie de lobotomia global.

Das megacidades à nanotecnologia, estamos criando uma sociedade global cuja complexidade ultrapassa os limites da compreensão individual. Os problemas que enfrentaremos nos próximos vinte anos – escassez de energia, terrorismo, mudança climática e doenças – têm uma abrangência enorme. São problemas que só conseguiremos resolver juntos.

Os primeiros entusiastas da internet, como Tim Berners-Lee, criador da World Wide Web, esperavam que a rede fosse uma nova plataforma para enfrentarmos esses problemas. Acredito que ainda possa ser – e ao longo do livro vou explicar como. Mas, antes, precisamos entender as forças que estão levando a internet em sua direção atual, personalizada. Precisamos expor os *bugs* no código – e os codificadores – que nos trouxeram a personalização.

Se o código é a lei, como na famosa declaração de Larry Lessig, é importante entendermos o que os novos legisladores têm em mente. Precisamos entender aquilo em que acreditam os programadores do Google e do Facebook. Precisamos entender as forças econômicas e sociais que movem a personalização, algumas delas inevitáveis, outras não. E precisamos entender o que tudo isso representa para nossa política, nossa cultura e nosso futuro.

A não ser que nos sentemos ao lado de um amigo no computador, é difícil sabermos de que modo a versão do Google ou do Yahoo Notícias que estamos vendo difere da de qualquer outra pessoa. E, como a bolha dos filtros distorce a nossa percepção do que é importante, verdadeiro e real, é fundamental torná-la visível. Isso é o que este livro tenta fazer.

1. A corrida pela relevância

> Se você não está pagando por alguma coisa, você não é o cliente; você é o produto à venda.
>
> Andrew Lewis, com o pseudônimo Blue_beetle, no site MetaFilter

Na primavera de 1994, Nicholas Negroponte estava sentado, pensando e escrevendo. No Laboratório de Mídia do MIT, criado por Negroponte, jovens projetistas de chips, artistas de realidade virtual e construtores de robôs trabalhavam intensamente, criando os brinquedos e ferramentas do futuro. Mas Negroponte ruminava um problema mais simples, um problema no qual milhões de pessoas pensavam todos os dias: ao que assistir na TV.

Em meados da década de 1990, já havia centenas de canais transmitindo programas ao vivo 24 horas por dia, sete dias por semana. A maior parte da programação era horrenda e maçante: longos comerciais de novos utensílios de cozinha, videoclipes da última banda de uma música só, desenhos animados e notícias de celebridades. Para qualquer telespectador, apenas uma porcentagem mínima daquela programação seria interessante.

Com o aumento do número de canais, o método habitual de mudar de um para outro estava ficando cada vez mais frustrante. Percorrer a programação de cinco canais é uma coisa. Com quinhentos canais, a coisa muda de figura. E quando o número chega a 5 mil – aí o método se torna inútil.

No entanto, Negroponte não estava preocupado. Nem tudo estava perdido: na verdade, havia uma solução logo ao alcance da mão. "A chave para o futuro da televisão", escreveu, "é pararmos de pensar na televisão como uma televisão" e começarmos a pensar nela como um aparelho com inteligência. Os consumidores precisavam era de um controle remoto que controlasse a si mesmo, um auxiliar inteligente e automatizado que aprendesse a que cada pessoa assistia e então selecionasse os programas relevantes para ela. "Os aparelhos de TV atuais permitem que controlemos o brilho, o volume e o canal", escreveu Negroponte. "Os aparelhos do futuro permitirão que escolhamos entre sexo, violência e questões políticas."

E por que parar por aí? Negroponte imaginou um futuro repleto de agentes inteligentes que nos auxiliassem com problemas semelhantes ao da TV. Atuando como um mordomo, o agente só nos ofereceria nossos programas e tópicos preferidos. "Imagine um futuro", escreveu Negroponte, "no qual tenhamos um agente de interface capaz de ler todos os jornais e revistas, acompanhar todas as transmissões de TV e rádio do planeta, e então construir um resumo personalizado. Esse jornal seria então impresso numa edição que poderíamos chamar de... Diário do Eu."

Quanto mais Negroponte pensava no assunto, mais sentido aquilo fazia. A solução para a sobrecarga de informações da era digital era a utilização de editores inteligentes, personalizados, embutidos. Na verdade, esses agentes não precisariam se limitar à televisão; como ele sugeriu ao editor da nova revista de tecnologia *Wired*, "os agentes inteligentes são o futuro inequívoco da computação".

Em São Francisco, Jaron Lanier respondeu horrorizado a esse argumento. Lanier foi um dos criadores da realidade virtual; desde a década de 1980, ele vinha tentando encontrar uma maneira de aproximar os computadores das pessoas. Mas, para ele, a ideia de utilizar esses agentes era totalmente tresloucada. "O que deu em vocês?", escreveu numa missiva à "comunidade *Wired*" em seu site. "A ideia de 'agentes inteligentes' é equivocada e ruim... A questão do agente será um fator decisivo para sabermos se [a internet] será muito melhor ou muito pior do que a TV."

Lanier estava convencido de que, por não serem pessoas de verdade, os agentes forçariam os seres humanos a interagir com eles de formas inadequadas e pixeladas. "Um modelo de nossos interesses criado por um agente será um modelo simplificado, e nos fará enxergar uma versão simplificada do mundo através dos olhos do agente", argumentou.

Havia outro problema: o agente perfeito supostamente eliminaria grande parte da propaganda ou toda ela. Mas, sendo o comércio on-line movido pela propaganda, parecia improvável que as empresas fossem criar agentes que prejudicassem tão seriamente a base de seus negócios. Era mais provável, observou Lanier, que os agentes tivessem dupla lealdade – seriam agentes subornáveis: "Não seria fácil dizer para quem eles trabalhariam."

Era um apelo claro e desolador. Mas, embora tenha gerado algumas discussões em grupos on-line, não convenceu os gigantes do software naqueles primórdios da internet. Eles foram convencidos pela lógica de Negroponte: a empresa que descobrisse como encontrar as pepitas de ouro perdidas no palheiro digital herdaria o futuro. As empresas perceberam que o colapso da atenção se aproximava, pois as opções de informação disponíveis para cada pessoa cresciam exponencialmente. Quem quisesse lucrar teria de conseguir prender a atenção das pessoas. E num mundo em que a atenção é um recurso escasso, a melhor maneira de fazê-lo seria oferecer conteúdo que realmente atendesse aos interesses, desejos e necessidades particulares de cada pessoa. Nos corredores e centros de informática do Vale do Silício, havia uma nova palavra de ordem: relevância.

Todos estavam desesperados para criar um produto "inteligente". Em Redmond, a Microsoft lançou o Bob – um sistema operacional inteiramente baseado no conceito de agente, representado por um personagem estilizado com estranha semelhança com Bill Gates. Em Cupertino, quase exatamente uma década antes do iPhone, a Apple lançou o Newton, um "assistente informático pessoal" cujo principal atrativo era o agente escondido por trás do visor bege.

Os novos produtos inteligentes fracassaram rotundamente. Em grupos de bate-papo e listas de e-mail, zombar do Bob era um dos passatempos preferidos. Os usuários não suportavam aquele sistema. A *PC World* classificou-o como um dos 25 piores produtos tecnológicos de todos os tempos.

E o Newton, da Apple, não foi mais feliz: a companhia investiu mais de 100 milhões de dólares para desenvolver o produto, mas as vendas foram fracas em seus primeiros seis meses de existência. Quem interagia com os agentes inteligentes em meados dos anos 1990 logo percebia o problema: os sistemas não eram assim tão inteligentes.

Hoje, mais de uma década depois, não vemos agentes inteligentes em parte alguma. É como se a revolução prevista por Negroponte tivesse fracassado. Quando acordamos pela manhã, não encontramos um mordomo eletrônico que nos mostra nossos planos e desejos para aquele dia.

Mas isso não quer dizer que eles não existam. Apenas estão escondidos. Sob a superfície de todos os sites que visitamos, existem agentes inteligentes pessoais. Eles se tornam mais inteligentes e potentes a cada dia que passa, acumulando informações sobre quem somos e sobre os nossos interesses. Seguindo a previsão de Lanier, os agentes não trabalham só para nós: também trabalham para gigantes do software como o Google, apresentando-nos propaganda além de conteúdo. Os novos agentes não têm a cara estilizada do Bob, mas determinam proporção cada vez maior da nossa atividade on-line.

Em 1995, a corrida pela oferta de relevância pessoal estava só começando. Mais do que qualquer outro fator, esse propósito foi o que moldou a internet que conhecemos hoje.

O problema de John Irving

Jeff Bezos, presidente da Amazon.com, foi uma das primeiras pessoas a perceber que seria possível utilizar o poder da relevância para ganhar alguns bilhões de dólares. A partir de 1994, sua ideia foi levar a venda de livros on-line "de volta aos tempos do pequeno livreiro que nos conhecia tão bem e dizia coisas como 'eu sei que você gosta de John Irving, e, veja só, tenho aqui este novo autor, que é bem parecido com ele'", contou Bezos a um biógrafo. Mas como fazê-lo em grande escala? Para Bezos, a Amazon precisava ser "uma espécie de pequena empresa de inteligência artificial" movida por algoritmos capazes de estabelecer instantaneamente uma correspondência entre consumidores e livros.

Em 1994, quando ainda era um jovem cientista da computação trabalhando para firmas de Wall Street, Bezos foi contratado por um capitalista de risco para criar ideias de negócios no florescente espaço virtual. Trabalhando metodicamente, criou uma lista com vinte produtos que a equipe supostamente poderia vender on-line – música, roupas, aparelhos eletrônicos – e investigou a dinâmica de cada indústria. Os livros começaram no final da lista, mas, quando Bezos chegou às conclusões finais, ficou surpreso ao ver que estavam no topo.

Os livros eram um produto ideal por várias razões. Primeiro, porque a indústria de livros era descentralizada; a maior editora, a Random House, controlava apenas 10% do mercado. Se um editor não lhe quisesse vender livros, muitos outros venderiam. E, diferentemente de outros produtos, as pessoas não precisariam de muito tempo para se acostumar com a venda de livros on-line – a maior parte da venda de livros já ocorria fora das livrarias tradicionais, e, ao contrário das roupas, não precisamos provar os livros. Mas a principal razão pela qual eles pareciam uma opção tentadora era sua abundância – havia 3 milhões de títulos ativos em 1994, comparados aos 300 mil CDs. Uma livraria física jamais conseguiria estocar tantos livros; uma livraria on-line, sim.

Quando apresentou esses achados ao seu chefe, o investidor não ficou interessado. Os livros pareciam uma indústria retrógrada na era da informação. Mas Bezos não conseguia tirar aquela ideia da cabeça. Sem limite físico para o número de livros que ele poderia estocar, seria possível oferecer centenas de milhares de títulos a mais do que os gigantes da indústria, como a Borders ou a Barnes & Noble; ao mesmo tempo, ele poderia criar uma experiência mais íntima e pessoal do que a das grandes cadeias.

O objetivo da Amazon, decidiu Bezos, seria aprimorar o processo da descoberta: uma loja personalizada que ajudasse os leitores a encontrar livros e lhes apresentasse títulos novos. Mas como?

Bezos começou a pensar em máquinas capazes de aprender. Era um desafio e tanto, mas um grupo de engenheiros e cientistas vinha trabalhando na questão desde a década de 1950, em instituições de pesquisa como o MIT e a Universidade da Califórnia, em Berkeley. A área se chamava "cibernética" – uma palavra retirada dos escritos de Platão, que a criou para denotar um sistema autorregulado, como uma democracia. Para os primeiros estudiosos da cibernética, não havia nada mais emocionante do que construir sistemas capazes de se autoajustar, com base na retroalimentação. Nas décadas seguintes, esses estudiosos estabeleceram as bases matemáticas e teóricas que guiariam boa parte do crescimento da Amazon.

Em 1990, uma equipe de pesquisadores do Centro de Pesquisa de Palo Alto (Parc), da Xerox, aplicou o pensamento cibernético a um novo problema. O Parc era famoso por desenvolver ideias que acabavam sendo amplamente adotadas e comercializadas por outros – a interface gráfica e o mouse, para citar dois exemplos. Como muitos tecnólogos de ponta da época, os pesquisadores do Parc foram alguns dos primeiros usuários do e-mail – enviando e recebendo centenas de mensagens. O e-mail era ótimo, mas seu lado negativo logo ficou evidente. Quando podemos enviar mensagens gratuitas a qualquer número de pessoas, rapidamente nos vemos soterrados por uma torrente de informações inúteis.

Para acompanhar o fluxo, a equipe do Parc começou a investigar um processo que chamaram de filtragem colaborativa, que funcionava num programa chamado Tapestry. O Tapestry rastreava a reação das pessoas aos e-mails recebidos em massa – quais mensagens eram abertas, quais eram respondidas e quais eram apagadas – e então usava essas informações para ajudar a organizar a caixa de entrada dos usuários. Os e-mails aos quais as pessoas davam muita atenção subiam para o topo da lista; os deletados com frequência ou os que não eram lidos caíam para o fundo. O filtro colaborativo servia essencialmente para poupar tempo – em vez de termos que examinar a pilha de e-mails, contávamos com a ajuda de outros, que iriam pré-selecionar nossas mensagens.

Naturalmente, o programa não precisava ser usado apenas para o e-mail. Segundo seus criadores, o Tapestry "foi projetado para lidar com qualquer fluxo de documentos eletrônicos recebidos. O correio eletrônico é apenas um exemplo de tal fluxo: outros são as notícias on-line e os artigos do NetNews."

O Tapestry apresentou a filtragem colaborativa ao mundo; porém, em 1990, o mundo não estava muito interessado naquilo. Com apenas alguns milhões de usuários, a internet ainda era um pequeno ecossistema, e não havia muita informação a ser selecionada nem muita largura de banda para baixá-la. Assim, durante anos o filtro colaborativo se manteve restrito ao âmbito dos pesquisadores de software e de estudantes universitários entediados. Se você mandasse um e-mail para ringo@media.mit.edu em 1994 citando alguns dos seus discos preferidos, o serviço responderia com um e-mail trazendo outras recomendações de música, acompanhadas da crítica. "Uma vez por hora", segundo o site, "o servidor processa todas as mensagens recebidas e envia as respostas conforme o necessário." Precursor do Pandora, era um serviço personalizado de música para os tempos da conexão discada.

No entanto, quando a Amazon foi lançada, em 1995, tudo mudou. Desde o início, a Amazon foi uma livraria que já vinha personalizada. Examinando os livros que as pessoas compravam e usando métodos de filtragem colaborativa desenvolvidos no Parc, a Amazon fazia recomendações instantâneas (Ah, você está comprando *Introdução à esgrima para pessoas desajeitadas*? Que tal comprar *Acordar cego: ações judiciais por lesões oculares*?). Além disso, investigando os produtos que cada usuário comprava ao longo do tempo, a Amazon começou a identificar aqueles com preferências similares (pessoas com gostos semelhantes ao seu compraram um dos novos lançamentos desta semana, *En Garde!*). Quanto mais pessoas compravam livros na Amazon, melhor funcionava a personalização.

Em 1997, Bezos tinha vendido livros ao seu primeiro milhão de clientes. Seis meses depois, tinha vendido a 2 milhões. E em 2001, anunciou seu primeiro lucro líquido num trimestre – um dos primeiros negócios a provar que havia bastante dinheiro a ser ganho na internet.

Embora a Amazon não tenha conseguido criar à perfeição a sensação de estarmos numa livraria de bairro, seu código de personalização funcionava bastante bem. Os executivos da Amazon não falam muito sobre o volume de rendimentos trazidos pelo sistema, mas com frequência apontam o mecanismo de personalização como uma razão fundamental para o êxito da empresa.

Na Amazon, a busca de mais dados sobre o usuário é interminável: quando você lê um livro em seu Kindle, os dados sobre as frases que realçou, as páginas que virou e se começou a leitura do início ou preferiu antes folhear o livro são todos enviados de volta aos servidores da Amazon, sendo então usados para indicar quais livros você talvez leia a seguir. Quando nos conectamos depois de um dia inteiro na praia lendo e-books num Kindle, a Amazon adapta sutilmente seu site segundo aquilo que lemos: se passamos muito tempo lendo a última obra de James Patterson, mas só corremos os olhos por nosso novo guia de dietas, talvez recebamos mais sugestões de livros de aventura e menos de livros de saúde.

Os usuários da Amazon estão tão acostumados à personalização que o site agora utiliza um truque inverso para ganhar algum dinheiro a mais. Os editores normalmente pagam para ter seus livros colocados em livrarias físicas, mas não têm como comprar as opiniões dos vendedores das lojas. Entretanto, como previu Lanier, é fácil comprar algoritmos: basta pagar o suficiente à Amazon, e seu livro poderá ser promovido como se fosse uma recomendação "objetiva" do software da Amazon. Para os clientes, geralmente é impossível fazer a distinção.

A Amazon provou que a relevância pode levar ao domínio de um setor. Mas foram dois estudantes de pós-graduação de Stanford que aplicaram os princípios da inteligência artificial a todo o mundo da informação on-line.

Indicadores de cliques

Na época em que a nova empresa de Jeff Bezos começava a decolar, Larry Page e Sergey Brin, os fundadores do Google, estavam ocupados escrevendo suas teses de doutorado em Stanford. Eles sabiam do sucesso da Amazon – em 1997, a bolha das empresas "ponto com" estava em seu ápice, e a Amazon, pelo menos no papel, valia bilhões. Page e Brin eram matemáticos talentosos; Page, em particular, era obcecado por inteligência artificial (IA). Mas eles também estavam interessados num problema diferente. Em vez de usar algoritmos para descobrir como vender produtos de forma mais eficiente, o que aconteceria se fossem usados para pesquisar sites na internet?

Page bolou um método inovador e, com sua predileção *geek* por trocadilhos, chamou-o PageRank. Naquela época, a maioria dos mecanismos de busca da internet selecionava as páginas usando palavras-chave; esses métodos eram muito ineficazes na tentativa de adivinhar que página era a mais relevante para uma determinada palavra. Num artigo escrito em 1997, Brin e Page comentaram ironicamente que três dos quatro principais mecanismos de busca não conseguiam encontrar a si mesmos. "Queremos que a nossa noção de 'relevante' inclua apenas os melhores documentos", escreveram, "pois pode haver dezenas de milhares de documentos ligeiramente relevantes."

Page percebeu que, dentro da estrutura de links da internet, havia muito mais dados do que os que eram usados pelos mecanismos de busca. Quando uma página incluía um link para outra, isso podia ser considerado um "voto" para a segunda página. Em Stanford, Page vira seus professores contarem quantas vezes seus artigos científicos haviam sido citados, o que funcionava como um índice geral da importância de cada artigo. Percebeu, então, que, da mesma forma que os artigos acadêmicos, as páginas citadas por muitas outras páginas – por exemplo, a página inicial do Yahoo – supostamente seriam mais "importantes", e as páginas nas quais essas páginas votavam teriam mais relevância. O processo, argumentou Page, "utiliza a estrutura democrática que só existe na internet".

Em seus primórdios, o Google ficava hospedado em google.stanford.edu, e Brin e Page estavam convencidos de que a empresa não deveria ter fins lucrativos nem conter propaganda. "Acreditamos que os mecanismos de busca financiados por propaganda são inerentemente parciais, favorecendo os anunciantes e se distanciando das necessidades dos consumidores", escreveram. "Quanto melhor for um mecanismo de busca, menos anúncios serão necessários para que o consumidor encontre o que procura… acreditamos que a questão da publicidade gera incentivos mistos; por isso, é fundamental que exista um mecanismo de busca competitivo que seja transparente e se mantenha dentro do âmbito acadêmico."

No entanto, quando lançaram seu site beta no ambiente selvagem, o tráfego de usuários cresceu exponencialmente. O Google funcionava – quando libertado, mostrou-se o melhor site de buscas da internet. Pouco depois, os dois jovens de vinte e poucos anos não resistiram à tentação de transformá-lo num negócio.

Na mitologia do Google, foi o PageRank que possibilitou que a companhia dominasse o mundo. Imagino que a empresa goste dessa história – é uma narrativa simples e clara segundo a qual o êxito desse gigante das buscas dependeu de uma única invenção engenhosa por um de seus fundadores. Entretanto, desde o início, o PageRank não passava de uma pequena parte do projeto do Google. A verdadeira descoberta de Brin e Page foi a seguinte: a chave para a relevância, a solução para o problema de selecionar dados em meio à massa de informações on-line era... mais dados.

Brin e Page não estavam interessados apenas em saber quais páginas tinham links para quais outras. A posição de um link na página, seu tamanho, a idade da página – todos esses fatores eram importantes. Depois de alguns anos, o Google passou a chamar essas pistas incluídas nos dados de *indicadores* [*signals*].

Desde o início, Page e Brin perceberam que alguns dos indicadores mais importantes eram gerados pelos usuários do mecanismo de busca. Por exemplo, se alguém pesquisasse "Larry Page" e clicasse no segundo resultado da pesquisa, esse era outro tipo de voto: sugeria que o segundo resultado era mais importante para o usuário do que o primeiro. Isso foi chamado *indicador de clique*. "Para algumas das pesquisas mais interessantes", observaram Page e Brin, "será preciso aproveitar a enorme quantidade de dados de uso disponíveis nos modernos sistemas de rede – é muito difícil obter esses dados, principalmente porque são vistos como produtos com valor comercial." Eles logo poriam as mãos num dos maiores estoques do mundo desses produtos.

O Google era voraz com relação aos dados. Brin e Page estavam decididos a guardar tudo: cada página que o mecanismo de busca já apresentara, cada clique já feito pelo usuário. Em pouco tempo, seus servidores continham uma cópia de praticamente toda a rede, quase em tempo real.

Examinando esses dados, eles tinham certeza de que encontrariam mais pistas, mais indicadores que poderiam ser usados para modificar os resultados. A divisão da empresa dedicada à qualidade da pesquisa ganhou um ar de agência secreta: recebia poucos visitantes, e a confidencialidade absoluta era a norma.

"O mecanismo de busca ideal", Page gostava de dizer, "entenderia exatamente o que queremos dizer e nos ofereceria exatamente o que buscamos." O Google não estava interessado em oferecer milhares de páginas de links – queria oferecer apenas um, o link que o usuário buscava. Mas a resposta perfeita para uma pessoa não é perfeita para outra. Quando eu pesquiso "panteras", provavelmente estou interessado em grandes felinos, enquanto um fã de futebol americano que procure a mesma palavra poderá estar se referindo à equipe da Carolina do Sul, os Panthers. Para oferecer relevância perfeita, o site precisa saber no que cada um de nós está interessado. Precisa saber que eu não ligo a mínima para futebol americano; precisa saber quem eu sou.

O desafio era obter dados suficientes para desvendar o que era individualmente relevante para cada usuário. É bastante difícil entender o que uma pessoa quer dizer com uma dada palavra – e, para que o processo seja eficaz, é preciso conhecer o comportamento da pessoa ao longo de um período prolongado.

Mas como? Em 2004, o Google bolou uma estratégia inovadora. Começou a oferecer outros serviços, que exigiam que as pessoas se conectassem às suas contas de usuário. O Gmail, seu serviço de e-mail incrivelmente popular, foi um dos primeiros a ser lançado. A imprensa falou muito dos anúncios apresentados na lateral do Gmail, mas é pouco provável que esses anúncios fossem o único motivo para o lançamento do serviço. Ao fazer com que as pessoas criassem contas no site, o Google pôs as mãos numa enorme quantidade de dados – as centenas de milhões de e-mails que os usuários do Gmail enviavam e recebiam todos os dias. Além disso, a empresa podia cruzar os dados sobre os e-mails e o comportamento do usuário no site com os links em que clicava no mecanismo de busca. O Google Apps – um conjunto de ferramentas para processamento de texto e criação de planilhas de cálculo on-line – tinha dupla função: fazia concorrência à Microsoft, o inimigo jurado do Google, e servia como mais um motivo para que as pessoas ficassem conectadas e continuassem a enviar indicadores de cliques. Todos esses dados permitiram que o Google acelerasse o processo de construção de uma teoria sobre a identidade de cada usuário – os temas em que estava interessado, os links em que clicava. Em novembro de 2008, o Google já detinha várias patentes para algoritmos de personalização – códigos capazes de desvendar os grupos aos quais uma pessoa pertence e então adaptar os resultados da pesquisa para que se adequem à preferência do grupo. As categorias que o Google tinha em mente eram bastante específicas: na patente, o Google usou o exemplo de "todas as pessoas interessadas em colecionar dentes de tubarões ancestrais" e "todas as pessoas não interessadas em colecionar dentes de tubarões ancestrais". As pessoas da primeira categoria que pesquisassem, por exemplo, "incisivos de tubarão-branco" obteriam resultados diferentes das pessoas na segunda categoria.

Hoje em dia, o Google monitora todo e qualquer sinal que consiga obter sobre nós. Não devemos subestimar a força desses dados: se o Google souber que eu me conectei de Nova York, depois de São Francisco e depois de Nova York outra vez, saberá que sou um viajante frequente e irá ajustar seus resultados a partir daí. Examinando o navegador que utilizo, poderá ter uma ideia da minha idade e talvez até da minha posição política.

O tempo passado entre o momento em que digitamos a pesquisa e o momento em que clicamos no resultado revela traços da nossa personalidade. Além disso, naturalmente, os termos que pesquisamos trazem grandes revelações sobre nossos interesses.

Mesmo que não estejamos conectados à nossa conta de usuário, o Google personaliza os resultados de nossas pesquisas. O site sabe de que bairro – e até mesmo de que quarteirão – estamos conectados, e isso revela muito sobre quem somos e no que estamos interessados. Uma pesquisa com o termo "Sox" vinda de *Wall Street* provavelmente indica a sigla da instituição financeira Sarbanes Oxley; se vier de Chicago, provavelmente se refere ao time de beisebol White Sox.

"As pessoas geralmente pensam que nós já paramos de trabalhar no mecanismo de busca", disse Page, o fundador do Google, em 2009. "Não é nada disso. Provavelmente só percorremos 5% do caminho. Queremos criar o mecanismo de busca ideal, capaz de entender qualquer coisa... há quem chame isso de inteligência artificial."

Em 2006, num evento chamado Google Press Day, o diretor-presidente Eric Schmidt apresentou o plano da empresa para os cinco anos seguintes. Um dia, disse ele, o Google conseguirá responder a perguntas como "Que faculdade devo cursar?". "Vão passar alguns anos até que consigamos responder a essas perguntas, ao menos parcialmente. Mas o resultado final é que ... o Google vai conseguir dar respostas às perguntas mais hipotéticas."

Facebook por toda parte

Os algoritmos do Google não tinham igual; a dificuldade estava em convencer os usuários a revelar seus gostos e interesses. Em fevereiro de 2004, trabalhando em seu quarto no alojamento de estudantes em Harvard, Mark Zuckerberg encontrou uma estratégia mais fácil. Em vez de examinar os indicadores de cliques para adivinhar o gosto das pessoas, o plano por trás de sua criação, o Facebook, era simplesmente perguntar a elas.

Desde seus tempos de calouro na universidade, Zuckerberg se interessava pelo que chamava de "gráfico social" – o conjunto de relações de cada pessoa. Se inserirmos esses dados no computador, a máquina poderá fazer coisas bastante interessantes e úteis – dizer aos nossos amigos o que estamos fazendo, onde estamos e no que estamos interessados. O sistema também tem implicações para o mundo das notícias: em sua primeira versão, quando ainda era um site exclusivo para a universidade de Harvard, o Facebook incluía automaticamente, nas páginas pessoais de cada usuário, os links de artigos do *Crimson*, o jornal da universidade, nos quais a pessoa era citada.

É claro que o Facebook não foi a primeira rede social: enquanto Zuckerberg varava madrugadas trabalhando em sua criação, um site difícil chamado MySpace, direcionado à música, começava a fazer grande sucesso; antes do MySpace, o Friendster captara por um breve instante a atenção do mundo virtual. Mas o site que Zuckerberg tinha em mente era diferente. Não seria um modesto site de namoros, como o Friendster. Além disso, ao contrário do MySpace, que encorajava as pessoas a fazer contato mesmo que não se conhecessem, o Facebook aproveitava as relações sociais existentes na vida real. Comparado a seus predecessores, o Facebook era mais minimalista: a ênfase estava na informação, e não em gráficos extravagantes ou numa atmosfera cultural. "Somos um serviço público", diria Zuckerberg mais tarde. O Facebook era mais parecido com uma companhia telefônica do que com uma discoteca; era uma plataforma neutra para a comunicação e a colaboração.

Ainda em sua primeira versão, o site cresceu a uma velocidade incrível. Depois que o Facebook se expandiu para os *campi* de umas poucas universidades de alto nível nos Estados Unidos, a caixa de entrada de Zuckerberg foi inundada de pedidos de estudantes de outros *campi*, implorando para que o Facebook lhes fosse disponibilizado. Em maio de 2005, o site já funcionava em mais de oitocentas faculdades. No entanto, foi a criação do Feed de Notícias, em setembro do mesmo ano, que levou o Facebook a um novo patamar.

No Friendster e no MySpace, para descobrir o que nossos amigos estavam fazendo, tínhamos que visitar suas páginas. O algoritmo do Feed de Notícias recolheu todas essas atualizações contidas na gigantesca base de dados do Facebook e as colocou num só lugar, bem na nossa cara, no momento em que nos conectamos. De um dia para o outro, o Facebook deixou de ser uma rede de páginas conectadas e se tornou um jornal personalizado com notícias sobre (e criado por) nossos amigos. É difícil imaginarmos uma fonte mais pura de relevância.

E foi um estouro. Em 2006, os usuários do Facebook postavam literalmente bilhões de atualizações – frases filosóficas, comentários sobre quem estavam namorando, o que tinham comido no café da manhã. Zuckerberg e sua equipe encorajavam os usuários: quanto mais dados fornecessem à empresa, melhor seria sua experiência on-line e mais eles voltariam ao site.

Desde cedo, o Facebook incluiu a possibilidade de enviar fotos, e com isso passou a conter a maior coleção de fotografias do mundo. O site também estimulou os usuários a postar links de outros sites, e milhões de links foram copiados e colados. Em 2007, Zuckerberg alardeou: "Na verdade, estamos produzindo mais notícias num único dia para nossos 19 milhões de usuários do que qualquer outro meio de comunicação já produziu durante toda sua existência."

No início, o Feed de Notícias mostrava quase tudo que nossos amigos faziam no site. No entanto, quando o volume de postagens e amigos aumentou, ler ou gerir o Feed tornou-se impossível. Mesmo que tivéssemos apenas cem amigos, era um volume grande demais.

A solução do Facebook foi o EdgeRank, o algoritmo por trás da página inicial do site, que traz as Principais Notícias. O EdgeRank classifica todas as interações ocorridas no site. A matemática é complicada, mas a ideia básica é bastante simples, baseando-se em três fatores. O primeiro é a afinidade: quanto mais próxima a nossa amizade com alguém – o que é determinado pelo tempo que passamos interagindo com a pessoa e investigando seu perfil –, maior será a probabilidade de que o Facebook nos mostre suas atualizações. O segundo é o peso relativo de cada tipo de conteúdo: atualizações sobre relacionamentos, por exemplo, têm peso grande; todos gostam de saber quem está namorando quem (muitos observadores suspeitam que esse peso também seja personalizado: pessoas diferentes dão mais ou menos importância a cada tipo de conteúdo). O terceiro é o tempo: itens mais recentes têm mais peso do que postagens mais antigas.

O EdgeRank demonstra o paradoxo existente no âmago da corrida pela relevância. Para oferecer mais relevância, os algoritmos de personalização precisam de mais dados. No entanto, quanto mais dados houver, mais sofisticados deverão ser os filtros para organizá-los. É um ciclo sem fim.

Em 2009, o Facebook atingiu a marca de 300 milhões de usuários e crescia à taxa de 10 milhões de usuários novos por mês. Zuckerberg, aos 25 anos, já era bilionário. Mas a empresa tinha ambições maiores. Zuckerberg queria tomar o modelo do Feed de Notícias, usado para organizar as informações sociais, e aplicá-lo a toda informação disponível.

Embora nunca tenha sido declarado, o objetivo era claro: aproveitando-se do gráfico social e da massa de informações fornecidas pelos usuários do Facebook, Zuckerberg queria colocar o algoritmo de notícias do Facebook no centro da rede.

Ainda assim, todos ficaram surpresos quando, em 21 de abril de 2010, os leitores abriram a página do jornal *Washington Post* e encontraram seus amigos ali. Num quadro chamativo situado no canto superior direito – o local por onde, como qualquer editor sabe, os leitores passam os olhos primeiro – havia um aplicativo chamado Notícias em Rede. Cada pessoa que visitava a página via um conjunto diferente de links nesse quadro – os links para o *Washington Post* compartilhados por seus amigos no Facebook. O jornal havia permitido que o Facebook editasse seu bem mais valioso no ambiente on-line: sua primeira página. O *New York Times* logo fez o mesmo.

O novo aplicativo era apenas parte de um lançamento muito maior, que o Facebook chamou de "Facebook Everywhere", anunciado durante a conferência anual da empresa, f8 ("*fate*", ou "destino" em inglês). Desde que Steve Jobs vendeu a Apple, chamando-a de "loucamente grandiosa", a grandiosidade passou a fazer parte da tradição do Vale do Silício. Mas quando Zuckerberg subiu ao palco em 21 de abril de 2010, suas palavras pareceram até plausíveis. "Esta é a coisa mais transformadora que já fizemos para a internet", anunciou.

O objetivo do Facebook Everywhere era simples: fazer com que toda a rede se tornasse "social", levando a personalização no estilo Facebook a milhões de sites não personalizados. Quer saber que músicas seus amigos do Facebook estão ouvindo? Agora o Pandora vai lhe dizer. Quer saber de que restaurantes seus amigos gostam? O Yelp tem a resposta. Sites de notícias, do *Huffington Post* ao *Washington Post*, agora são personalizados.

O Facebook deu às pessoas a possibilidade de apertarem o botão "Curtir" em qualquer item da internet. Durante as primeiras 24 horas do novo serviço, as pessoas clicaram no botão "Curtir" 1 bilhão de vezes – e todos esses dados fluíram de volta para os servidores do Facebook. Bret Taylor, diretor de tecnologia do Facebook, anunciou que os usuários estavam compartilhando 25 bilhões de itens por mês. O Google, que já foi o líder absoluto na corrida pela relevância, pareceu preocupado com o rival que o perseguia a alguns quilômetros de distância.

Os dois gigantes se encontram agora num combate direto: o Facebook adquire importantes executivos do Google; o Google está trabalhando firme para construir programas de relacionamento social como o Facebook. No entanto, o motivo pelo qual esses dois colossos da mídia digital estão em guerra não é inteiramente claro: afinal, o Google tem como objetivo principal responder a perguntas; a missão do Facebook é ajudar as pessoas a se conectar com seus amigos.

A questão é que a base dos dois negócios é essencialmente a mesma: publicidade direcionada, altamente relevante. Os anúncios contextuais que o Google coloca ao lado dos resultados de pesquisas e em sites são sua única fonte significativa de lucro. E, embora as finanças do Facebook não sejam reveladas ao público, alguns *insiders* já deixaram claro que a publicidade está no âmago dos rendimentos da empresa. O Google e o Facebook tiveram pontos de partida e estratégias diferentes – um deles apoiou-se nas relações entre informações, o outro nas relações entre pessoas –, porém, em última análise, os dois competem pelos mesmos dólares advindos da publicidade.

Do ponto de vista do anunciante on-line, a questão é simples: qual empresa irá gerar o maior retorno por cada dólar investido? É aí que a relevância entra na equação. As massas de dados acumuladas pelo Facebook e pelo Google têm dois propósitos: para os usuários, os dados são a chave para a oferta de notícias e resultados pessoalmente relevantes; para os anunciantes, os dados são a chave para encontrar possíveis compradores. A empresa que tiver a maior quantidade de informações e souber usá-las melhor ganhará os dólares da publicidade.

O que nos leva ao aprisionamento tecnológico. O aprisionamento é o ponto no qual os usuários estão tão envolvidos com a tecnologia que, mesmo que um concorrente ofereça um serviço melhor, não vale a pena mudar. Se você for membro do Facebook, pense no que representaria mudar para outro site de relacionamento social, mesmo que ele tivesse características muito superiores. Provavelmente daria bastante trabalho – seria extremamente maçante recriar todo o seu perfil, enviar todas as fotos outra vez e digitar arduamente os nomes de seus amigos. Você já está bastante preso. Da mesma forma, o Gmail, o Google Chat, o Google Voice, o Google Docs e muitos outros produtos fazem parte de uma campanha orquestrada de aprisionamento tecnológico do Google. A briga entre Google e Facebook depende de qual dos dois conseguirá reter o maior número de usuários.

A dinâmica do aprisionamento é descrita pela lei de Metcalfe, um princípio cunhado por Bob Metcalfe, inventor do protocolo Ethernet que conecta computadores. A lei diz que a utilidade de uma rede aumenta cada vez mais rápido sempre que acrescentamos uma nova pessoa à rede. Um aparelho de fax não tem muita utilidade se não conhecermos nenhuma outra pessoa que o possua, mas, se todos os nossos colegas de trabalho tiverem um fax, quem não fizer parte do grupo estará em grande desvantagem. O aprisionamento é o lado obscuro da lei de Metcalfe: o Facebook é útil, em grande medida, porque todos participam dele. Seus gerenciadores teriam de ser muito incompetentes para não se aproveitar desse fato básico.

Quanto mais aprisionados estiverem os usuários, mais fácil será convencê-los a se conectar às suas contas – e quando estamos constantemente conectados, essas empresas continuam a rastrear dados a nosso respeito mesmo quando não visitamos seus sites. Se estivermos conectados no Gmail e visitarmos um site que utilize o serviço de anúncios Doubleclick, da Google, esse dado será associado à nossa conta no Google. Além disso, com os cookies de rastreamento que esses serviços instalam em nossos computadores, o Facebook e o Google conseguem usar nossas informações pessoais para nos fornecer anúncios em sites de terceiros. Toda a rede pode se transformar numa plataforma para o Google ou o Facebook.

Entretanto, o Google e o Facebook não são nem de longe as únicas duas opções. A batalha diária entre o Google e o Facebook dá muito trabalho aos jornalistas de negócios e ocupa gigabytes de discussões em blogs, mas uma terceira linha de frente está surgindo furtivamente nessa guerra. E, embora quase todas as empresas envolvidas nessa frente operem de forma silenciosa, elas um dia poderão representar o futuro da personalização.

O mercado de dados

A caçada aos cúmplices dos assassinos do 11 de Setembro foi uma das mais extensas na história. Imediatamente após os ataques, a dimensão da trama não estava perfeitamente clara. Haveria outros sequestradores que não foram encontrados? Qual era o tamanho da rede que planejara os ataques? Durante três dias, a CIA, o FBI e várias outras agências trabalharam dia e noite para identificar os envolvidos. Os aviões de todo o país foram proibidos de decolar, os aeroportos ficaram fechados.

Quando a ajuda chegou, veio de um lugar inesperado. Em 14 de setembro, o FBI já havia anunciado os nomes dos sequestradores, e agora pedia – implorava – às pessoas que apresentassem qualquer informação que tivessem sobre os criminosos. Ainda naquele dia, o FBI recebeu uma chamada de Mack McLarty, um ex-oficial da Casa Branca que era diretor de uma empresa pouco conhecida, mas muito lucrativa, chamada Acxiom.

Assim que os nomes dos sequestradores foram comunicados ao público, a Acxiom investigou seus enormes bancos de dados, que ocupam dois hectares no minúsculo povoado de Conway, no Arkansas, e encontrou informações muito interessantes sobre os perpetradores dos ataques. De fato, a Acxiom sabia mais sobre onze dos dezenove sequestradores do que todo o governo dos Estados Unidos – inclusive seus endereços antigos e atuais e os nomes das pessoas com quem moravam.

Talvez nunca saibamos o que havia nos arquivos que a Acxiom deu ao governo (embora um dos executivos tenha dito a um repórter que as informações fornecidas pela Acxiom levaram a deportações e acusações). Mas veja só o que a Acxiom sabe sobre 96% dos domicílios americanos e meio bilhão de pessoas em todo o mundo: os nomes de seus familiares, seus endereços atuais e antigos, a frequência com que pagam suas contas do cartão de crédito, se têm um cachorro ou gato (e de que raça), se são canhotos ou destros, que remédios usam (com base em registros de farmácia)... A lista de dados tem aproximadamente 1.500 itens.

A Acxiom não faz muito estardalhaço – o fato de ter um nome quase impronunciável talvez não seja coincidência. Mas presta serviços à maioria das grandes empresas nos Estados Unidos – entre elas, nove das dez maiores empresas de cartões de crédito e marcas, da Microsoft à Blockbuster. "Pense na [Acxiom] como uma fábrica automatizada", disse um programador a um repórter, "na qual o produto fabricado são dados."

Para ter uma ideia da visão de futuro da Acxiom, pense em um site de viagens como o Travelocity ou o Kayak. Já parou para pensar como eles ganham dinheiro? O Kayak lucra de duas maneiras. Uma delas é bastante simples, um resquício da era das agências de viagem: quando compramos um voo usando um link do Kayak, as companhias aéreas pagam ao site uma pequena quantia como comissão.

A outra é muito menos evidente. Quando buscamos um voo, o Kayak instala um cookie em nosso computador – um pequeno arquivo que funciona basicamente como colocar um adesivo em nossa testa com a frase "Fale-me de viagens baratas de Nova York a São Francisco". O Kayak pode então vender essa informação a uma empresa como a Acxiom ou a BlueKai, sua rival, que o leiloa à empresa que fizer a melhor oferta – nesse caso, uma grande companhia aérea como a United Airlines. Quando souber o tipo de viagem em que estamos interessados, a United poderá nos mostrar anúncios de voos relevantes – não só no site do Kayak, mas literalmente em quase qualquer site que visitemos em toda a internet. Todo esse processo – da coleta dos nossos dados à venda para a United Airlines – leva menos de um segundo.

Os defensores dessa prática a chamam de "redirecionamento comportamental". Os comerciantes observaram que 98% dos visitantes de sites de compras on-line deixam o site sem comprar nada. O redirecionamento faz com que as empresas já não tenham que aceitar um "não" como resposta.

Digamos que você tenha examinado um par de tênis de corrida num site, mas tenha saído sem o comprar. Se a sapataria on-line que você visitou usar o redirecionamento, seus anúncios – que talvez apresentem uma imagem dos mesmos tênis em que você pareceu interessado – irão segui-lo por toda a internet, surgindo ao lado do placar do jogo da noite passada ou das postagens do seu blog preferido. E se você finalmente se convencer e comprar os tênis? Bem, a sapataria poderá vender essa informação à BlueKai, que a leiloará, por exemplo, a um site de material esportivo. Em pouco tempo você verá anúncios de meias antitranspirantes por toda a internet.

Esse tipo de publicidade persistente e personalizada não está confinado aos nossos computadores. Sites como o Loopt e o Foursquare, que anunciam o local onde se encontra um usuário a partir de seu celular, dão aos anunciantes a possibilidade de oferecer publicidade direcionada a seus clientes mesmo quando estão fora de casa. O Loopt está trabalhando num sistema de anúncios no qual as lojas poderão oferecer descontos e promoções especiais nos telefones celulares dos clientes – bem no momento em que a pessoa esteja passando em frente à loja. E se você estiver sentado num voo da Southwest Airlines, os anúncios na tela à sua frente poderão ser diferentes dos de seus vizinhos. Afinal, a Southwest sabe o seu nome e quem você é. Cruzando suas informações pessoais com bases de dados como o da Acxiom, a empresa poderá saber muito mais sobre você. Por que não lhe apresentar anúncios personalizados – ou, então, um programa direcionado a que você tenha mais probabilidade de assistir?

A TargusInfo, outra empresa que processa esse tipo de informação, gaba-se de "oferecer mais de 62 bilhões de atributos em tempo real por ano". Estamos falando de 62 bilhões de dados sobre quem são os clientes, o que estão fazendo e o que querem. Outro empreendimento de nome assustador, o Projeto Rubicon, afirma que sua base de dados inclui mais de meio bilhão de usuários da internet.

Por ora, o redirecionamento está sendo usado apenas por anunciantes, mas não há nada que impeça os editores e provedores de conteúdo de fazer o mesmo. Afinal, se o jornal *Los Angeles Times* souber que você é fã do blogueiro Perez Hilton, poderá apresentar uma entrevista com ele na primeira página da sua edição pessoal, o que aumentará a chance de que você permaneça no site e clique por aí.

Tudo isso significa que nosso comportamento se transformou numa mercadoria, um pedaço pequenino de um mercado que serve como plataforma para a personalização de toda a internet. Estamos acostumados a pensar na rede como uma série de relações distintas: nós gerimos a nossa relação com o Yahoo separadamente da nossa relação com nosso blog preferido. Entretanto, nos bastidores, a rede está se tornando cada vez mais integrada. As empresas estão percebendo que compartilhar dados é lucrativo. Graças à Acxiom e ao mercado de dados, os sites conseguem apresentar diante de nós os produtos mais relevantes enquanto sussurram uns com os outros às nossas costas.

A busca da relevância gerou os gigantes da internet de hoje e está motivando as empresas a acumular cada vez mais dados sobre nós e a usá-los para adaptar secretamente nossas experiências on-line. Está transformando o tecido da rede. Porém, como veremos, as consequências da personalização sobre o modo como consumimos notícias, como tomamos decisões políticas e até como pensamos serão ainda mais drásticas.

2. O usuário é o conteúdo

> Tudo o que obstrui a liberdade e a plenitude da comunicação cria barreiras que dividem os seres humanos em grupos e panelinhas, em seitas e facções antagonistas, minando assim o modo de vida democrático.
>
> JOHN DEWEY

> A tecnologia vai ser tão boa que as pessoas terão muita dificuldade em assistir ou consumir qualquer coisa que não tenha sido minimamente adaptada para elas.
>
> ERIC SCHMIDT, diretor-geral do Google

O EDIFÍCIO 1 DA MICROSOFT em Mountain View, na Califórnia, é um hangar longo e baixo, de tom cinza metálico, e, se não fosse pelos carros que passam velozes atrás do prédio na Rodovia 101, quase conseguiríamos ouvir o zunido da segurança ultrassônica. Naquele sábado de 2010, o enorme estacionamento estava vazio, a não ser por uns poucos BMWs e Volvos. Um amontoado de pinheiros raquíticos balançava ao vento forte.

Lá dentro, os corredores com piso de concreto estavam cheios de presidentes de empresas vestindo calça jeans e paletó, trocando cartões de visita e histórias de negócios enquanto tomavam café. A maioria deles não viera de longe; as empresas *start-up* que eles representavam estavam localizadas ali perto. Junto à tábua de queijos havia um grupo de executivos de empresas de dados, como a Acxiom e a Experian, que tinham viajado do Arkansas e de Nova York na noite anterior. Apesar de reunir menos de cem participantes, o Simpósio sobre Gráficos Sociais incluía líderes e personagens ilustres do marketing direcionado.

Uma campainha tocou, o grupo entrou em fila numa sala de reuniões, e uma das conversas logo se voltou para batalha por "capitalizar conteúdo". O grupo estava de acordo: a situação não parecia boa para os jornais.

As linhas gerais eram nítidas para quem estava atento: a internet tinha dado vários golpes duros no modelo de negócios dos jornais, todos potencialmente fatais. O site Craigslist tinha feito dos classificados um serviço gratuito; com isso, 18 bilhões de dólares em rendimentos desapareceram num passe de mágica. A publicidade on-line também não estava compensando. Um pioneiro da publicidade fez certa vez uma declaração famosa: "Metade do dinheiro que gasto com publicidade não serve para nada – eu só não sei qual metade." No entanto, a internet virou essa lógica de cabeça para baixo – usando taxas de cliques e outras medições, as empresas subitamente descobriram qual das metades de seu dinheiro não servia para nada. E nos casos em que a publicidade não funcionava como prometido, os orçamentos destinados à propaganda foram cortados para se adequar à situação. Enquanto isso, blogueiros e jornalistas autônomos começaram a condensar e produzir notícias on-line gratuitamente, o que pressionou os jornais a fazerem o mesmo.

No entanto, o grupo naquela sala estava interessado, acima de tudo, no fato de que toda a base do negócio das notícias estava mudando, e os editores de jornais estavam completamente alheios àquilo.

O *New York Times* tradicionalmente conseguia atrair muitos anunciantes porque eles sabiam que o jornal tinha um público seleto – a elite abastada de Nova York, formadora de opinião. De fato, o jornal tinha quase o monopólio sobre esse grupo – eram muito poucos os canais que levavam diretamente à casa dessas pessoas (e às suas carteiras).

Agora, tudo isso estava mudando. Um executivo do setor de marketing foi particularmente incisivo. "Os editores estão perdendo", disse ele, "e vão perder, porque simplesmente não entenderam."

Em vez de gastar dinheiro com anúncios caros no *New York Times*, agora era possível rastrear os leitores de elite usando dados adquiridos com a Acxiom ou a BlueKai. Essa era uma mudança e tanto no negócio das notícias. Os anunciantes já não precisavam pagar ao *New York Times* para ter acesso aos leitores do jornal: poderiam abordá-los onde quer que estivessem na rede. Em outras palavras, os tempos nos quais era preciso produzir conteúdo *premium* para obter um público *premium* estavam chegando ao fim.

Os números diziam tudo. Em 2003, os grupos que publicavam artigos e vídeos on-line recebiam a maior parte do dinheiro gasto pelos anunciantes em seus sites. Agora em 2010, recebiam apenas 20%. A diferença estava sendo embolsada pelos detentores dos dados – muitos dos quais presentes naquele simpósio em Mountain View. Uma apresentação em PowerPoint que circulava pelo setor ilustrava o significado dessa mudança de forma sucinta, descrevendo como "os editores *premium* [estavam] perdendo uma vantagem crucial", porque os anunciantes já conseguiam abordar seu público *premium* em "outros lugares, mais baratos". A mensagem era clara: o foco agora estava nos usuários, e não nos sites.

A menos que os jornais conseguissem se enxergar como empresas de dados comportamentais cuja missão era obter informações sobre as preferências de seus leitores – em outras palavras, a menos que conseguissem se adaptar ao mundo personalizado da bolha dos filtros –, eles iriam naufragar.

As notícias moldam a nossa visão do mundo, do que é importante, da escala, tipo e caráter dos problemas que enfrentamos. O mais significativo, no entanto, é o fato de nos darem a base das experiências e dos conhecimentos comuns sobre a qual se constrói a democracia. A menos que entendamos os grandes problemas de nossa sociedade, não conseguiremos agir juntos para resolvê-los. Walter Lippmann, pai do jornalismo moderno, expressou a situação de forma bastante eloquente: "Tudo o que os críticos mais incisivos da democracia alegaram será verdadeiro se não houver um suprimento constante e confiável de notícias relevantes. A incompetência e o despropósito, a corrupção e a deslealdade, o pânico e, por fim, o desastre abaterão qualquer povo ao qual seja negado o acesso aos fatos."

Se as notícias são importantes, os jornais são importantes, porque seus jornalistas escrevem grande parte das notícias. Embora a maioria da população americana se informe por meio dos canais locais e nacionais de televisão, as reportagens e a geração de notícias ocorrem principalmente nas redações dos jornais. Eles são os principais criadores da economia de notícias. Mesmo em 2010, os blogs continuam incrivelmente dependentes dos jornais: segundo o Projeto de Excelência em Jornalismo do Pew Research Center, 99% das matérias postadas em blogs são links de jornais e emissoras, e o *New York Times* e o *Washington Post* representam quase 50% de todos os links em blogs. Apesar de estar ganhando mais importância e influência, a mídia oriunda da internet ainda não se compara aos jornais e a outros canais, como a BBC e a CNN, em sua capacidade de moldar a vida pública.

No entanto, a mudança está para chegar. As forças libertas pela internet estão gerando uma transformação radical sobre quem produz as notícias e como. Se, no passado, tínhamos que comprar todo o jornal para ler apenas a seção de esportes, agora basta visitarmos um site dedicado exclusivamente a eles para obtermos conteúdo suficiente, a cada dia, para encher dez jornais. Se no passado só quem pudesse comprar tinta aos barris conseguiria atingir uma audiência de milhões, agora qualquer pessoa que tenha um laptop e uma ideia original também consegue.

Se pensarmos bem, podemos começar a traçar os contornos de uma nova constelação que está surgindo. Eis o que sabemos:

> O custo da produção e distribuição de qualquer tipo de mídia – palavras, imagens, vídeo e áudio – continuará a cair, aproximando-se cada vez mais de zero.
>
> Por isso, seremos inundados de escolhas às quais dedicaremos ou não nossa atenção – e continuaremos a sofrer do "colapso de atenção". Com isso, os curadores serão ainda mais importantes. Vamos depender cada vez mais de curadores humanos e robóticos que determinarão as notícias que consumimos.
>
> Os editores humanos profissionais são caros, o código é barato. Cada vez mais, vamos depender de uma mistura de editores não profissionais (nossos

amigos e colegas) e códigos informáticos para decidir o que ver, ler e ouvir. Esse código se baseará amplamente na força da personalização e substituirá os editores humanos profissionais.

Muitos observadores da internet (entre eles eu) comemoraram o surgimento das "notícias narradas pelas pessoas" – uma forma mais democrática e participativa de tecer narrativas culturais. O futuro, no entanto, talvez seja narrado mais por máquinas do que por pessoas. E os casos pioneiros de protagonismo individual ilustram melhor a nossa realidade atual, transitória, do que as notícias do futuro. A história do "Rathergate" é um exemplo clássico desse problema.

Quando a CBS News anunciou, nove semanas antes da eleição de 2004, possuir documentos que provavam que o presidente Bush havia manipulado seu histórico militar, a declaração pareceu ser um possível ponto de virada para a campanha do candidato Kerry, que estava atrás nas pesquisas. A audiência do programa *60 Minutes* foi alta. "Hoje, temos novos documentos e informações sobre o serviço militar do presidente e a primeira entrevista com o homem que afirma ter mexido os pauzinhos para que o jovem George W. Bush entrasse na Guarda Nacional Aérea do Texas", disse Dan Rather num tom sombrio ao apresentar os fatos.

Naquela noite, enquanto o *New York Times* preparava sua matéria de primeira página sobre o tema, um advogado e ativista conservador chamado Harry MacDougald postou uma mensagem num fórum de direita chamado Freerepublic.com. Depois de examinar cuidadosamente a fonte do documento, MacDougald ficou convencido de que havia algo estranho. Ele não usou meias palavras: "Estou dizendo que esses documentos são falsos, foram passados quinze vezes por uma fotocopiadora para parecer mais velhos", escreveu. "Este caso precisa ser investigado minuciosamente."

A postagem de MacDougald logo atraiu atenção, e a discussão sobre a falsificação passou para outras duas comunidades de blogs, a Powerline e a Little Green Footballs, cujos leitores logo descobriram outras pistas anacrônicas. Na tarde seguinte, o influente site Drudge Report colocou os repórteres de campanha para falar sobre a veracidade dos documentos. No dia seguinte, 10 de setembro, a Associated Press, o *New York Times*, o *Washington Post* e outros canais divulgaram a história: o furo da CBS talvez não fosse verdadeiro. Em 20 de setembro, o presidente da CBS News emitiu uma declaração sobre os documentos: "Com base no que sabemos atualmente, a CBS News não tem como provar que os documentos sejam autênticos... não deveríamos ter utilizado esse material." Embora a verdade última sobre o serviço militar do presidente Bush jamais tenha sido revelada, Rather, um dos jornalistas mais famosos do mundo, caiu em desgraça e se demitiu no ano seguinte.

O Rathergate tornou-se uma parte importante da mitologia sobre como os blogs e a internet mudaram a dinâmica do jornalismo. Independentemente da posição política que ocupemos, não deixa de ser uma história inspiradora. MacDougald, um ativista em seu computador pessoal, descobriu a verdade, derrubou uma das maiores figuras do jornalismo e mudou o curso de uma eleição.

No entanto, essa versão da história omite um ponto crucial.

Nos doze dias que passaram entre a transmissão da história pela CBS e seu reconhecimento público de que os documentos provavelmente eram falsos, os demais meios de comunicação publicaram uma infinidade de matérias sobre o caso. A Associated Press e o *USA Today* contrataram especialistas para esquadrinhar cada ponto e letra dos documentos. As redes de notícias da TV a cabo acompanharam o caso dia e noite. Incrivelmente, 65% dos americanos – e quase 100% das classes política e jornalística – tinham a atenção voltada para a história.

A CBS não teve como ignorar a história pelo simples fato de que essas outras fontes de notícias alcançavam boa parte do público que também assistia à CBS News. MacDougald e seus aliados podem ter acendido o fósforo, mas foram a imprensa e as emissoras que alimentaram as chamas, gerando um incêndio que acabou por destruir uma carreira.

O Rathergate, em outras palavras, é uma boa história sobre as formas de interação entre a mídia on-line e a tradicional. No entanto, essa história nos diz muito pouco, ou nada, sobre como funcionarão as notícias quando a era da imprensa tradicional estiver completamente encerrada – e estamos avançando para esse momento a uma velocidade estonteante. As perguntas que temos que nos fazer são as seguintes: como serão as notícias no mundo pós-televisão? Como irão fluir? Que impacto terão?

Se a capacidade de moldar as notícias estiver nas mãos de alguns bits de código e não em editores humanos profissionais, será que o código estará apto para essa tarefa? Se o ambiente de notícias se tornar muito fragmentado, a ponto de que a descoberta de MacDougald não alcance uma audiência ampla, poderá ocorrer um evento como o Rathergate?

Antes de tentarmos responder a essa pergunta, vale a pena analisarmos de onde veio o nosso atual sistema de notícias.

Ascensão e queda do público geral

Em 1920, Lippmann escreveu que "a crise da democracia ocidental é uma crise do jornalismo". Os dois estão inevitavelmente ligados, e para entendermos o futuro dessa relação temos que entender seu passado.

É difícil imaginarmos uma época na qual a "opinião pública" não existia. Entretanto, até meados do século XVIII, a política era a política palaciana. Os jornais tratavam apenas de notícias comerciais e estrangeiras – uma reportagem sobre uma fragata em Bruxelas e uma carta de um nobre vienense, impressa e vendida às classes comerciais de Londres. Somente após o surgimento do Estado moderno, complexo e centralizado – com pessoas ricas o suficiente para emprestar dinheiro ao rei –, os líderes mais prescientes se deram conta de que as opiniões das pessoas fora das muralhas tinham começado a ganhar importância.

A emergência do âmbito público – com as notícias como meio – foi movida, em parte, pelo surgimento de problemas sociais novos e complexos, desde o transporte de água até os desafios do império, que transcendiam os limites estreitos da experiência individual. No entanto, mudanças tecnológicas também tiveram seu impacto. Afinal, o modo como as notícias são transmitidas afeta profundamente seu conteúdo.

A palavra falada sempre se dirige a um público específico; o surgimento da palavra escrita – e especialmente da imprensa – modificou essa situação. Ela efetivamente possibilitou o surgimento do público geral. A capacidade de um autor de se dirigir a um grupo amplo e anônimo alimentou a era do Iluminismo; graças à imprensa, cientistas e acadêmicos conseguiram disseminar ideias complexas, com total precisão, para um público espalhado por um grande território. E, como todos tinham acesso ao mesmo conhecimento, surgiram diálogos transnacionais que teriam sido incrivelmente trabalhosos na época anterior, em que todo esse processo era feito por escribas.

Nas colônias americanas, a imprensa se desenvolveu a um ritmo estonteante – na época da Revolução Americana, nenhum outro lugar no mundo tinha uma densidade e variedade tão grande de jornais. E apesar de atenderem exclusivamente aos interesses de proprietários de terra brancos, os jornais ao menos traziam uma linguagem comum e argumentos de dissidência comuns. O grito de guerra de Thomas Paine, um panfleto chamado *Common Sense* ("Senso comum"), ajudou a dar às diferentes colônias um senso de interesse e solidariedade mútuos.

Os primeiros jornais serviam como meios de informações sobre preços e condições do mercado a donos de empresas, e dependiam de assinaturas e dos ganhos com publicidade para sobreviver. Somente na década de 1830, com o surgimento dos tabloides baratos vendidos avulsos nas ruas, os cidadãos comuns dos Estados Unidos se tornaram o público principal das notícias. Foi nesse momento que os jornais passaram a publicar notícias como as que vemos na atualidade.

O público pequeno e aristocrático estava se transformando num público geral. A classe média crescia, e, como essa classe dependia da situação do país e dispunha de tempo e dinheiro para gastar com entretenimento, estava sedenta por notícias e espetáculos. A circulação dos jornais disparou. Além disso, com o aumento dos níveis de educação, mais pessoas passaram a entender a natureza interconectada da sociedade moderna. Se o que acontecia na Rússia afetava os preços em Nova York, valia a pena acompanhar as notícias russas.

Porém, embora a democracia e os jornais estivessem cada vez mais interligados, a relação não era fácil. Após a Primeira Guerra Mundial, as tensões sobre o papel que os jornais deveriam desempenhar esquentaram, tornando-se tema de um grande debate entre duas das principais referências intelectuais da época: Walter Lippmann e John Dewey.

Lippmann tinha assistido, abismado, aos jornais participarem do esforço de propaganda para a Primeira Guerra Mundial. Em *Liberty and the News* ("Liberdade e as notícias"), um livro de ensaios publicado em 1921, ele atacou o setor, furioso. Lippmann citou um editor que havia escrito que, a serviço da guerra, "os governos recrutaram a opinião pública... Ensinaram-na a marchar e a bater continência".

Lippmann escreveu que, enquanto os jornais decidissem, "com base em normas totalmente privadas e não examinadas, o que [o cidadão médio] deve saber e, portanto, no que deve acreditar, ninguém poderá dizer que a substância do governo democrático está segura".

Durante a década seguinte, Lippmann avançou nessa linha de raciocínio. A opinião pública, concluiu, era maleável demais – as pessoas eram muito facilmente manipuladas e dirigidas por informações falsas. Em 1925, ele publicou *The Phantom Public* ("O público fantasma"), uma tentativa de desmantelar de uma vez por todas a ilusão de um populacho racional e informado. Lippmann argumentou contra a mitologia democrática prevalecente, segundo a qual o conjunto de cidadãos informados tinha a capacidade de tomar decisões sobre as principais questões da época. Os "cidadãos onicompetentes" que tal sistema requeria não existiam em lugar nenhum. Na melhor das hipóteses, podíamos esperar que os cidadãos comuns não votassem no partido do governo se ele governasse mal; o verdadeiro trabalho de governo, defendia Lippmann, deveria ser conduzido por especialistas que tivessem educação e conhecimentos para entender o que realmente estava acontecendo.

John Dewey, um dos grandes filósofos da democracia, não perdeu a oportunidade de entrar na discussão. Em *The Public and Its Problems* ("O público e seus problemas"), uma série de palestras que deu em resposta ao livro de Lippmann, Dewey admitiu que muitas das críticas de Lippmann estavam certas. A mídia era capaz de manipular facilmente o pensamento das pessoas. Os cidadãos raramente eram bem-informados o suficiente para governar de forma eficaz.

Entretanto, argumentou Dewey, aceitar a proposta de Lippmann seria desistir da promessa de democracia – um ideal que ainda não fora plenamente realizado, mas que talvez ainda fosse. "Aprender a ser humano", afirmava Dewey, "é desenvolver, através do dar e receber da comunicação, a sensação de sermos membros singulares de uma comunidade." Para Dewey, as instituições da década de 1920 eram fechadas – não chamavam à participação democrática. No entanto, jornalistas e jornais tinham um papel fundamental no processo de despertar o cidadão em cada pessoa – lembrando-lhe sua participação nos negócios da nação.

Embora discordassem quanto às linhas gerais da solução, Dewey e Lippmann concordavam com o fato de que a produção de notícias era um empreendimento fundamentalmente político e ético – e consideravam que os editores deveriam tratar essa imensa responsabilidade com grande cuidado. Os jornais da época, por estarem ganhando rios de dinheiro, puderam se dar ao luxo de escutá-los. Seguindo os clamores de Lippmann, os jornais mais confiáveis ergueram uma divisória entre a seção de negócios da empresa e a redação. Começaram a defender a objetividade e a censurar as reportagens parciais. Foi esse modelo ético – segundo o qual os jornais têm a responsabilidade de informar e criar o público de forma neutra – que guiou as aspirações do jornalismo no último meio século.

Naturalmente, as agências de notícias muitas vezes deixam a desejar, desviando-se desses objetivos sublimes – nem sequer sabemos ao certo o quanto elas se esforçam para os atingir. O espetáculo e a busca do lucro muitas vezes derrubam a boa prática jornalística, os impérios midiáticos tomam decisões jornalísticas para agradar aos anunciantes, e nem todo meio de comunicação que declare ser "justo e equilibrado" o é de fato.

Graças a críticos como Lippmann, o sistema atual traz em seu bojo um senso de ética e responsabilidade pública, ainda que imperfeito. Isso, porém, não ocorre com a bolha dos filtros, embora ela esteja desempenhando algumas das mesmas funções.

Um novo intermediário

O crítico Jon Pareles, do *New York Times*, diz que os anos 2000 foram a década da desintermediação. Esse processo – a eliminação do intermediário – é "o que a internet faz com todo negócio, arte e profissão que tenha como função agregar e reembalar", escreveu o protoblogueiro Dave Winer em 2005. "A grande virtude da internet é sua capacidade de erodir o poder", diz a pioneira da internet Esther Dyson. "Ela suga o poder do centro e o leva para a periferia, erode o poder das instituições sobre as pessoas, dando aos indivíduos a capacidade de conduzir a própria vida."

A história da desintermediação foi repetida centenas de vezes em blogs, artigos acadêmicos e programas de entrevistas. Uma famosa versão dessa história diz o seguinte: havia uma época em que os editores de jornais acordavam pela manhã, iam para o trabalho e decidiam o que deveríamos pensar. Tinham essa capacidade porque custava caro montar uma gráfica, mas aquilo se tornou o seu *éthos* explícito: como jornalistas, tinham o dever paternalista de alimentar os cidadãos com uma dieta saudável de cobertura jornalística.

Os editores geralmente tinham boas intenções. Entretanto, por viverem em Nova York e Washington D.C., ficaram fascinados com os encantos do poder. Mediam seu sucesso pelo número de coquetéis para os quais tinham o privilégio de ser convidados, e a cobertura de seus jornais seguiu essa tendência. Os editores e jornalistas acabaram por se inserir na cultura que deveriam cobrir. Por isso, os poderosos deixaram de ser incomodados, e os interesses da mídia se voltaram contra os interesses das pessoas comuns, que estavam à sua mercê.

Então veio a internet e desintermediou as notícias. De repente, já não precisávamos confiar na interpretação que o *Washington Post* fazia de um comunicado de imprensa da Casa Branca – podíamos ler o documento por conta própria. O intermediário desapareceu – não só das notícias, mas também da música (já não precisávamos da *Rolling Stone*, podíamos ouvir diretamente o que a nossa banda preferida tinha a dizer), no comércio (podíamos seguir o Twitter da loja da esquina) e em praticamente qualquer outro setor. O futuro, diz essa história, é a era do contato direto.

É uma história sobre eficiência e democracia. Parece bom eliminarmos o perverso intermediário situado entre nós e aquilo que queremos. De certa forma, a desintermediação confronta a própria ideia da *mídia*. A palavra, afinal, vem do latim e significa "camada do meio". Ela se posiciona entre nós e o mundo; oferece-nos a possibilidade de saber o que está acontecendo, mas em detrimento da experiência direta. A desintermediação sugere que podemos ter as duas coisas.

É claro que essa descrição não escapa inteiramente à verdade. Porém, embora a submissão aos mediadores seja um problema real, a história da desintermediação tem uma boa dose de mitologia. Seu verdadeiro efeito é tornar os novos mediadores invisíveis. "São os muitos disputando o poder com os poucos", declarou a revista *Time* ao anunciar que "você" era a pessoa do ano. No entanto, nas palavras de Tim Wu, professor de direito e autor do livro *Master Switch*, "o crescimento das redes não eliminou os intermediários, apenas os substituiu". E embora o poder tenha se movido na direção dos consumidores, no sentido de que temos uma quantidade exponencialmente maior de escolhas sobre a mídia que consumimos, os consumidores ainda não detêm o poder.

As pessoas que alugam apartamentos geralmente não vão "direto à fonte" – elas usam como intermediário o site Craigslist. Os leitores usam a Amazon.com. Quem faz pesquisas na internet usa o Google. Amigos usam o Facebook. E essas plataformas detêm um enorme poder – tanto poder, em muitos sentidos, quanto os editores de jornais, os selos de gravadoras e outros intermediários que os precederam. No entanto, embora ataquemos ferozmente os editores do *New York Times* e os produtores da CNN pelas histórias que decidem não cobrir e pelos interesses aos quais servem, temos nos preocupado muito pouco em investigar os interesses por trás dos novos curadores.

Em julho de 2010, o Google Notícias lançou uma versão personalizada de seu popular serviço. Demonstrando preocupação com a questão da experiência partilhada, o Google deu destaque às "notícias principais" de interesse amplo e geral. Porém, abaixo dessas manchetes principais, só vemos histórias individualmente relevantes em nível local e pessoal, baseadas nos interesses que demonstramos ao usar o Google e nos artigos nos quais clicamos no passado. O presidente do Google não faz rodeios ao descrever para onde tudo isso se encaminha: "A maior parte das pessoas irá ler notícias personalizadas em aparelhos portáteis que substituirão amplamente os jornais tradicionais", disse ele a um jornalista. "E esse consumo de notícias será muito pessoal, muito direcionado. O sistema vai memorizar o que você já sabe. Vai sugerir coisas que você talvez tenha interesse em saber. Vai haver propaganda. Certo? E será tão conveniente e divertido quanto ler um jornal ou uma revista tradicional."

Desde que Krishna Bharat criou o primeiro protótipo do Google Notícias para monitorar a cobertura global do 11 de Setembro, o site se tornou um dos principais portais de notícias do planeta. Dezenas de milhões de pessoas o visitam todos os meses – um número maior do que o da BBC. Durante sua palestra na conferência IJ-7 de inovação no jornalismo, em Stanford – para uma plateia cheia de jornalistas bastante ansiosos –, Bharat apresentou sua visão: "Os jornalistas", explicou, "devem se preocupar em criar o conteúdo, e os profissionais de tecnologia devem se preocupar em levar esse conteúdo para o grupo certo de pessoas – dada uma matéria, encontrar o melhor par de olhos para ela, o que pode ser resolvido pela personalização."

De certa maneira, o Google Notícias ainda é um modelo híbrido, movido em parte pelo julgamento de uma classe editorial profissional. Quando um editor finlandês perguntou a Bharat o que determinava a prioridade das notícias, ele enfatizou que os editores de jornais ainda tinham um controle desproporcional: "Nós damos atenção", disse Bharat, "às decisões editoriais tomadas por diferentes editores: o que cada jornal decidiu cobrir, quando foi publicado e em que local da primeira página a matéria foi posicionada". Em outras palavras, Bill Keller, o editor do *New York Times*, ainda tem um poder desproporcional para afetar o destaque de uma matéria no Google Notícias.

É um equilíbrio delicado: por um lado, diz Bharat a um entrevistador, o Google deve promover aquilo que o leitor gosta de ler. Ao mesmo tempo, uma personalização excessiva, que excluísse notícias importantes, seria um desastre. Bharat não parece ter resolvido inteiramente esse dilema, nem mesmo no nível pessoal. "Acho que as pessoas dão atenção àquilo que outras pessoas dão atenção, às coisas pelas quais os demais se interessam – sobretudo em seu círculo social", afirma.

A ideia de Bharat é retirar o Google Notícias do site do Google e passá-lo aos sites de outros produtores de conteúdo. "Assim que a personalização estiver funcionando para as notícias", diz Bharat à conferência, "poderemos disponibilizar essa tecnologia aos editores, para que eles [transformem] seu site da melhor forma", para se adequar aos interesses de cada visitante.

Krishna Bharat está na berlinda por um bom motivo. Embora ele respeite os editores das primeiras páginas de jornais, que o bombardeiam com perguntas, e seu algoritmo dependa dos conhecimentos desses profissionais, o Google Notícias, se for bem-sucedido, acabará por deixar muitos editores desempregados. Afinal, por que visitar o site de um jornal, se o site personalizado do Google já selecionou as melhores matérias?

O impacto da internet sobre as notícias foi explosivo de várias maneiras. A rede expandiu o espaço das notícias à força, atropelando empresas mais antigas. Desmantelou a confiança que as organizações de notícias haviam construído. E o que ficou é um espaço público mais fragmentado e disperso do que o anterior.

A perda de confiança do público nos jornalistas e provedores de notícias nos últimos anos não é segredo para ninguém. No entanto, a forma da curva é misteriosa: segundo uma pesquisa do Pew Institute, os americanos perderam mais fé nas agências de notícias entre 2007 e 2010 do que nos doze anos anteriores. Nem mesmo o fiasco das armas de destruição em massa no Iraque afetou os números significativamente – mas o que quer que tenha acontecido em 2007 provocou um grande efeito.

Embora ainda não tenhamos uma prova conclusiva, esse também parece ser um efeito da internet. Quando obtemos nossas notícias de uma única fonte, essa fonte não dá muita atenção a seus próprios erros e omissões. As erratas, afinal, ficam perdidas no meio do jornal e são publicadas em corpo minúsculo. Mas quando as massas de leitores se conectaram e começaram a consumir notícias de múltiplas fontes, as diferenças de cobertura ficaram mais claras e foram ampliadas. O *New York Times* não fala muito dos problemas do *New York Times* – mas esses problemas costumam ser expostos em blogs políticos, como o Daily Kos ou o Little Green Footballs, e por grupos nos dois lados do espectro político, como o MoveOn ou o RightMarch. Em outras palavras, quando existem mais vozes, as pessoas tendem a confiar menos numa voz específica.

Como ressaltou Clay Shirky, um estudioso da internet, esses novos níveis de confiança, mais reduzidos, talvez não sejam inadequados. É possível que, na era da imprensa tradicional, a confiança tenha estado artificialmente elevada. No entanto, a consequência é que hoje em dia, para muitos de nós, a confiança que temos numa postagem num blog ou num artigo publicado na conceituada revista *New Yorker* não é tão diferente assim.

Os editores do Yahoo Notícias, o maior site de notícias da internet, veem essa tendência em ação. Com mais de 85 milhões de visitantes diários, quando o Yahoo posta links para artigos em outros servidores – mesmo os de jornais famosos em seus países – tem que avisar aos técnicos dos servidores a fim de que se preparem para a carga de visitantes. Um único link pode gerar até 12 milhões de visitas. Porém, segundo um executivo do departamento de notícias, os usuários do Yahoo não ligam muito para a origem das notícias. Uma notícia picante sempre irá gerar mais interesse do que uma notícia publicada numa fonte confiável. "As pessoas não distinguem muito entre o *New York Times* e algum blogueiro qualquer", disse-me o executivo.

Assim são as notícias na internet: as matérias ou sobem na lista das mais encaminhadas, ou sofrem morte infame e solitária. Nos velhos tempos, os leitores da *Rolling Stone* recebiam a revista pelo correio e a folheavam; agora, as matérias mais populares circulam pela internet independentemente da revista em que foram publicadas. Eu li o artigo com a denúncia ao general Stanley McChrystal, demitido por suas críticas a membros do gabinete de Barack Obama, mas não fazia ideia que a matéria de capa era sobre Lady Gaga. A economia da atenção está arrancando as páginas das revistas, e as que acabam sendo lidas geralmente são as que trazem assuntos mais recentes, escandalosos e virais.

E essa dissociação não afeta apenas a mídia impressa. Embora as lamúrias jornalísticas se concentrem sobretudo no futuro sombrio dos jornais, os canais de TV enfrentam o mesmo dilema. Os executivos do Google, da Microsoft e da Comcast, uma grande companhia de telecomunicações dos Estados Unidos, são bastante claros ao afirmar que o que eles chamam de "convergência" está para chegar a qualquer momento. A cada ano, quase um milhão de americanos desiste das ofertas da TV a cabo e passa a obter seus vídeos on-line – e esse número irá acelerar quando surgirem mais serviços on-line como o Netflix e o Hulu, que oferecem filmes por encomenda. Quando a TV se tornar inteiramente digital, os canais serão pouco mais que marcas – e a ordem dos programas, assim como a ordem das matérias num jornal, será determinada pelo interesse e atenção do usuário, e não pelo administrador do canal.

Naturalmente, isso abre as portas para a personalização. "A TV conectada à internet será uma realidade. Vai modificar drasticamente a indústria da publicidade, para sempre. Os anúncios serão interativos e direcionados a cada aparelho de TV, segundo o usuário", diz Henrique de Castro, vice-presidente de mídia global do Google. Em outras palavras, podemos dar adeus ao ritual anual dos comerciais do *Super Bowl*, que não causarão o mesmo impacto quando todos estivermos assistindo a anúncios diferentes.

Se a confiança nas agências de notícias está caindo, a confiança no novo mundo da curadoria amadora e algorítmica está aumentando. Se as páginas dos jornais e revistas estão sendo arrancadas por um lado, estão sendo recompiladas por outro – numa ordem diferente a cada vez. É por isso que o Facebook está se transformando numa fonte cada vez mais vital de notícias: nossos amigos e família têm mais possibilidade de saber o que é importante e relevante para nós do que qualquer editor de jornal em Manhattan.

Os defensores da personalização muitas vezes falam de redes sociais como o Facebook como forma de questionar a ideia de que vamos acabar num mundo estreito e hiperfiltrado. Basta adicionarmos o nosso amigo do futebol no Facebook, diz o argumento, e teremos que escutar seus desabafos políticos mesmo que não concordemos com o que ele diz.

É verdade que as pessoas que conhecemos podem nos fazer entrar em contato com certos assuntos distantes do nosso mundo imediato. No entanto, nossa dependência das redes de curadores amadores gera dois problemas. Primeiro, por definição, os amigos de uma pessoa no Facebook tendem a ser muito mais parecidos com ela do que uma fonte de notícias destinada ao público geral. Isso acontece sobretudo porque as comunidades físicas também estão se tornando mais homogêneas – e as pessoas que conhecemos geralmente vivem perto de nós. Como nosso amigo do futebol mora na vizinhança, é provável que tenhamos muitos pontos de vista em comum. A chance de termos uma relação próxima com pessoas muito diferentes de nós é cada vez menor, na internet ou fora dela – e assim, a chance de entrarmos em contato com pontos de vista diferentes também diminui.

Em segundo lugar, os filtros de personalização ficarão cada vez melhores na filtragem de recomendações individuais. Você gosta das postagens do seu amigo Sam sobre futebol, mas não de seus devaneios aleatórios sobre a série CSI? Um filtro que esteja observando e identificando os tipos de conteúdo com os quais você interage talvez comece a separá-los – minando assim até mesmo a influência limitada que um grupo de amigos e especialistas pode exercer. O Google Reader, outro produto da Google que ajuda as pessoas a gerenciar torrentes de postagens em blogs, já tem uma função chamada Classificar por Mágica, que faz exatamente isso.

O que nos leva à última das razões pelas quais o futuro da mídia provavelmente será diferente do que esperamos. Desde os primórdios da internet, seus evangelistas afirmaram que a rede seria um meio inerentemente ativo. "Basicamente, assistimos televisão para desligar nosso cérebro, e trabalhamos no computador quando queremos ligá-lo", disse Steve Jobs, o fundador da Apple, à revista *Macworld* em 2004.

Entre os especialistas da área, esses dois paradigmas passaram a ser conhecidos como tecnologia *push* e tecnologia *pull* ("empurrar", "puxar"). Um navegador é um exemplo de tecnologia *pull*: digitamos um endereço, e nosso computador puxa informações daquele servidor. A televisão e o correio, por outro lado, são tecnologias *push*: as informações aparecem no televisor ou à nossa porta sem nenhuma ação de nossa parte. Os entusiastas da internet ficaram animados com a mudança da tecnologia *push* para a tecnologia *pull* por razões que hoje são bastante óbvias: em vez de banhar as massas com ondas de um conteúdo diluído que atenda ao menor denominador comum, a mídia *pull* põe os usuários no controle.

O problema é que "puxar" conteúdo dá bastante trabalho. Precisamos estar sempre atentos, administrando a nossa própria experiência midiática. É um dispêndio de energia muito maior do que aquele que a TV exige do americano médio, que assiste televisão 36 horas por semana.

Nos círculos das emissoras de TV, a forma como os americanos decidem o que assistir na TV tem um nome: a teoria do programa menos desagradável. Ao pesquisar o comportamento dos telespectadores nos anos 1970, Paul Klein, um inovador do sistema *pay-per-view*, notou que as pessoas paravam de trocar os canais muito antes do que poderíamos esperar. Na maior parte dessas 36 horas semanais, diz a teoria, não estamos procurando um programa em particular. Estamos apenas em busca de entretenimento que não seja desagradável.

Isso explica em parte por que a publicidade na TV é uma mina de ouro para os donos dos canais. Como as pessoas assistem TV passivamente, é mais provável que continuem a assistir quando a propaganda for transmitida. O comportamento passivo facilita a persuasão.

Embora a era da televisão possa estar chegando ao fim, a era da programação "menos desagradável" provavelmente não está – e a personalização está aí para tornar a experiência ainda menos desagradável. Uma das principais prioridades corporativas do YouTube é o desenvolvimento de um produto chamado LeanBack, que encadeia vídeos em sequência para oferecer os benefícios das tecnologias *push* e *pull*. É menos como navegar na internet e mais como assistir televisão – uma experiência personalizada que permite que o usuário faça cada vez menos. À semelhança do serviço de música Pandora, os espectadores do LeanBack podem facilmente passar de um vídeo a outro e dar sua opinião sobre eles – gostei deste, não gostei daqueles três. O LeanBack iria aprender. Com o tempo, a ideia é que o LeanBack se torne nosso canal de televisão pessoal, encadeando vídeos que nos interessam e exigindo cada vez menos empenho da nossa parte.

A declaração de Steve Jobs, de que os computadores servem para ligar nossos cérebros, talvez tenha sido otimista demais. Na realidade, à medida que os filtros personalizados ficarem cada vez melhores, a quantidade de energia que dedicaremos a escolher aquilo a que queremos assistir vai diminuir mais e mais.

E além de modificar a nossa experiência com as notícias, a personalização também altera a economia que determina quais matérias são produzidas.

O grande placar

Os escritórios da Gawker Media, um crescente império de blogs situado no SoHo, em Nova York, não são muito parecidos com a redação do *New York Times*, alguns quilômetros ao norte. A principal diferença entre os dois é a TV de tela plana que paira sobre a sala.

Esse é o Grande Placar, que contém uma lista de matérias e números. Os números representam a quantidade de vezes que cada matéria foi lida, e são altos: os sites da Gawker costumam receber centenas de milhares de visitas por mês. O Grande Placar identifica as postagens mais populares entre todos os sites da empresa, que se dedicam a todo tipo de coisa, como mídia (Gawker), *gadgets* (Gizmodo) e pornografia (Fleshbot). Quem escrever um artigo que apareça no Grande Placar provavelmente ganhará aumento. Quem ficar fora dele por muito tempo terá de encontrar outro emprego.

No *New York Times*, os repórteres e blogueiros não sabem quantas pessoas clicaram em suas matérias. Isso não é apenas uma regra, é uma filosofia que guia o *New York Times*: a ideia de um jornal respeitado é oferecer aos leitores um excelente critério editorial, preparado com cuidado. "Não deixamos que a métrica dite o nosso modo de trabalho", diz Bill Keller, editor do *New York Times*, "porque acreditamos que os leitores vêm até nós em busca do nosso senso crítico, e não do das multidões. Nós não somos o *American Idol*". Os leitores poderão expressar sua opinião assinando outro jornal, se quiserem, mas o *New York Times* não os mima.

Os jornalistas mais jovens do *New York Times*, que se preocupam com esse tipo de coisa, precisam basicamente subornar os administradores do sistema do jornal para conseguir dar uma olhada nas estatísticas (o jornal efetivamente utiliza estatísticas para determinar quais colunas on-line deseja expandir ou encerrar).

Se as atuais estruturas da internet tendem sobretudo à fragmentação e à homogeneidade local, existe uma exceção: a única coisa melhor que prover artigos relevantes para uma pessoa específica é prover artigos relevantes para todo mundo. A observação do tráfego na internet é um novo vício de blogueiros e administradores – e como cada vez mais sites publicam suas listas das páginas mais populares, os leitores também podem participar da brincadeira.

É claro que a caça ao tráfego jornalístico não é exatamente um fenômeno recente: desde o século XIX, os jornais tentam aumentar sua circulação com reportagens sensacionalistas. Joseph Pulitzer, o homem em cuja homenagem foram batizados os prêmios anuais, foi um pioneiro no uso de escândalos, sexo, alarmismo e indiretas para aumentar as vendas.

Entretanto, a internet traz um novo nível de sofisticação e detalhamento a essa prática. Agora, o blog Huffington Post pode publicar um artigo em sua primeira página e, em poucos minutos, saber se a matéria tem tendência viral; em caso afirmativo, os editores poderão dar ainda mais impulso à postagem, promovendo-a de forma mais intensa. O painel que permite aos editores observar o sucesso de cada matéria é considerado a joia da coroa da empresa. A Associated Content, do Yahoo, contrata um exército de colaboradores on-line, pagando-lhes pequenas quantias para influenciar as pesquisas feitas por usuários no site e escrever páginas que respondam às perguntas mais comuns; os colaboradores que escreverem as páginas com maior tráfego ganharão parte dos rendimentos da publicidade. Sites como o Digg e o Reddit tentam transformar toda a internet numa lista das páginas mais populares, e estão cada vez mais sofisticados: permitem que os usuários votem em artigos publicados em toda a rede, trazendo então os artigos mais votados para a página inicial do site. O algoritmo do Reddit faz com que os artigos que perdem aprovação comecem a ficar para trás, e a página inicial do site mistura os artigos que a massa de usuários considera mais importantes com as preferências e comportamentos pessoais do usuário – um casamento entre a bolha dos filtros e a lista das páginas mais populares.

Em 2004, *Las Últimas Noticias*, um importante jornal chileno, começou a basear todo o seu conteúdo nos cliques dos leitores: as matérias que recebiam muitos cliques ganhavam continuações, e as histórias sem cliques eram eliminadas. Os repórteres já não procuram furos – eles apenas botam lenha na fogueira das matérias que ganham mais cliques.

No Upshot, um famoso blog de notícias do Yahoo, uma equipe de editores examina os dados gerados por torrentes de pesquisas para descobrir os termos nos quais as pessoas estão interessadas, em tempo real. A seguir, produzem artigos que correspondam a essas pesquisas: quando muitas pessoas pesquisam a expressão "aniversário de Obama", o Upshot produz um artigo sobre o tema, e os usuários logo estarão visitando uma página do Yahoo e recebendo publicidade no site. "Nós sentimos que fazemos a diferença; o que nos separa de muitos concorrentes é a nossa capacidade de agregar tantos dados", disse o presidente da Yahoo Media ao *New York Times*. "A ideia de criar conteúdo em resposta às ideias e necessidades do público é apenas um dos componentes da estratégia, mas é um dos maiores."

E que matérias lideram os índices de tráfego on-line? A máxima "*If it bleeds, it leads*" ("Se tem sangue, é manchete") é uma das poucas que se mantiveram na nova era. Obviamente, os artigos mais populares variam segundo o público: um estudo sobre as matérias mais populares no *New York Times* revelou que artigos sobre judaísmo costumavam ser encaminhados com mais frequência, supostamente devido ao público do *Times*. Além disso, concluiu o estudo, "matérias de maior utilidade prática, mais surpreendentes, assertivas e positivas costumam estar entre as matérias mais enviadas por e-mail, assim como os artigos que provocam mais admiração, raiva e ansiedade, e menos tristeza".

Em outros sites, a lista das matérias mais populares é um pouco mais tosca. O site Buzzfeed postou recentemente um link para a "manchete que tem tudo", publicada no jornal britânico *Evening Herald*: "Mulher vestida de lutador de sumô atacou ex-namorada em bar gay depois que ela acenou para um homem fantasiado de chocolate Snickers." A matéria mais popular do *Seattle Times* em 2005 ficou no topo da lista durante semanas; era sobre um homem que morreu depois de fazer sexo com um cavalo. A principal matéria do *Los Angeles Times* em 2007 falava do cachorro mais feio do mundo.

A responsividade à plateia parece ser uma boa coisa – em muitos casos, realmente é. "Se pensarmos que a função dos produtos culturais é nos dar algo sobre o que falar", escreve um repórter do *Wall Street Journal* que examinou o fenômeno dos assuntos mais populares, "então o mais importante talvez seja fazer com que todos vejam a mesma coisa, e não a coisa em si." A busca desenfreada pelo tráfego on-line está fazendo a produção midiática perder seu caráter sublime, colocando jornalistas e editores no mesmo nível que o resto da população. O ombudsman do *Washington Post* descreveu o modo paternalista com que os jornalistas costumam se dirigir aos leitores: "No passado, havia pouca necessidade de partilhar informações de marketing com a redação do *Washington Post*. O lucro era alto. A circulação era volumosa. Os editores tomavam decisões com base no que pensavam ser as necessidades dos leitores, e não necessariamente no que os leitores queriam."

O modelo Gawker é praticamente o extremo oposto. Se o *Washington Post* se comporta como um pai, essas novas empresas mais parecem crianças ansiosas e inquietas, desesperadas para que alguém as pegue no colo e brinque com elas.

Quando perguntei a Nicholas Negroponte, do Laboratório de Mídia do MIT, sobre o futuro das notícias importantes, porém impopulares, ele sorriu. Num extremo do espectro, respondeu, encontra-se a personalização bajuladora: "você é sublime e maravilhoso, e vou lhe dizer exatamente o que você quer ouvir." No outro extremo está a abordagem paternal: "vou dizer uma coisa ainda que você não queira ouvir, porque você precisa saber." Atualmente, estamos no caminho da bajulação. "Haverá um longo período de ajuste", diz o professor Michael Schudson, "enquanto colapsa a separação entre a Igreja e o Estado, por assim dizer. Se utilizada com moderação, a ideia parece boa, mas o Grande Placar da Gawker é um caso extremo, medonho, é a rendição total."

Sobre a Apple e o Afeganistão

O Google Notícias dá mais atenção a temas políticos do que muitos dos criadores da bolha dos filtros. Afinal, o site se baseia, em grande medida, nas decisões de editores profissionais. Ainda assim, mesmo no Google Notícias, matérias sobre a Apple são mais populares do que matérias sobre a guerra no Afeganistão.

Eu gosto do meu iPhone e do meu iPad, mas não podemos dizer que esses apetrechos tenham tanta importância quanto os acontecimentos no Afeganistão. Esse ranking applecêntrico traz bons exemplos do que a combinação de listas de temas mais populares com a bolha dos filtros deixa de noticiar: questões importantes, porém complicadas. "Se o tráfego acaba por guiar a cobertura", escreve o ombudsman do *Washington Post*, "isso não fará com que o *Washington Post* decida não investigar certas histórias importantes apenas por serem 'monótonas'?"

Por exemplo, será que uma matéria sobre a pobreza infantil irá um dia parecer extremamente relevante para muitos de nós, no nível pessoal, além dos acadêmicos que estudam o tema e das pessoas afetadas de modo direto pelo problema? Provavelmente não, mas ainda assim é um tema importante, do qual devemos estar informados.

Os críticos de esquerda costumam afirmar que os principais meios de comunicação dos Estados Unidos dão pouca cobertura à guerra. Entretanto, para muitos de nós (eu inclusive), ler sobre o Afeganistão é um martírio. A história é emaranhada, confusa, complexa e deprimente.

No entanto, segundo o julgamento editorial do *New York Times*, eu preciso saber sobre a guerra, e, como eles insistem em colocar a notícia na primeira página apesar do tráfego abominavelmente baixo que ela atrai, eu continuo a ler sobre a guerra. (Não quer dizer que o jornal esteja contradizendo uma das minhas inclinações pessoais. Está apenas dando apoio a uma das minhas inclinações – estar informado do que acontece no mundo –, em detrimento da inclinação mais imediata de clicar em qualquer coisa que pareça interessante à primeira vista.) Em certos casos, os meios de comunicação que priorizam a importância em detrimento da popularidade ou da relevância pessoal são úteis – e até mesmo necessários.

Clay Shirky ressalta que, em todas as épocas, os leitores de jornais quase sempre pularam as notícias políticas. No entanto, para fazê-lo, pelo menos precisaram correr os olhos pela primeira página – e assim, caso ocorresse um enorme escândalo político, um número suficientemente elevado de pessoas ficaria sabendo do caso, o que teria impacto nas pesquisas de opinião. "A questão", afirma Shirky, "é como fazer com que o cidadão médio ignore 99% das notícias do dia e, ainda assim, fique periodicamente alarmado quando há uma crise. Como ameaçar os líderes comerciais e políticos com a possibilidade de soar o alarme caso a situação fique corrupta demais?" A primeira página tinha essa função – mas agora podemos ignorá-la completamente.

E isso nos leva de volta a John Dewey. Na visão de Dewey, são estas questões – "as consequências indiretas, extensas, duradouras e sérias do comportamento conjunto e interativo" – que permitem a existência do público. As questões importantes que afetam indiretamente a vida de cada um de nós, mas que existem além da esfera do nosso interesse imediato, são a fundação e a razão de ser da democracia. O programa *American Idol* talvez reúna muitas pessoas na mesma sala de estar, mas não desperta o cidadão dentro de nós. Para o bem ou para o mal – na minha opinião, para o bem –, os editores da velha mídia o despertavam.

Naturalmente, não há caminho de volta. Nem deveria haver: a internet ainda tem o potencial de ser um meio melhor para a democracia do que a imprensa tradicional, com seus fluxos unidirecionais de informação. Como ressaltou o jornalista A.J. Liebling, a liberdade de imprensa existia apenas para quem tivesse uma prensa. Agora, todos nós temos.

O problema é que, neste momento, estamos trocando um sistema que tinha um senso bem-definido e debatido de suas responsabilidades e funções cívicas por outro que não tem qualquer senso ético. O Grande

Placar está eliminando a barreira que existia entre as decisões editoriais e as operações comerciais. Enquanto o Google e outros sites começam a se dar conta das consequências desse fato, a maior parte dos filtros personalizados não é capaz de priorizar o que realmente importa, mas recebe menos cliques. No fim das contas, a ideia de "dar às pessoas o que elas querem" é uma filosofia cívica frágil e rasteira.

No entanto, o surgimento da bolha dos filtros não afeta apenas o modo como processamos as notícias. Pode também afetar o modo como pensamos.

3. A sociedade Adderall

> Não há como enfatizar suficientemente a importância ... de colocar os seres humanos em contato com pessoas diferentes de si mesmos, com modos de pensamento e ação distantes daqueles com os quais estão familiarizados. ... Esse tipo de comunicação sempre foi e continua a ser, especialmente na era atual, uma das principais fontes de progresso.
>
> JOHN STUART MILL

> A maneira como foram feitas algumas das principais descobertas individuais lembra mais o desempenho de um sonâmbulo do que o de um cérebro eletrônico.
>
> ARTHUR KOESTLER, *The Sleepwalkers*

NA PRIMAVERA DE 1963, Genebra estava repleta de diplomatas. Delegações de dezenove países tinham se deslocado até lá a fim de negociar o tratado para a Proibição de Testes Nucleares, e havia muitas reuniões sendo realizadas em vários pontos da capital suíça. Depois de uma tarde de discussões entre as delegações americana e russa, um jovem oficial da KGB se dirigiu a um diplomata americano chamado David Mark, de quarenta anos de idade. "Eu sou novo na delegação soviética e gostaria de falar com o senhor", sussurrou para Mark em russo, "mas não quero conversar aqui. Quero almoçar com o senhor." Depois de comunicar aquele contato a seus colegas na CIA, Mark aceitou o convite, e os dois combinaram uma reunião no dia seguinte, num restaurante local.

No restaurante, o oficial russo, chamado Yuri Nosenko, explicou que estava metido num pequeno problema. Em sua primeira noite em Genebra, Nosenko bebera demais e levara uma prostituta para seu quarto no hotel. Quando acordou, percebeu, horrorizado, que seu estipêndio de emergência de novecentos dólares em francos suíços havia desaparecido – era uma quantia considerável em 1963. "Preciso repor o dinheiro", disse Nosenko. "Posso fornecer algumas informações que serão muito interessantes para a CIA, e tudo o que eu quero é o meu dinheiro." Combinaram uma segunda reunião, à qual Nosenko compareceu obviamente inebriado. "Eu estava torto", confessou Nosenko mais tarde, "muito bêbado."

Em troca do dinheiro, Nosenko prometeu atuar como espião para a CIA em Moscou; em janeiro de 1964, reuniu-se diretamente com funcionários da CIA para discutir suas descobertas. Dessa vez, Nosenko tinha uma notícia das grandes: ele alegava ter posto as mãos no arquivo da KGB sobre Lee Harvey Oswald e afirmou que os documentos não continham nada que sugerisse a ter União Soviética qualquer conhecimento prévio do assassinato de Kennedy, o que potencialmente descartava o envolvimento soviético no evento. Ele estava disposto a partilhar mais detalhes sobre o arquivo se fosse autorizado a desertar e se mudar para os Estados Unidos.

A oferta de Nosenko foi logo transmitida ao quartel-general da CIA em Langley, na Virgínia. O assassinato de Kennedy ocorrera havia poucos meses; portanto, uma das prioridades da agência era descobrir quem estava por trás daquilo. Mas como saber se Nosenko estava falando a verdade? James Jesus Angleton, um dos principais agentes no caso de Nosenko, estava desconfiado. Nosenko poderia ser uma armadilha – ou até mesmo parte de uma "grande trama" para despistar a CIA. Depois de muitas discussões, os agentes concordaram em permitir que Nosenko se mudasse para os Estados Unidos: se ele estivesse mentindo, isso indicaria que a União Soviética *realmente* sabia alguma coisa sobre Oswald, e, se estivesse dizendo a verdade, poderia ser útil em ações de contrainteligência.

No fim das contas, as duas suspeitas estavam erradas. Nosenko viajou para os Estados Unidos em 1964, e a CIA reuniu um dossiê enorme e muito bem detalhado sobre sua última aquisição. No entanto, logo que teve início o processo de investigação, começaram a surgir inconsistências. Nosenko afirmava ter se formado num programa de treinamento de oficiais em 1949, mas os documentos da CIA indicavam uma data diferente. Ele afirmava não ter acesso a certos documentos aos quais oficiais da KGB em sua posição deveriam ter. E por que um homem com mulher e filho na Rússia desertaria sem eles?

A desconfiança de Angleton aumentava, especialmente depois de revelado que o colega de bebida de Nosenko, chamado Kim Philby, era um espião soviético. Nosenko era claramente um despiste enviado para combater e minar as informações que a agência estava obtendo com outro desertor soviético. Nosenko foi interrogado de forma cada vez mais intensa. Em 1964, foi colocado em solitária, onde, durante vários anos, foi sujeito a duro interrogatório destinado a quebrar sua resistência e forçá-lo a confessar. Numa certa semana, Nosenko foi interrogado num polígrafo durante 28 horas e meia. Ainda assim, ele não confessava nada.

Nem todos na CIA acreditavam que Nosenko fosse uma farsa. Além disso, com a revelação de mais detalhes de sua biografia, parecia cada vez mais provável que o homem detido não fosse nenhum grande espião. O pai de Nosenko era o ministro da Construção Naval e membro do Comitê Central do Partido Comunista, e alguns edifícios haviam sido batizados com seu nome. Quando o jovem Yuri foi pego roubando na Escola Preparatória Naval e levou uma surra de seus colegas de turma, sua mãe queixou-se diretamente com Stalin; alguns de seus colegas de turma foram enviados ao *front* russo como punição. Cada vez mais, Yuri parecia ser apenas "o filho mimado de um grande líder", além de um encrenqueiro. A razão para a discrepância nas datas da formatura ficou clara: Nosenko repetira um ano por ter sido reprovado na prova sobre marxismo-leninismo, e tivera vergonha de confessar o fato.

Em 1968, a maior parte dos altos oficiais da CIA passou a acreditar que a agência estava torturando um homem inocente. Deram, então, a Nosenko 80 mil dólares e uma nova identidade, e ele se estabeleceu em algum ponto no sul dos Estados Unidos. No entanto, o debate emotivo sobre a veracidade de Nosenko continuou a assombrar a CIA durante décadas; os defensores da teoria da "grande conspiração" lutavam contra aqueles que acreditavam que Nosenko estivesse dizendo a verdade. No fim das contas, foram feitas seis investigações separadas sobre o caso. Quando ele faleceu em 2008, a notícia de sua morte foi repassada ao *New York Times* por um "alto oficial de inteligência" que não quis se identificar.

Um dos oficiais mais afetados pelo debate interno foi um analista de inteligência chamado Richards Heuer. Heuer fora recrutado pela CIA durante a Guerra da Coreia, mas sempre se interessara por filosofia, especialmente o ramo chamado epistemologia – o estudo do conhecimento. Embora Heuer não estivesse diretamente envolvido no caso de Nosenko, foi consultado sobre o tema devido a outro trabalho que estava realizando, e inicialmente acreditou na ideia da "grande conspiração". Anos depois, Heuer decidiu analisar os analistas – para descobrir onde estavam as falhas na lógica que fizera Nosenko perder tantos anos numa prisão da CIA. O resultado é um pequeno livro intitulado *The Psychology of Intelligence Analysis* ("A psicologia da análise de inteligência"), cujo prefácio está cheio de elogios a Heuer feitos por seus colegas e chefes. O livro é uma espécie de introdução à psicologia e à epistemologia para aspirantes a espião.

Segundo Heuer, a principal lição do fracasso do caso de Nosenko estava clara: "Os analistas de inteligência deveriam estar cientes de seus próprios processos de raciocínio. Deveriam pensar no modo como julgam situações e tiram conclusões, e não apenas nos julgamentos e conclusões em si."

Apesar das provas em contrário, escreveu Heuer, tendemos a acreditar que o mundo é como parece ser. As crianças logo aprendem que um doce removido de seu campo de visão não desaparece do universo, mas mesmo depois de amadurecermos, ainda temos a tendência a associar o que vemos ao que acreditamos. Os filósofos chamam isso de realismo ingênuo, uma postura sedutora e perigosa. Geralmente acreditamos que temos domínio completo sobre os fatos e que os padrões que enxergamos neles também são fatos. (Angleton, o defensor da teoria da "grande conspiração", tinha certeza de que os erros factuais cometidos por Nosenko indicavam que ele estava escondendo alguma coisa, e que começava a ceder à pressão.)

Então, o que um analista de inteligência – ou qualquer pessoa que queira apreender o mundo corretamente – deveria fazer? Em primeiro lugar, sugere Heuer, devemos entender que as ideias que temos sobre o que é real muitas vezes nos chegam em segunda mão e de forma distorcida – editadas, manipuladas e filtradas pelos meios de comunicação, por outros seres humanos e pelos diversos elementos de distorção da mente humana.

O caso de Nosenko estava cheio desses fatores de distorção, e a pouca confiança que os agentes tinham na fonte primária era apenas o fator mais óbvio. Embora o conjunto de dados que a CIA compilara sobre Nosenko fosse muito volumoso, ainda estava incompleto, deixando passar várias questões importantes: a agência sabia bastante sobre o cargo ocupado por Nosenko e seu status, mas pesquisara muito pouco sobre sua vida pessoal. Isso levou a um pressuposto que jamais foi questionado: "A KGB jamais permitiria que um incompetente atuasse em nível tão alto; portanto, ele deve estar nos enganando."

"Para terem a imagem mais clara possível" do mundo, escreve Heuer, "os analistas precisam de mais que apenas informações. ... também precisam entender as lentes pelas quais essas informações passam." Algumas dessas lentes distorcedoras ficam fora da nossa cabeça. Da mesma forma que uma amostra não representativa num experimento, uma seleção parcial de dados pode criar a impressão errada: por uma série de razões estruturais e históricas, o registro da CIA sobre a história pessoal de Nosenko continha erros grosseiros. Outras dessas lentes são processos cognitivos: por exemplo, temos a tendência a transformar "muitas páginas de dados" em "provavelmente verdadeiro". Quando muitos desses fatores atuam ao mesmo tempo, é bastante difícil percebermos o que está de fato acontecendo – é como um espelho distorcido refletindo um espelho distorcido que reflete a realidade.

Essa distorção é uma das dificuldades geradas pelos filtros personalizados. Tal qual uma lente, a bolha dos filtros transforma inevitavelmente o mundo que vivenciamos, determinando o que vemos e o que não vemos. Ela interfere na inter-relação entre nossos processos mentais e o ambiente externo. Em certos casos, pode atuar como uma lente de aumento, sendo muito útil quando queremos expandir a nossa visão sobre uma área específica do conhecimento. No entanto, os filtros personalizados podem, ao mesmo tempo, limitar a variedade de coisas às quais somos expostos, afetando assim o modo como pensamos e aprendemos. Podem perturbar o delicado equilíbrio cognitivo que nos ajuda a tomar boas decisões e a ter novas ideias. E como a criatividade também resulta dessa inter-relação entre a mente e o ambiente, os filtros podem prejudicar a inovação. Se quisermos saber como o mundo realmente é, temos que entender como os filtros moldam e distorcem a visão que temos dele.

Um equilíbrio fino

Falar do cérebro humano está na moda. Nós somos "previsivelmente irracionais", segundo o best-seller do economista comportamental Dan Ariely. Dan Gilbert, autor de *Stumbling on Happiness* ("Topando com a felicidade"), apresenta uma grande quantidade de dados para demonstrar que somos terrivelmente incapazes de compreender o que nos faz felizes. Como a plateia de um show de ilusionismo, somos facilmente enganados, manipulados e distraídos.

Tudo isso é verdade. No entanto, como ressalta Kathryn Schulz, autora de *Being Wrong* ("Estando errados"), a história não acaba por aí. Os seres humanos talvez sejam um emaranhado ambulante de equívocos, contradições e irracionalidades, mas somos feitos assim por um motivo: os mesmos processos cognitivos que nos colocam no caminho do erro e da tragédia constituem a base da inteligência e de nossa capacidade de enfrentar problemas e sobreviver num mundo em mutação. Prestamos atenção nos nossos processos cognitivos quando eles falham, mas isso nos distrai quanto ao fato de que, na maior parte do tempo, nosso cérebro é incrivelmente bem-sucedido.

Isso ocorre através de um ato de equilíbrio cognitivo. Sem sequer pensarmos no assunto, nosso cérebro precisa se ajustar ao difícil equilíbrio entre aprendermos demais com o passado e incorporarmos informações em excesso no presente. A capacidade de andarmos nessa corda bamba – de nos ajustarmos aos requisitos de diferentes ambientes e modalidades – é uma das características mais incríveis da cognição humana. A inteligência artificial ainda não chegou nem perto disso.

Os filtros personalizados podem prejudicar de duas maneiras esse equilíbrio cognitivo entre o fortalecimento de nossas ideias existentes e a aquisição de novas ideias. Em primeiro lugar, a bolha dos filtros nos cerca de ideias com as quais já estamos familiarizados (e com as quais já concordamos), dando-nos confiança excessiva em nossa estrutura mental. Em segundo lugar, os filtros removem de nosso ambiente alguns dos principais fatores que nos incentivam a querer aprender. Para entender como isso ocorre, temos que examinar, antes de mais nada, os dois lados do equilíbrio, começando pelo modo como adquirimos e armazenamos informações.

A filtragem não é um fenômeno novo. Tem estado por aí há milhões de anos – na verdade, já existia antes mesmo do surgimento dos seres humanos. Mesmo entre animais com sentidos rudimentares, praticamente toda a informação que entra por seus sentidos é insignificante, mas uma pequena fração é importante e, às vezes, pode lhes salvar a vida. Uma das funções fundamentais do cérebro é identificar essa fração e decidir o que fazer a respeito.

Nos seres humanos, uma das primeiras etapas consiste em comprimir amplamente os dados. Como afirma Nassim Nicholas Taleb, "a informação quer ser reduzida", e a cada segundo nós reduzimos muita informação – comprimindo a maior parte do que nossos olhos veem e nossos ouvidos ouvem, transformando tudo em conceitos que captam a ideia fundamental. Os psicólogos chamam esses conceitos de *esquemas*, e estão começando a identificar neurônios ou conjuntos de neurônios que se correlacionam com cada esquema – ativando-se, por exemplo, quando reconhecemos um objeto específico, como uma cadeira. É graças aos esquemas que não nos deparamos, a cada vez, com um mundo inteiramente novo: assim que identificamos algo como uma cadeira, sabemos como usá-la.

O processo não se restringe aos objetos; fazemos o mesmo com as ideias. Num estudo sobre como as pessoas leem notícias, a pesquisadora Doris Graber descobriu que as matérias eram transformadas em esquemas com bastante rapidez, com o intuito de memorizá-las. "Os detalhes que não parecem essenciais no momento e boa parte do contexto de uma matéria são rotineiramente podados", observa Graber em seu livro *Processing the News* ("Processando as notícias"). "Esses processos de nivelamento e aguçamento envolvem a condensação de todas as características de uma matéria." Os telespectadores de uma notícia sobre uma criança morta por bala perdida talvez recordem a aparência da criança e o contexto trágico, mas não a afirmação de que as taxas gerais de criminalidade estão caindo.

Os esquemas podem de fato interferir com nossa capacidade de observar diretamente o que está acontecendo. Em 1981, a pesquisadora Claudia Cohen pediu a diversas pessoas que assistissem a um vídeo de uma mulher celebrando seu aniversário. Alguns dos participantes foram informados de que a mulher era garçonete; outros, de que era bibliotecária. Mais tarde, Cohen pediu aos grupos que reconstruíssem a cena. Os que pensavam que a mulher era garçonete se lembravam de tê-la visto tomando cerveja; os que pensavam se tratar de uma bibliotecária se lembravam de ter visto a mulher de óculos, ouvindo música clássica (o vídeo mostra todos os três elementos). As informações que não correspondem à profissão são esquecidas com mais frequência. Em alguns casos, os esquemas são tão poderosos, que podem até levar à fabricação de informações: Doris Graber, a pesquisadora de notícias, mostrou doze matérias televisionadas a um grupo de 48 pessoas, e descobriu que um terço delas acrescentou detalhes às memórias que tinham dos acontecimentos, com base nos esquemas ativados por essas notícias.

Depois que adquirimos esquemas, estamos predispostos a fortalecê-los. Os pesquisadores em psicologia chamam esse processo de viés da confirmação – a tendência a acreditar no que reforça nossas noções preexistentes, fazendo-nos enxergar o que queremos enxergar.

Um dos primeiros e melhores estudos sobre o viés da confirmação veio ao final da temporada de futebol americano universitário de 1951 – Princeton contra Dartmouth. Princeton não havia perdido nenhum jogo em toda a temporada. Seu *quarterback*, Dick Kazmaier, tinha acabado de sair na capa da revista *Time*. O jogo começou bastante difícil, mas, quando Kazmaier teve de ser retirado ao final do primeiro tempo com o nariz quebrado, o jogo ficou sujo. No embate que se seguiu, um jogador de Dartmouth acabou com uma perna quebrada.

Princeton ganhou, mas depois os jornais das duas universidades publicaram recriminações mútuas. Os estudantes de Princeton acusaram os jogadores de Dartmouth de começar os golpes baixos; mas, segundo o jornal de Dartmouth, os jogadores de Princeton é que tentaram se vingar ao ver que seu *quarterback* se machucara. Por sorte, havia alguns psicólogos por perto para tentar compreender as versões conflitantes dos eventos.

Os psicólogos pediram a grupos de alunos das duas universidades, que não haviam visto o jogo, que assistissem a uma gravação da partida e contassem quantas infrações cada equipe havia cometido. Os alunos de Princeton, em média, viram 9,8 infrações cometidas por Dartmouth; os alunos de Dartmouth acharam que sua equipe só cometera 4,3. Um aluno de Dartmouth queixou-se ao ver o filme, afirmando que sua versão devia ter sido editada – ele não viu o jogo sujo do qual tanto ouvira falar. Os torcedores de cada universidade viram o que quiseram ver, e não o que estava realmente no filme.

Philip Tetlock, um cientista político, obteve resultados semelhantes quando convidou uma série de acadêmicos e comentaristas a seu escritório e lhes pediu que fizessem previsões sobre o futuro em suas respectivas áreas de conhecimento. A União Soviética se dissolveria nos dez anos seguintes? Em que ano a economia dos Estados Unidos voltaria a crescer? Durante dez anos, Tetlock continuou a fazer essas perguntas. Perguntou-as não apenas aos especialistas, mas também a pessoas que encontrava na rua – encanadores e professores escolares sem nenhum conhecimento especial em política ou história. Quando finalmente compilou os resultados, até ele ficou surpreso. Não é que as previsões das pessoas comuns tenham sido um pouco melhores do que as dos especialistas. As previsões dos especialistas não chegaram nem perto.

Por quê? A razão é que os especialistas já fizeram um grande investimento sobre as teorias que desenvolveram para explicar o mundo. E, depois de alguns anos trabalhando nelas, tendem a enxergá-las por toda parte. Por exemplo, analistas otimistas do mercado financeiro, que estavam lucrando durante uma situação favorável, foram incapazes de identificar a bolha imobiliária que quase arruinou a economia – muito embora as tendências que geraram a bolha estivessem bastante evidentes para qualquer pessoa um pouco mais atenta. Não é que os especialistas sejam vulneráveis ao viés da confirmação – eles são *especialmente* vulneráveis a esse viés.

Nenhum esquema vive isolado numa ilha: as ideias na nossa cabeça estão conectadas em redes e hierarquias. O conceito de *chave* não tem utilidade sem os conceitos de *fechadura*, *porta* e muitas outras ideias de apoio. Se modificarmos esses conceitos rápido demais – por exemplo, alterando nosso conceito de *porta* sem ajustarmos o conceito de *fechadura* –, acabaremos por remover ou alterar as ideias que servem como base para outras ideias, e todo o sistema poderá vir abaixo. O viés da confirmação é uma força mental conservadora que nos ajuda a proteger nossos esquemas contra a erosão.

O aprendizado, portanto, é um equilíbrio. Jean Piaget, uma das principais figuras da psicologia do desenvolvimento, descreve o aprendizado como um processo de assimilação e acomodação. A assimilação acontece quando as crianças adaptam os objetos a suas estruturas cognitivas existentes – como quando um bebê identifica um objeto colocado no berço como algo a ser mordido. A acomodação acontece quando ajustamos nossos esquemas às novas informações – "ah, isto não serve para morder, serve para fazer barulho!". Modificamos nossos esquemas para que se acomodem ao mundo e modificamos o mundo para que se acomode aos esquemas, e é a partir do equilíbrio entre os dois processos que ocorre o crescimento e a aquisição de conhecimentos.

A bolha dos filtros tende a amplificar drasticamente o viés da confirmação – de certa forma, é para isso que ela serve. O consumo de informações que se ajustam às nossas ideias sobre o mundo é fácil e prazeroso; o consumo de informações que nos desafiam a pensar de novas maneiras ou a questionar nossos conceitos é frustrante e difícil. É por isso que os defensores de uma determinada linha política tendem a não consumir a mídia produzida por outras linhas. Assim, um ambiente de informação baseado em indicadores de cliques favorecerá o conteúdo que corrobora nossas noções existentes sobre o mundo, em detrimento de informações que as questionam.

Por exemplo, durante a campanha presidencial de 2008 nos Estados Unidos, surgiram rumores persistentes de que Barack Obama, um cristão praticante, seria muçulmano. Milhões de pessoas receberam e-mails com "provas" da religião "real" de Obama, lembrando aos eleitores que Obama havia passado algum tempo na Indonésia e que seu segundo nome era Hussein. A campanha de Obama usou a televisão para desmentir os boatos e estimulou seus eleitores a divulgar a verdade. Ainda assim, nem mesmo um escândalo de primeira página sobre o pastor cristão de Obama, o reverendo Jeremiah Wright, foi capaz de combater a mitologia. Cerca de 15% dos americanos continuaram teimosamente a acreditar que Obama era muçulmano.

Isso não é tão surpreendente – os americanos nunca foram muito bem-informados sobre seus políticos. O mais impressionante é que, desde a eleição, a porcentagem de americanos que acredita nessa história quase duplicou, e esse aumento, segundo dados coletados pela organização Pew Charitable Trusts, foi mais significativo entre pessoas com educação universitária. Pessoas com algum grau de educação em nível superior tinham maior tendência a acreditar na história do que pessoas sem educação superior. Uma situação bastante estranha.

Por quê? Segundo Jon Chait, da revista *New Republic*, a resposta se encontra na mídia: "Os defensores de uma determinada linhagem política tendem a consumir fontes de notícias que confirmam suas crenças ideológicas. Pessoas com maior escolaridade têm uma tendência maior a acompanhar notícias políticas. Portanto, pessoas com mais educação têm mais tendência a se deseducar." E, embora esse fenômeno sempre tenha existido, a bolha dos filtros o automatiza. Na bolha, a proporção de conteúdo que valida o que já sabemos aumenta drasticamente.

O que nos leva à segunda maneira pela qual a bolha dos filtros é capaz de interferir com o aprendizado: ela bloqueia aquilo que o pesquisador

Travis Proulx chama de "ameaças ao significado", os eventos inquietantes e confusos que alimentam o nosso desejo de entender e adquirir novas ideias.

Pesquisadores da Universidade da Califórnia em Santa Barbara pediram a pessoas que lessem duas versões modificadas de *Um médico rural*, um conto estranho, onírico, escrito por Franz Kafka. "Um homem gravemente doente esperava por mim num vilarejo a quinze quilômetros daqui", começa o conto. "Uma nevasca intensa preenchia o espaço entre mim e ele." O médico não tem um cavalo, mas, quando vai ao estábulo, o lugar está quente, e ele sente o cheiro do animal. Um cavalariço agressivo se ergue da lama e lhe oferece ajuda. O cavalariço busca dois cavalos e tenta violentar a criada do médico, enquanto este é levado à casa do paciente em meio à nevasca. E isso é apenas o começo – a estranheza aumenta. O conto termina com uma série de eventos incongruentes e um aforismo críptico: "Uma vez que respondemos a um alarme falso no meio da noite, não há como remediar a situação – nunca mais."

A primeira versão do conto usada pelos pesquisadores, inspirada em Kafka, incluía ameaças ao significado – eventos incompreensíveis que afrontavam as expectativas dos leitores sobre o mundo, abalando sua confiança e sua capacidade de compreender. Mas os pesquisadores também prepararam outra versão com narrativa muito mais convencional, contendo inclusive um final no estilo "viveram felizes para sempre" e ilustrações explicativas em quadrinhos. Os mistérios e eventos estranhos são explicados. Depois de terem lido uma das duas versões, os participantes do estudo foram instruídos a realizar uma segunda tarefa: tentar identificar padrões num conjunto de números. O grupo que leu a versão baseada em Kafka teve um resultado quase duas vezes melhor – um aumento drástico na capacidade de identificar e adquirir novos padrões. "A ideia básica do nosso estudo é que os participantes ficaram surpresos com a série de eventos inesperados e não encontraram uma maneira de compreendê-los", explicou Proulx. "Por isso, fizeram mais esforço para tentar encontrar um sentido na segunda tarefa."

Pelo mesmo motivo, um ambiente filtrado teria consequências para a curiosidade. Segundo o psicólogo George Lowenstein, a curiosidade é atiçada quando nos vemos diante de uma "lacuna de informações". É uma sensação de privação: o embrulho de um presente nos priva de saber o que há em seu interior, o que nos faz ficar curiosos sobre o conteúdo. No entanto, para sentirmos curiosidade, temos de estar conscientes de que algo está sendo escondido. Como a bolha dos filtros esconde o conteúdo de forma invisível, não nos sentimos compelidos a aprender sobre o que não sabemos.

Siva Vaidhyanathan, professora da faculdade de comunicação da Universidade de Virginia e especialista no Google, registra no livro *The Googlization of Everything* ("A googlização de tudo"): "O aprendizado é, por definição, um encontro com o que não conhecemos, com coisas nas quais não havíamos pensado, com o que não conseguimos conceber e que nunca compreendemos ou pensamos ser possível. É um encontro com o outro – com a alteridade em si. O tipo de filtro que o Google interpõe entre quem faz uma busca na internet e os resultados dessa busca impede o usuário de ter esses encontros radicais." A personalização é a construção de um ambiente composto inteiramente do desconhecido adjacente – notícias esportivas ou comentários políticos que não chegam realmente a abalar os nossos esquemas, mas que parecem ser novas informações. O ambiente personalizado é muito bom para responder às perguntas que temos, mas não para sugerir perguntas ou problemas inteiramente fora do nosso campo de visão. É um ambiente que remete à famosa frase de Pablo Picasso: "Os computadores são inúteis. Eles só nos dão respostas."

Ao eliminar a surpresa dos eventos e associações inesperados, um mundo perfeitamente filtrado geraria menos aprendizado. E a personalização é capaz de afetar outro equilíbrio mental: o equilíbrio entre a abertura a novas ideias e a concentração, que é o que nos torna criativos.

A sociedade Adderall

O medicamento Adderall é uma mistura de anfetaminas. Prescrito para o transtorno do déficit de atenção e hiperatividade (TDAH), tornou-se alimento básico de milhares de estudantes sobrecarregados e sem tempo para dormir, permitindo-lhes se concentrar durante longos períodos num único artigo científico obscuro ou numa complexa tarefa no laboratório.

Para pessoas sem TDAH, o Adderall também tem um efeito notável. No site Erowid, um fórum on-line para usuários de drogas recreativas e "hackers mentais", há diversas postagens com testemunhos sobre a capacidade da droga de aumentar a concentração. "A parte do meu cérebro que me deixa curioso em saber se eu recebi novos e-mails aparentemente fica desligada", escreveu o autor Joshua Foer num artigo publicado na revista *Slate*. "Normalmente, só consigo olhar para a tela do meu computador durante cerca de vinte minutos de cada vez. Usando Adderall, consegui trabalhar durante horas a fio."

Num mundo de interrupções constantes, em que nos vemos forçados a trabalhar cada vez mais, o Adderall parece uma proposta atraente. Quem não se beneficiaria de um pequeno estímulo cognitivo? Entre o sonoro grupo de defensores da neuroestimulação, o Adderall e outras drogas semelhantes podem ser a chave do nosso futuro econômico. "Se você tem 55 anos e mora em Boston, terá de competir com um rapaz de 26 anos de Bombaim, e esse tipo de pressão [para usar drogas estimulantes] só vai crescer", disse Zack Lynch, da firma de consultoria em neurotecnologia NeuroInsights, a um repórter da revista *New Yorker*.

No entanto, o Adderall também tem importantes efeitos colaterais. O medicamento causa dependência. Aumenta drasticamente a pressão arterial. Além disso, o que talvez seja o mais alarmante, parece reduzir a criatividade associativa. Depois de experimentar Adderall durante uma semana, Foer ficou impressionado com a potência do medicamento, que lhe permitiu produzir páginas e páginas de texto e ler densos artigos acadêmicos. No entanto, escreveu, "era como se eu tivesse colocado uma viseira de cavalo no meu pensamento". "Com essa droga", escreveu um dos usuários do fórum Erowid, "eu me tornei calculista e conservador. Nas palavras de um amigo, eu estava pensando 'dentro da caixa'." Martha Farah, diretora do Centro de Neurociência Cognitiva da Universidade da Pensilvânia, tem preocupações ainda maiores: "Temo que estejamos criando uma geração de contadores muito concentrados."

Como ocorre com muitas drogas psicoativas, ainda sabemos muito pouco sobre a razão pela qual o Adderall tem o efeito que tem – ou mesmo que efeitos são esses. Entretanto, a droga funciona em parte pelo aumento dos níveis do neurotransmissor chamado noradrenalina, que tem alguns efeitos muito particulares: em primeiro lugar, reduz a nossa sensibilidade a novos estímulos. Pacientes com TDAH chamam esse problema de hiperfoco – uma capacidade, semelhante a um transe, de se concentrar em uma única coisa e excluir todo o resto.

Na internet, os filtros personalizados poderiam promover o mesmo tipo de foco intenso e estreito provocado por um medicamento como o Adderall. Se você gosta de ioga, vai obter mais informações e notícias sobre ioga – e menos sobre, digamos, observação de pássaros ou futebol.

Na verdade, a busca da relevância perfeita nos leva na direção oposta à do tipo de serendipidade que promove a criatividade. Uma ferramenta do tipo "se você gosta disso, vai gostar daquilo" pode ser útil, mas não é uma fonte de inventividade criativa. Por definição, a inventividade surge da justaposição de ideias muito distantes, e a relevância consiste em encontrar ideias semelhantes. A personalização, em outras palavras, pode estar nos levando a uma sociedade Adderall, na qual o hiperfoco toma o lugar do conhecimento geral e da síntese.

A personalização afeta a criatividade e a inovação de três maneiras. Em primeiro lugar, a bolha dos filtros limita artificialmente o tamanho do nosso "horizonte de soluções" – o espaço mental no qual buscamos soluções para os problemas. Em segundo, o ambiente de informações dentro da bolha dos filtros carece de alguns dos elementos fundamentais que incitam à criatividade. A criatividade depende do contexto: nossa propensão a ter novas ideias é maior em alguns ambientes do que em outros; os contextos criados pelos filtros não são os mais adequados ao pensamento criativo. Por último, a bolha dos filtros promove uma maior passividade na aquisição de informações, o que vai de encontro ao tipo de exploração que leva à descoberta. Quando temos uma grande quantidade de conteúdo relevante ao alcance da mão, há poucas razões para explorarmos lugares mais distantes.

Em seu livro seminal *The Act of Creation* ("O ato da criação"), Arthur Koestler descreve a criatividade como uma "bissociação" – a interseção de duas "matrizes" de pensamento: "A descoberta é uma analogia que ninguém tinha visto antes." A epifania de Friedrich Kekule sobre a estrutura da molécula de benzeno depois de um devaneio sobre uma cobra comendo o próprio rabo é exemplo disso. Outro exemplo é a ideia de Larry Page de aplicar a técnica das citações acadêmicas às buscas na internet. "A descoberta muitas vezes não passa da revelação de algo que sempre esteve ali, mas que estava oculto da visão pelas viseiras do hábito", escreveu Koestler. A criatividade "descobre, seleciona, reembaralha, combina e sintetiza fatos, ideias, faculdades e habilidades preexistentes."

Embora ainda saibamos pouco sobre a exata localização física das diferentes palavras, ideias e associações no cérebro, os pesquisadores estão começando a mapear o terreno de forma abstrata. Já se sabe que, quando sentimos que temos uma palavra na ponta da língua, geralmente a temos mesmo. E já se sabe que alguns conceitos estão muito mais distantes do que outros, em termos de conexões neurais, ou mesmo no espaço físico do cérebro. O pesquisador Hans Eysenck encontrou provas de que as diferenças nos modos como as pessoas realizam esse mapeamento – no modo como conectam conceitos – são fundamentais para o pensamento criativo.

No modelo de Eysenck, a criatividade é uma busca do conjunto correto de ideias a serem combinadas. No centro do espaço de buscas mental estão os conceitos mais diretamente relacionados ao problema em questão, e à medida que nos movemos para a periferia buscamos ideias conectadas de forma mais tangencial. O horizonte de soluções delimita o ponto em que paramos de procurar. Quando somos instruídos a "pensar fora da caixa", a caixa representa o horizonte de soluções, o limite da área conceitual na qual estamos operando. (Naturalmente, horizontes de soluções amplos demais também representam um problema, porque um maior número de ideias leva a uma quantidade exponencialmente maior de combinações.)

Os criadores de programas de xadrez com inteligência artificial aprenderam a importância do horizonte de soluções do modo mais difícil. Os primeiros programas treinavam o computador a buscar todas as combinações possíveis de jogadas. Isso resultava numa explosão de possibilidades, o que fazia com que mesmo os computadores mais poderosos só conseguissem investigar um número limitado de jogadas à frente. Os programas só ficaram bons o suficiente para vencer os grandes mestres de xadrez quando os programadores descobriram uma heurística que permitia ao computador descartar algumas das jogadas possíveis. Em outras palavras, era fundamental estreitar o horizonte de soluções.

De certa forma, a bolha dos filtros é um horizonte de soluções sintético: ela nos dá um ambiente de informações amplamente relevantes para qualquer problema no qual estejamos trabalhando. O que, muitas vezes, é bastante útil: quando procuramos "restaurante", é provável que também estejamos interessados em palavras próximas como "bistrô" ou "café". Mas quando o problema que estamos resolvendo requer a bissociação de ideias relacionadas de forma indireta – como quando Page aplicou a lógica da citação acadêmica ao problema da pesquisa na internet – a bolha dos filtros pode estreitar demais o nosso campo visual.

Além disso, alguns dos avanços criativos mais importantes são desencadeados pela introdução de ideias completamente aleatórias, que os filtros estão projetados para descartar.

A palavra *serendipidade* surgiu do conto de fadas "Os três príncipes de Serendip", que constantemente saem em busca de uma coisa e encontram outra. Para os pesquisadores que estudam a inovação pela perspectiva evolutiva, esse elemento de acaso aleatório não é apenas fortuito, é necessário. A inovação precisa da serendipidade.

Desde a década de 1960, Donald Campbell, Dean Simonton e outros pesquisadores têm investigado a ideia de que, no âmbito cultural, o processo de desenvolvimento de novas ideias é bastante parecido com o de novas espécies. O processo evolutivo pode ser resumido em quatro palavras: "variação cega, retenção seletiva". A variação cega é o processo pelo qual as mutações e acidentes modificam o código genético, e é cega porque é caótica – é uma variação que não sabe para onde vai. Não existe nenhuma intenção por trás dela, não tem nenhum objetivo específico – é apenas a recombinação dos genes ao acaso. A retenção seletiva é o processo pelo qual alguns dos resultados da variação cega – a prole – são "retidos", enquanto outros perecem. A ideia é que, quando os problemas se tornam suficientemente graves para um grande número de pessoas, a recombinação aleatória de ideias em milhões de cabeças tende a produzir uma solução. Na realidade, tende a produzir a mesma solução em muitas cabeças diferentes mais ou menos na mesma época.

O modo como combinamos ideias seletivamente nem sempre é aleatório: como sugere o "horizonte de soluções" de Eysenck, nós não tentamos resolver nossos problemas combinando cada ideia com todas as outras em nossa cabeça. No entanto, no que diz respeito às ideias realmente novas, a inovação de fato costuma ser cega. Aharon Kantorovich e Yuval Ne'eman são dois historiadores da ciência cujo trabalho se concentra em mudanças de paradigma, como a mudança da física newtoniana para a einsteiniana. Os autores argumentam que a "ciência normal" – o processo diário de experimentação e previsão – não se beneficia muito da variação cega, porque os cientistas tendem a descartar combinações aleatórias e dados estranhos.

Entretanto, nos momentos de grande mudança, quando toda a nossa maneira de observar o mundo se modifica e é recalibrada, a serendipidade costuma estar presente. "A descoberta cega é uma condição necessária para a revolução científica", eles observam, por um simples motivo: os Einsteins, Copérnicos e Pasteurs do mundo frequentemente não fazem ideia do que estão procurando. As maiores revoluções muitas vezes são aquelas que menos esperamos.

A bolha dos filtros ainda permite certa serendipidade, é claro. Se você está interessado em futebol e na política local, talvez ainda encontre uma história sobre uma jogada capaz de dizer como vencer a campanha eleitoral para prefeito. No entanto, em geral, a tendência é que existam menos ideias circulando por aí – essa é uma das funções dos filtros. Num sistema quantificado como um filtro pessoal, é quase impossível separar as coincidências úteis e acasos provocadores daquilo que é apenas irrelevante.

A segunda maneira pela qual a bolha dos filtros pode reduzir a criatividade é pela remoção da diversidade que nos incita a pensar de formas inovadoras. Num dos testes-padrão de criatividade desenvolvidos por Karl Duncker em 1945, um pesquisador dá a uma pessoa uma caixa de tachinhas, uma vela e um maço de fósforos. A pessoa deve prender a vela à parede de modo que, quando acesa, não goteje na mesa abaixo (nem incendeie a parede). As pessoas geralmente tentam prender a vela à parede com as tachinhas, ou colá-la derretendo a cera, ou construir estruturas complexas presas à parede com a cera e as tachinhas. Mas a solução (não leia se quiser tentar sozinho) é bastante simples: basta fixar a caixa à parede prendendo-a por dentro com as tachinhas, e então apoiar a vela na caixa.

O teste de Duncker lida com um dos principais impedimentos à criatividade, aquilo que um dos primeiros pesquisadores da criatividade, um homem chamado George Katona, descreveu como a relutância a "desfazer a configuração perceptual". Quando recebemos uma caixa cheia de tachinhas, tendemos a pensar na caixa em si como um recipiente. Precisamos dar um salto conceitual para vê-la como uma plataforma. No entanto, uma pequena mudança no teste já torna esse salto muito mais fácil: se as pessoas receberem a caixa separada das tachinhas, tenderão a enxergar a solução com muito mais rapidez.

O processo de associar "coisa com tachinhas dentro" ao esquema "recipiente" é chamado codificação; pessoas criativas, como as que conseguem construir a plataforma para a vela, são aquelas capazes de codificar objetos e ideias de múltiplas maneiras. A codificação, evidentemente, é muito útil: ela nos mostra o que podemos fazer com o objeto; uma vez que decidimos que algo se encaixa no esquema "cadeira", não precisamos pensar duas vezes antes de sentar no objeto. Mas quando a codificação é estreita demais, ela impede a criatividade.

Em diversos estudos, foi demonstrado que pessoas criativas tendem a enxergar os objetos de muitas maneiras diferentes e então encaixá-los naquilo que o pesquisador Arthur Cropley chama de "categoria ampla". As observações de um estudo realizado em 1974, no qual foi pedido aos participantes que agrupassem objetos semelhantes, mostram um exemplo curioso de excesso de criatividade: "O trigésimo participante, um escritor, agrupou um total de quarenta objetos... Em resposta a um cigarro de chocolate, ele agrupou um cachimbo, fósforos, charuto, maçã e cubos de açúcar, explicando que estavam todos relacionados ao consumo. Em resposta a uma maçã, agrupou o bloco de madeira no qual tinha sido afixado um prego, explicando que a maçã representava a saúde e a vitalidade (ou *yin*) e que o bloco de madeira representava um caixão com um prego, ou a morte (*yang*). Outros agrupamentos seguiram a mesma linha."

Os artistas e escritores não são os únicos que utilizam categorias amplas. Como ressalta Cropley em *Creativity in Education and Learning* ("Criatividade na educação e no aprendizado"), o físico Niels Bohr, num caso notório, demonstrou esse tipo de destreza criativa ao fazer uma prova na Universidade de Copenhague, em 1905. Uma das perguntas pedia aos alunos que explicassem como usariam um barômetro (um instrumento que mede a pressão atmosférica) para indicar a altura de um edifício. Bohr sabia o que o professor queria: os alunos deveriam verificar a pressão atmosférica no alto do edifício e no andar térreo e fazer as contas. Em vez disso, Bohr sugeriu um método mais original: poderíamos atar uma corda ao barômetro, arriá-lo até o térreo e medir a corda – pensando assim no instrumento como "uma coisa com peso".

O professor não achou graça nenhuma e o reprovou – sua resposta, afinal, não demonstrava grandes conhecimentos de física. Bohr contestou a decisão do professor, oferecendo agora quatro soluções: poderíamos jogar o barômetro do alto do edifício e contar os segundos até que acertasse o chão (barômetro como massa); poderíamos medir o comprimento do barômetro e de sua sombra, e então medir a sombra do edifício e calcular sua altura (barômetro como objeto com comprimento); poderíamos atar o barômetro a uma corda e fazê-lo oscilar ao nível do chão e do alto do edifício para determinar a diferença na gravidade (barômetro outra vez como massa); ou poderíamos usá-lo para medir a pressão atmosférica. Bohr finalmente foi aprovado, e a moral da história é bastante clara: fique longe de físicos engraçadinhos. Mas o episódio também explica por que Bohr bolou inovações tão brilhantes: sua capacidade de enxergar objetos e conceitos de formas muito diferentes lhe permitia usá-los para resolver problemas com mais facilidade.

O tipo de abertura categorial que incentiva a criatividade também se correlaciona com certos tipos de sorte. Embora a ciência ainda não tenha encontrado pessoas particularmente favorecidas pelo universo – se pedirmos a diferentes pessoas que adivinhem um número aleatório, todas errarão com frequência semelhante –, existem certas características comuns àquelas que se consideram sortudas. Elas são mais abertas a novas experiências e a novas pessoas. Também são mais distraídas.

Richard Wiseman, um pesquisador da sorte na Universidade de Hertfordshire, na Inglaterra, pediu a grupos de pessoas que se consideravam sortudas que folheassem um jornal previamente alterado e contassem o número de fotografias nele. Na segunda página, uma grande manchete informava: "Pare de contar – são 43 fotos." Outra página oferecia 150 libras esterlinas a qualquer participante que a lesse. Wiseman descreveu os resultados: "A maioria dos participantes não sortudos simplesmente ignorava essas frases. As pessoas sortudas folheavam o jornal, riam e diziam: 'São 43 fotos. É o que está escrito. Quer que eu continue contando?' Nós dizíamos: 'Sim, continue.' Elas folheavam mais um pouco e diziam 'E eu vou ganhar as minhas 150 libras?' A pessoas não sortudas geralmente não percebiam essas frases."

De fato, a proximidade com pessoas e ideias diferentes de nós mesmos é uma das melhores maneiras de cultivarmos esse tipo de abertura mental e categorias amplas. As psicólogas Charlan Nemeth e Julianne Kwan descobriram que as pessoas bilíngues são mais criativas que as monolíngues – talvez por terem que se acostumar à ideia de que é possível enxergar as coisas de muitas maneiras diferentes. Meros 45 minutos de exposição a uma cultura diferente podem incentivar a criatividade: quando um grupo de estudantes americanos assistiu a uma apresentação de *slides* sobre a China, em comparação com um grupo que assistiu a uma apresentação sobre os Estados Unidos, seus resultados em vários testes de criatividade melhoraram. Nas empresas, as pessoas que se relacionam com muitas unidades diferentes tendem a ser melhores fontes de inovação do que as pessoas que só interagem com sua própria unidade. Embora ninguém saiba ao certo o que causa esse efeito, é provável que as ideias externas nos ajudem a ampliar nossas categorias.

No entanto, a bolha dos filtros não está projetada para promover a diversidade de ideias ou de pessoas. Não foi feita para nos apresentar novas culturas. Como resultado, vivendo dentro da bolha, talvez percamos parte da flexibilidade e abertura mental criadas pelo contato com a diferença.

Porém, o maior problema é que a rede personalizada, antes de mais nada, nos estimula a passar menos tempo em nosso estado de propensão à descoberta.

A era da descoberta

Em *De onde vêm as boas ideias*, o autor de livros de ciência Steven Johnson apresenta uma "história natural da inovação", na qual reúne diversos casos e ilustra de forma elegante de onde surge a criatividade. Os ambientes criativos frequentemente dependem de "redes líquidas", nas quais ideias diferentes podem colidir em configurações diferentes. Essas ideias surgem por serendipidade – começamos buscando a resposta para um problema e encontramos outra –, e, dessa forma, as ideias costumam surgir em lugares onde a colisão aleatória é mais provável. "Os ambientes inovadores", afirma Johnson, "ajudam seus habitantes a explorar o adjacente possível" – a área bissociada na qual as ideias existentes se combinam para gerar novas ideias – "porque expõem um conjunto amplo e diversificado de partes sobressalentes – mecânicas e conceituais – e promovem novas formas de recombinar essas partes."

Seu livro está cheio de exemplos desses ambientes, do caldo primordial aos recifes de coral e escritórios de alta tecnologia, mas Johnson retorna continuamente a dois ambientes em particular: a cidade e a rede.

"Por razões históricas complexas", ele escreve, "esses dois ambientes são particularmente adequados à criação, difusão e adoção de boas ideias."

Não resta dúvida de que Johnson *estava* correto: a velha rede não personalizada apresentava um ambiente de riqueza e diversidade sem precedentes. "Basta visitarmos o artigo sobre 'serendipidade' na Wikipédia", continua Johnson, e "estaremos a um clique de distância de artigos sobre o LSD, o Teflon, a doença de Parkinson, o Sri Lanka, Isaac Newton e cerca de duas centenas de tópicos igualmente variados." No entanto, a bolha dos filtros modificou drasticamente a física informática que determina com quais ideias entramos em contato. E a nova rede personalizada talvez já não seja tão adequada à descoberta criativa como foi um dia.

Nos primeiros tempos da World Wide Web, quando o Yahoo imperava, o ambiente on-line parecia um continente ainda não mapeado, e seus usuários se consideravam descobridores e exploradores. O Yahoo era a taberna do vilarejo onde os marinheiros se reuniam para trocar histórias sobre os monstros estranhos e terras distantes que encontravam no mar. "A mudança da exploração e da descoberta para a pesquisa de hoje, que tenta adivinhar a intenção do usuário, era inconcebível", disse um antigo editor do Yahoo ao jornalista John Battelle. "Hoje em dia, nós nos conectamos já com a expectativa de que tudo o que queremos encontrar estará ali. É uma grande mudança."

Essa transformação da rede orientada para a descoberta em uma rede centrada nas pesquisas e no resultado se correlaciona com outra área de pesquisa ligada à criatividade. Os especialistas em criatividade tendem a concordar com a ideia de que a criatividade é um processo com no mínimo duas partes: a produção de novidades requer uma boa dose de pensamento divergente e generativo – o ato de reembaralhar e recombinar descrito por Koestler; e há também um processo de seleção – pensamento convergente – no qual examinamos as opções existentes em busca daquela que se adequará à situação. Os atributos serendipitosos da rede, elogiados por Johnson – a possibilidade de saltarmos de um artigo para o próximo na Wikipédia –, promovem a parte divergente desse processo.

Mas o surgimento da bolha dos filtros faz com que a parte convergente e sintética do processo esteja cada vez mais incorporada ao mecanismo. Battelle chama o Google de "um banco de dados de intenções", no qual cada pesquisa representa algo que alguém quer fazer, saber ou comprar. A missão fundamental do Google, em muitos sentidos, é transformar essas intenções em ações. Porém, quanto mais eficiente se torna o mecanismo, menor é sua capacidade de gerar serendipidade, que, afinal de contas, é o processo de nos depararmos com aquilo que *não* estamos procurando. O Google é ótimo para encontrarmos o que sabemos que queremos, mas não para encontrarmos o que *não* sabemos que queremos.

De certa forma, o enorme volume de informações disponíveis mitiga esse efeito. O conteúdo on-line é muito maior do que aquele que já existiu nas maiores bibliotecas. Para um explorador da informação arrojado, o terreno a ser coberto é interminável. No entanto, um dos preços da personalização é nos tornarmos um pouco mais passivos nesse processo. Quanto melhor ela funciona, menos precisamos explorar.

David Gelernter, professor da Universidade de Yale e um dos primeiros visionários dos supercomputadores, acredita que os computadores só nos serão realmente úteis quando incorporarem a lógica dos sonhos. "Um dos problemas mais difíceis e fascinantes deste ciberséculo é como fazer com que a rede seja capaz de nos levar à deriva", observa, "de modo que nossa visão às vezes perambule (como a nossa mente devaneia quando estamos cansados) por lugares que não planejamos visitar. A um toque na máquina, o tópico original é trazido de volta. Precisamos de ajuda para superar a racionalidade de vez em quando, para permitir que os nossos pensamentos devaneiem e sofram metamorfoses, como fazem enquanto dormimos." Para serem realmente úteis, os algoritmos talvez precisem funcionar um pouco mais como os seres humanos de mentes inquietas, não lineares, para os quais foram projetados.

Na Ilha da Califórnia

Em 1510, o escritor espanhol Garci Rodríguez de Montalvo publicou um romance de cavalaria ao estilo da *Odisseia*, intitulado *As aventuras de Espladián*, que trazia a descrição de uma grande ilha chamada Califórnia:

> No lado direito das Índias há uma ilha chamada Califórnia, muito próxima a um lado do Paraíso Terrestre; e era povoada por mulheres negras, sem que nenhum homem existisse ali, pois elas viviam ao modo das amazonas. Tinham

> corpos belos e robustos, eram valentes e muito fortes. Sua ilha era a mais forte do Mundo, com seus penhascos e costas rochosas. Suas armas eram de ouro, tal qual os freios das feras selvagens que elas estavam acostumadas a domesticar e cavalgar, pois não havia nenhum outro metal na ilha além do ouro.

Os boatos sobre o ouro ajudaram a disseminar pela Europa a lenda da Ilha da Califórnia, incentivando aventureiros de todo o continente a partir em sua busca. Hernán Cortés, o conquistador espanhol que liderou a colonização das Américas, pediu dinheiro ao rei espanhol para empreender uma exploração global. E quando ele atracou no que conhecemos hoje como Baja California em 1536, teve certeza de que havia encontrado o lugar. Só depois que um de seus navegadores, Francisco de Ulloa, subiu o Golfo da Califórnia até a foz do rio Colorado, ficou claro para Cortés que, com ou sem ouro, ele não havia encontrado a mítica ilha.

Entretanto, apesar dessa descoberta, a ideia de que a Califórnia era uma ilha persistiu por vários séculos. Outros exploradores descobriram o estreito de Puget, perto de Vancouver, e tiveram certeza de que aquela entrada de mar estaria ligada a Baja California. Mapas holandeses do século XVII apresentam consistentemente a Califórnia como um longo fragmento de terra separado da costa americana. Foi preciso que missionários jesuítas literalmente atravessassem o interior a pé, sem nunca alcançar o outro lado, para repudiar o mito.

A lenda talvez tenha persistido por uma única razão: os mapas da época não traziam nenhum sinal para indicar o "desconhecido", e assim a distinção entre um palpite geográfico e um local observado em primeira mão era pouco clara. A Ilha da Califórnia, um dos maiores erros cartográficos da história, nos faz lembrar que o maior problema não está no que não sabemos, e sim no que não sabemos que não sabemos – aquilo que Donald Rumsfeld, o ex-secretário da Defesa dos Estados Unidos, chamou, numa famosa declaração, de os desconhecidos desconhecidos.

Esta é mais uma das formas pelas quais os filtros personalizados podem interferir na nossa capacidade de compreender adequadamente o mundo: eles alteram a noção que temos do mapa. Ainda mais perturbador é o fato de removerem suas áreas em branco, transformando os desconhecidos conhecidos em desconhecidos desconhecidos.

A mídia tradicional, não personalizada, costuma trazer a promessa da representatividade. Um editor de jornal não estará executando seu trabalho de maneira adequada a menos que o jornal, em certa medida, seja representativo das notícias do dia. Essa é uma das maneiras de transformarmos um desconhecido desconhecido num desconhecido conhecido. Ao folhearmos o jornal, dando mais atenção a algumas matérias e saltando a maior parte delas, ao menos sabemos que existem histórias, talvez sessões inteiras, às quais não demos atenção. Mesmo que não leiamos a matéria, iremos notar a manchete sobre uma enchente no Paquistão – ou talvez apenas nos lembremos de que, sim, existe um Paquistão.

Na bolha dos filtros, a situação é diferente. Nem chegamos a enxergar as coisas que não nos interessam. Não estamos cientes, nem mesmo de forma latente, de que existem grandes eventos e ideias dos quais não ficamos sabendo. Tampouco podemos examinar os links que estamos vendo e avaliar o quanto são representativos se não compreendermos como é o ambiente mais amplo a partir do qual esses links foram selecionados. Como todo estatístico sabe, é impossível sabermos o quanto uma amostra é parcial se examinarmos apenas a amostra: precisamos de algo com o que compará-la.

Um último recurso seria examinarmos a nossa seleção e nos perguntarmos se ela *parece* ser uma amostra representativa. Existem opiniões divergentes? Existem diferentes pontos de vista e diferentes tipos de pessoa refletindo sobre a questão? No entanto, mesmo assim estaremos num beco sem saída, pois num conjunto de informações do tamanho da internet, existe uma espécie de diversidade fractal: em qualquer nível, mesmo dentro de um espectro de informações muito estreito (por exemplo, entre jogadores de boliche góticos ateus), existem muitas vozes e muitos pontos de vista diferentes.

Nunca conseguiremos vivenciar o mundo inteiro de uma só vez. Ainda assim, as melhores ferramentas de informação nos dão uma ideia de onde nos encontramos neste mundo – literalmente, no caso de uma biblioteca, e em sentido figurado no caso da primeira página de um jornal. Esse foi um dos principais erros da CIA no episódio de Yuri Nosenko. A agência havia reunido um subconjunto especializado de informações sobre Nosenko sem perceber o quanto aquela seleção era especializada, e assim, apesar de colocar muitos analistas brilhantes para trabalhar no caso durante anos, a agência não foi capaz de perceber algo que teria sido óbvio para quem examinasse uma descrição completa do homem.

Como os filtros especializados geralmente não possuem uma função de *zoom out*, é fácil nos perdermos, acreditando que o mundo é uma ilha estreita quando, na verdade, é um continente imenso e variado.

4. O ciclo da identidade

> Acredito que esta seja a tentativa de descobrirmos o que é um computador pessoal de verdade. É um computador que capta toda a nossa vida.
>
> GORDON BELL

"VOCÊ TEM UMA IDENTIDADE", disse Mark Zuckerberg, fundador do Facebook, ao jornalista David Kirkpatrick em seu livro *O efeito Facebook*. "Os tempos em que tínhamos uma imagem diferente para os nossos amigos ou colegas de trabalho e outra para as pessoas que conhecemos provavelmente chegarão ao fim muito em breve... ter duas identidades é um exemplo de falta de integridade."

Um ano mais tarde, pouco depois da publicação do livro, Zuckerberg, então com 26 anos de idade, sentou-se num palco ao lado de Kirkpatrick e de Guy Raz, entrevistador da Rádio Nacional Pública dos Estados Unidos, no Museu de História da Computação em Mountain View, Califórnia. "No livro de David", disse Raz, "você afirma que as pessoas deveriam ter uma única identidade... mas eu me comporto de maneira diferente quando estou com a minha família e quando estou com os meus colegas."

Zuckerberg deu de ombros. "Não, acho que foi só uma frase que eu disse."

Raz continuou: "Você é a mesma pessoa neste exato momento e quando está com os amigos?"

"Ah, sou", respondeu Zuckerberg. "A mesma pessoa desajeitada."

Se Mark Zuckerberg fosse um jovem qualquer com vinte e poucos anos de idade, esse emaranhado de ideias talvez não fosse nada de mais: as pessoas geralmente não passam muito tempo filosofando sobre a natureza da identidade. Mas Zuckerberg controla a tecnologia mais poderosa e mais usada do mundo para gerenciarmos e expressarmos quem somos. E suas ideias sobre o assunto são fundamentais à visão que ele terá para a empresa e para a internet.

Durante um evento na feira de publicidade New York's Ad Week, Sheryl Sandberg, diretora de operações do Facebook, disse esperar que a internet se modificasse rapidamente. "As pessoas não querem algo direcionado a todo mundo – elas querem algo que reflita o que desejam ver e conhecer", afirmou Sandberg, sugerindo que aquilo seria a norma em três ou cinco anos. O objetivo do Facebook é estar no centro desse processo – ser a plataforma única através da qual todos os outros serviços e sites da internet incorporem nossos dados pessoais e sociais. Nós temos uma única identidade, a nossa identidade no Facebook, e ela colore a nossa experiência onde quer que estejamos.

É difícil imaginar um distanciamento mais drástico em relação aos primeiros dias da internet, nos quais *não* expor a identidade era parte da brincadeira. Nas salas de bate-papo e fóruns on-line, o nosso sexo, raça, idade e localização eram aquilo que disséssemos, e os habitantes desses espaços se deliciavam com a possibilidade de ser quem quisessem ser. John Perry Barlow, o fundador da Electronic Frontier Foundation (EFF), sonhou em "criar um mundo no qual todos pudessem entrar sem privilégio ou discriminação segundo raça, poder econômico, força militar ou local de nascimento". A liberdade que isso dava a qualquer pessoa interessada em transgredir e explorar, em experimentar diferentes personas para si mesma, parecia revolucionária.

No entanto, depois que o direito e o comércio alcançaram a tecnologia, o espaço para o anonimato on-line começou a diminuir. Uma pessoa anônima não pode ser responsabilizada por suas ações: clientes anônimos cometem fraudes, comentaristas anônimos começam discussões inflamadas, e hackers anônimos causam problemas. Para estabelecer a confiança na qual se baseiam as comunidades e o capitalismo, precisamos saber com quem estamos lidando.

Por isso, existem dezenas de companhias que trabalham para desanonimizar a rede. A PeekYou, uma empresa fundada pelo criador do Rate-

MyProfessors.com, um site onde os estudantes avaliam seus professores, está patenteando maneiras de conectar atividades on-line realizadas de forma anônima (utilizando um pseudônimo) com o nome real da pessoa envolvida. Outra empresa, a Phorm, ajuda os provedores da internet a utilizar um método chamado "inspeção profunda de pacotes" para analisar o tráfego que flui por seus servidores; a Phorm tem o objetivo de construir perfis quase completos de todos os usuários, para usá-los em serviços de publicidade personalizados. E se os provedores são suspeitos, a BlueCava está compilando um banco de dados de todos os computadores, smartphones e aparelhos com conexão à internet no planeta, que poderão ser associados às pessoas que os utilizam. Em outras palavras, mesmo que estejamos usando as melhores configurações de privacidade no navegador, o nosso hardware talvez logo venha a nos delatar.

Esses avanços tecnológicos abrem caminho para um tipo de personalização mais persistente do que qualquer coisa que já vivenciamos até agora. O que também significa que, cada vez mais, seremos forçados a confiar que as empresas situadas no centro desse processo conseguirão expressar e sintetizar adequadamente a pessoa que realmente somos. Quando encontramos alguém num bar ou num parque, examinamos seu comportamento e com isso criamos uma imagem da pessoa. O Facebook e os outros serviços de identidade têm o objetivo de mediar esse processo on-line; se não o fizerem direito, a imagem apresentada poderá estar borrada ou distorcida. Para que a personalização seja bem-feita, é preciso determinar quais são os elementos que representam adequadamente uma pessoa.

Existe outra tensão na inter-relação entre identidade e personalização. Os filtros personalizados costumam funcionar em três etapas. Primeiro, o filtro tenta entender quem é a pessoa e do que ela gosta. A seguir, oferece-lhe conteúdo e serviços adequados. Por fim, faz um ajuste fino para melhorar essa correspondência. A nossa identidade molda a nossa mídia. Mas existe uma falha nessa lógica: a mídia também molda a identidade. Dessa forma, esses serviços talvez acabem por criar uma boa correspondência entre você e a sua mídia por moldarem… você. Se uma profecia autorrealizada é uma definição falsa do mundo que se torna verdadeira por meio das nossas ações, estamos agora muito próximos de identidades autorrealizadas, em que a imagem distorcida que a internet apresenta de nós se torna quem realmente somos.

Os filtros personalizados podem afetar até a capacidade de escolhermos o nosso próprio destino. Em "Of Sirens and Amish Children" ("Sobre sereias e crianças amish"), um trabalho muito citado, o teórico do direito da informação Yochai Benkler argumenta que a exposição a uma maior diversidade de fontes de informação nos torna mais livres. A autonomia, comenta Benkler, é um conceito capcioso: para sermos livres, precisamos não apenas ser capazes de fazer o que queremos, mas também de saber o que é possível fazer. As crianças amish no título do trabalho são os querelantes de um famoso julgamento, *Wisconsin versus Yoder*, cujos pais tentaram impedi-las de frequentar a escola pública para que não fossem expostas à vida moderna. Benkler argumenta que essa é uma ameaça real à liberdade das crianças: o fato de não sabermos que podemos nos tornar astronautas funciona como uma proibição, tanto quanto sabermos que é possível e sermos impedidos de fazê-lo.

Naturalmente, um excesso de opções é tão problemático quanto sua carência – podemos nos ver arrebatados pelo número de opções e paralisados pelo paradoxo da escolha. Ainda assim, a ideia básica se mantém: a bolha dos filtros não apenas reflete a nossa identidade. Ela também define as escolhas à disposição. Os estudantes das melhores universidades recebem ofertas direcionadas de empregos dos quais os estudantes de universidades piores nem sequer estão cientes. Os feeds pessoais de cientistas profissionais talvez tragam artigos sobre concursos dos quais os cientistas amadores jamais ficarão sabendo. Ao apresentar algumas possibilidades e bloquear outras, a bolha dos filtros influencia nossas decisões. E, assim, molda a pessoa na qual nos transformamos.

Uma má teoria de nós mesmos

O modo como a personalização molda a identidade ainda não está inteiramente claro – sobretudo porque muitos de nós ainda passamos mais tempo consumindo informações transmitidas pela imprensa tradicional do que por fluxos de conteúdo personalizados. No entanto, ao examinar o que os principais filtradores pensam sobre a identidade, podemos prever como serão essas mudanças. A personalização precisa de uma teoria a respeito do que uma pessoa é feita – quais dados são mais importantes para determinar quem uma pessoa é –, e as principais figuras da rede têm maneiras bastante diferentes de lidar com o problema.

Os sistemas de filtragem do Google, por exemplo, dependem amplamente do nosso histórico na rede e daquilo em que clicamos (indicadores de clique) para inferir as coisas das quais gostamos ou não. Esses cliques costumam ocorrer num contexto inteiramente privado: a ideia é que as buscas sobre "gases intestinais" e sobre sites de fofocas de celebridades são mantidas entre você e seu navegador. Você talvez se comportasse de forma diferente se pensasse que outras pessoas fossem ver as suas buscas. Mas é esse comportamento que determina o conteúdo que você vê no Google Notícias ou os anúncios apresentados pelo Google – que determina, em outras palavras, a teoria que o Google tem sobre você.

A base da personalização no Facebook é completamente diferente. Embora o Facebook certamente rastreie cliques, sua principal maneira de conhecer a nossa identidade é examinando o que compartilhamos e com quem interagimos. Trata-se de um conjunto de dados completamente diferente daquele obtido pelo Google: existem muitas coisas picantes, vãs e vergonhosas nas quais clicamos mas que relutaríamos em compartilhar com todos os nossos amigos numa atualização de status. E o oposto também é verdade. Eu às vezes compartilho links que mal li – uma longa matéria investigativa sobre a reconstrução do Haiti, uma manchete política impactante – porque gosto da imagem que isso transmite para os outros. Em outras palavras, nossas identidades no Google e no Facebook indicam pessoas bem diferentes. Existe uma grande diferença entre "você é o que você clica" e "você é o que você compartilha".

As duas maneiras de pensar têm seus benefícios e suas desvantagens. Com a identidade do Google, baseada nos cliques, um adolescente gay que não saiu do armário para os pais ainda poderá receber um feed personalizado do Google Notícias com informações sobre a ampla comunidade gay, mostrando-lhe que ele não está sozinho. No entanto, da mesma forma, uma identidade baseada em cliques tenderá a nos encaminhar ainda mais aos mesmos itens que já estávamos predispostos a examinar – em direção à nossa identidade mais pavloviana. O artigo que lemos no site de fofocas de celebridades TMZ.com é registrado, e, na próxima vez que estivermos lendo notícias, o drama do casamento de Brad Pitt provavelmente aparecerá na tela. (Se o Google não filtrasse diligentemente a pornografia, o problema seria muito pior.)

Nossa identidade no Facebook, baseada no que compartilhamos, está mais ligada às nossas aspirações: o Facebook confia mais nas nossas palavras, apresentando-nos como gostaríamos de ser vistos pelos outros. Nossa identidade no Facebook é mais como uma performance, menos como uma caixa-preta behaviorista e, no fim das contas, talvez mais pró-social do que o conjunto de indicadores rastreados pelo Google. No entanto, o método do Facebook também tem suas desvantagens – como ele se baseia mais na nossa identidade pública, necessariamente tem menos espaço para interesses e preocupações privados. O ambiente de informações do mesmo adolescente gay que não saiu do armário no Facebook talvez seja mais distante de sua identidade real. O retrato criado pelo Facebook é incompleto.

Nos dois casos, temos representações bastante ruins de quem realmente somos, em parte por não haver um único conjunto de dados que nos descreva por inteiro. "Informações sobre os nossos bens, nossa profissão, nossas compras, nossas finanças e o nosso histórico de saúde não contam a história completa", argumenta o especialista em privacidade Daniel Solove. "Nós somos mais do que os dados que oferecemos sobre as nossas vidas."

Os animadores digitais e engenheiros de robótica frequentemente se deparam com um problema chamado "o vale estranho". O vale estranho é a situação na qual algo parece vivo, mas não convincentemente, e acaba causando arrepios nas pessoas. Essa é uma das razões pelas quais a animação digital de pessoas reais ainda não chegou aos cinemas: quando uma imagem parece quase igual a uma pessoa real, mas não exatamente, torna-se perturbadora no nível psicológico mais básico. Estamos agora no vale estranho da personalização. A nossa segunda identidade, refletida na mídia que usamos, é muito parecida conosco, mas não exatamente igual. E como veremos, certos elementos muito importantes se perdem na lacuna entre os dados e a realidade.

Em primeiro lugar, a declaração de Zuckerberg de que nós temos "uma identidade" simplesmente não é verdade. Os psicólogos têm um nome para essa falácia: viés de atribuição. Tendemos a atribuir o comportamento das pessoas às suas características e personalidade interiores, e não às situações nas quais são colocadas. Mesmo em situações nas quais o contexto claramente tem papel preponderante, temos dificuldade em separar o modo como uma pessoa se comporta e quem ela realmente é.

Nossas características são surpreendentemente fluidas. Uma pessoa agressiva no trabalho talvez seja submissa em casa. Uma pessoa muito sociável quando está contente talvez seja introvertida quando está estressada. E até algumas das nossas características mais íntimas – nosso desejo de não fazer mal às pessoas, por exemplo – podem ser moldadas pelo contexto. O revolucionário psicólogo Stanley Milgram demonstrou esse fato quando, num experimento muito citado, realizado na Universidade de Yale na década de 1960, fez com que pessoas comuns aparentemente eletrocutassem outras pessoas a um sinal de um homem usando jaleco de laboratório.

Existe uma razão para agirmos dessa forma: as características de personalidade que nos são úteis quando estamos num jantar em família talvez nos prejudiquem quando estivermos numa disputa com um passageiro no trem ou tentando terminar um relatório no trabalho. A plasticidade da identidade possibilita situações sociais que seriam impossíveis ou intoleráveis se nos comportássemos sempre da mesma maneira. Os publicitários já compreenderam esse fenômeno há muito tempo. No jargão, é chamado *day-parting*, ou "divisão do dia", e é a razão pela qual não ouvimos muitos comerciais de cerveja quando estamos dirigindo para o trabalho de manhã. As pessoas têm necessidades e aspirações diferentes às oito da manhã e às oito da noite. Da mesma forma, outdoors situados em zonas de entretenimento da cidade anunciam produtos diferentes daqueles situados em zonas residenciais, onde moram as mesmas pessoas que estavam numa festa algumas horas antes.

Em sua própria página no Facebook, Zuckerberg lista a "transparência" como uma das coisas que ele mais curte. No entanto, a transparência perfeita tem seu lado negativo: uma das funções mais importantes da privacidade é gerenciar e manter a separação e a distinção entre as nossas diversas identidades. Com uma só identidade, perdemos as nuances que geram uma boa personalização.

A personalização não capta o equilíbrio entre a nossa identidade no trabalho e numa festa, e também pode afetar a tensão entre a nossa identidade aspirada e a atual. O modo como nos comportamos é um equilíbrio entre a nossa identidade futura e a presente. No futuro, queremos estar em boa forma, mas no presente queremos a barra de chocolate. No futuro, queremos ser intelectuais virtuosos, bem-informados sobre muitos assuntos, mas neste momento queremos assistir ao reality show *Jersey Shore*. Os economistas comportamentais chamam esse fenômeno de "viés do presente" – a lacuna entre as nossas preferências para a nossa identidade futura e as nossas preferências neste exato momento.

O fenômeno explica por que as pessoas têm tantos filmes em sua fila no Netflix. Quando os pesquisadores de Harvard e do Analyst Institute examinaram os modos e tendências como as pessoas alugavam filmes, conseguiram contrastar suas aspirações futuras com seus desejos atuais. Filmes a que as pessoas "deveriam" assistir, como *Uma verdade inconveniente* ou *A lista de Schindler*, eram adicionados à fila com frequência, mas ficavam mofando por ali enquanto os usuários devoravam filmes que "queriam", como *Sintonia de amor*. E quando os usuários tinham que escolher três filmes para assistir instantaneamente, geralmente não escolhiam nenhum filme da lista que "deveriam" assistir. Aparentemente, há certos filmes que sempre preferimos ver amanhã.

Na melhor das hipóteses, a mídia pode ajudar a mitigar o viés do presente, misturando matérias que "deveríamos" ler com aquelas que "queremos" e nos estimulando a aprofundar o trabalho difícil, porém recompensador, de compreender problemas complexos. No entanto, a bolha dos filtros tende a fazer o oposto: como quem clica é a nossa identidade presente, o conjunto de preferências que a bolha reflete é necessariamente mais baseada no que "queremos" consumir do que no que "deveríamos".

O problema da identidade única não é uma falha essencial. É mais como um bug: como Zuckerberg acha que você tem uma só identidade e isso não é verdade, o Facebook não criará uma personalização tão boa do seu ambiente de informação. Como me disse John Battelle, "estamos muito longe das nuances do que significa ser humano, e isso terá reflexos nas nuances da tecnologia". Com uma boa quantidade de dados e de programadores, o problema do contexto pode ser resolvido – e, segundo o engenheiro de personalização Jonathan McPhie, o Google está trabalhando no problema. O pêndulo já oscilou do anonimato no início da internet para a noção atual da identidade única; o futuro talvez seja uma mistura dos dois.

Entretanto, o problema da identidade única ilustra um dos perigos de entregarmos os nossos detalhes mais pessoais a empresas que têm uma visão distorcida do que é a identidade. A manutenção de zonas de identidade separadas é um ritual que nos ajuda a lidar com as demandas dos diferentes papéis que cumprimos e das diferentes comunidades de que participamos. E algo se perde quando, no fim das contas, tudo o que existe no interior da nossa bolha é mais ou menos parecido. A nossa identidade festeira aparece durante o dia de trabalho; as nossas ansiedades no trabalho nos assombram durante uma festa.

E quando estamos cientes de que tudo o que fazemos entra num registro on-line permanente e amplamente difundido, surge outro problema: o fato de sabermos que todas as nossas ações afetam o que vemos, além de afetar a imagem que as empresas têm de nós, cria um efeito assustador. O especialista em privacidade genética Mark Rothstein afirma que uma legislação fraca sobre os dados genéticos pode efetivamente reduzir o número de pessoas dispostas a fazer exames contra certas doenças: se é possível que soframos discriminação ou tenhamos dificuldades em conseguir uma apólice de seguros por termos um gene ligado à doença de Parkinson, é razoável que decidamos simplesmente não fazer o exame, por medo das "informações prejudiciais" que dali poderão surgir.

Da mesma forma, quando nossas ações on-line são registradas e incluídas num cadastro que as empresas utilizam para tomar decisões, talvez resolvamos ser mais cautelosos ao navegar pela rede. Se soubermos (ou apenas suspeitarmos) que os compradores do livro *101 maneiras de consertar a sua pontuação de crédito* recebem limites mais baixos no cartão de crédito, vamos evitar comprar o livro. "Se pensássemos que todas as nossas palavras e atos fossem públicos", pondera o professor de direito Charles Fried, "o medo da desaprovação, ou de retaliações mais tangíveis, talvez nos levasse a deixar de fazer ou dizer coisas que faríamos ou diríamos se tivéssemos certeza de que ficariam na nossa esfera privada." Como afirma Siva Vaidhyanathan, especialista em Google, "o enigmático Jay Gatsby, de F. Scott Fitzgerald, não poderia existir hoje. O fantasma digital de Jay Gatz o acompanharia por toda parte".

Em teoria, o problema da identidade única e independente do contexto não é impossível de solucionar. Os personalizadores certamente aprenderão a levar o contexto mais em consideração. Talvez até consigam equilibrar os interesses de longo e curto prazo. Mas quando o fizerem – quando conseguirem medir precisamente o funcionamento da nossa psique – as coisas ficarão ainda mais estranhas.

Mirando em nossos pontos fracos

Na atualidade, a lógica da bolha dos filtros ainda é bastante rudimentar: pessoas que compraram o DVD *Homem de Ferro* provavelmente comprarão *Homem de Ferro II*; pessoas que gostam de livros de culinária provavelmente estarão interessadas em instrumentos de cozinha. No entanto, para Dean Eckles, estudante de doutorado da Universidade de Stanford e conselheiro do Facebook, essas recomendações simples são apenas o começo. Eckles está interessado nos meios, e não nos fins: não está tão preocupado com os tipos de produto dos quais gostamos, e sim nos tipos de argumento que nos fariam escolher um produto e não o outro.

Eckles notou que, ao comprar produtos – por exemplo, uma câmera digital –, pessoas diferentes respondem a incentivos diferentes. Algumas se sentem reconfortadas pelo fato de um especialista ou um site de avaliação de produtos ter recomendado uma determinada câmera. Outras preferem comprar o produto mais popular, ou o mais econômico, ou uma marca que conhecem e na qual confiam. Algumas pessoas preferem o que Eckles chama de argumentos de "alta cognição" – ideias inteligentes e sutis cuja compreensão demanda algum raciocínio. Outras respondem melhor quando são diretamente atingidas por uma mensagem simples.

E embora quase todos tenhamos certos estilos favoritos de argumentação e validação, também existem alguns tipos de argumento que nos desanimam completamente. Certas pessoas correm atrás de ofertas; outras consideravam os produtos em oferta de menor qualidade. Pela simples eliminação dos estilos de persuasão que desagradam às pessoas, Eckles conseguiu aumentar a efetividade dos materiais de marketing em 30 a 40%.

Embora seja difícil "saltar categorias" no caso de produtos – as roupas que uma pessoa prefere se relacionam pouco com os livros de que ela gosta –, a análise dos "perfis de persuasão" sugere que os tipos de argumento aos quais cada um responde são altamente transferíveis de um domínio para o outro. Alguém que responde bem à chamada "ganhe 20% de desconto se comprar AGORA" para uma viagem ao Caribe provavelmente responderá positivamente a uma oferta semelhante para a compra de, por exemplo, um laptop.

Se Eckles estiver certo – e, até agora, a pesquisa parece estar validando sua teoria –, o "perfil de persuasão" de uma pessoa teria um valor financeiro considerável. Uma coisa é saber como oferecer produtos a uma pessoa num domínio específico; outra é melhorar a efetividade dos anúncios onde quer que ela vá. E quando uma empresa como a Amazon desvendar o perfil de uma pessoa oferecendo-lhe diferentes tipos de oferta ao longo do tempo e examinando a quais delas a pessoa respondeu melhor, não há nenhum motivo para que a Amazon não venda essa informação a outras empresas. (Essa área de pesquisa é tão nova que ainda não está claro se existe correlação entre os estilos de persuasão e características demográficas, mas é claro que esse atalho também poderia existir.)

Eckles acredita que a criação de perfis de persuasão poderia trazer muitos benefícios. Ele dá o exemplo do DirectLife, um aparelho eletrônico de *coaching*, desenvolvido pela Phillips, que descobre quais argumentos funcionam melhor para fazer uma pessoa comer de forma mais saudável e se exercitar regularmente. Mas Eckles me disse estar preocupado com algumas das possibilidades. Ao conhecer os tipos de incentivos aos quais as pessoas respondem, ganhamos o poder de manipulá-las de forma individualizada.

Com os novos métodos de "análise de sentimentos", já é possível adivinhar como alguém está se sentindo. As pessoas usam muito mais palavras positivas quando estão se sentindo bem; analisando uma quantidade suficiente de mensagens de texto, postagens no Facebook e e-mails, é possível separar dias bons de dias ruins, mensagens sóbrias de mensagens bêbadas (muitos erros de ortografia, para começo de conversa). Na melhor das hipóteses, isso pode ser utilizado para oferecer conteúdo adaptado ao humor da pessoa: num dia ruim no futuro próximo, a rádio Pandora talvez aprenda a nos oferecer o álbum *Pretty Hate Machine* quando chegarmos em casa. Mas o método também pode ser usado para se aproveitar da nossa psicologia.

Considere as implicações, por exemplo, de sabermos que certos clientes compram produtos compulsivamente quando estão estressados ou quando estão se sentindo mal consigo mesmos, ou até quando estão um pouco embriagados. Se o perfil de persuasão permite que um aparelho de *coaching* grite "você consegue" às pessoas que gostam de reforço positivo, em teoria isso também poderia ser usado por políticos, para que fizessem propaganda com base nos medos e pontos fracos de cada eleitor.

Os longos infomerciais não são mostrados no meio da madrugada apenas por serem mais baratos nesse horário. No meio da madrugada, as pessoas costumam estar especialmente sugestionáveis. Elas se interessam por um multiprocessador que nunca comprariam em plena luz do dia. No entanto, a regra das três da manhã é muito aproximada – supostamente, existem momentos na vida de cada um de nós em que estamos especialmente inclinados a comprar qualquer coisa que seja colocada diante do nosso nariz. Os mesmos dados que geram o conteúdo personalizado podem ser usados por marqueteiros para descobrir e manipular os nossos pontos fracos pessoais. E essa não é uma possibilidade hipotética: a pesquisadora da privacidade Pam Dixon descobriu que uma empresa de dados chamada PK List Management oferece uma lista de "Compradores Impulsivos"; as pessoas incluídas na lista são descritas como altamente suscetíveis a ofertas apresentadas como prêmios.

Se a persuasão personalizada funciona no caso de produtos, também pode funcionar com ideias. Certamente existem momentos, lugares e tipos de argumentos que nos tornam mais suscetíveis a acreditar no que nos é dito. As mensagens subliminares são ilegais porque as pessoas reconhecem que certas formas de argumentar são essencialmente ilícitas; precondicionar as pessoas a comprar produtos usando palavras apresentadas subconscientemente durante um mero instante não é um método justo. Mas não é tão absurdo imaginarmos campanhas políticas dirigidas a eleitores nos momentos do dia em que conseguem driblar os impulsos mais racionais.

Todos compreendem intuitivamente o poder que existe em revelarmos nossas motivações, desejos e modos de funcionar, por isso geralmente só o fazemos com pessoas em quem realmente confiamos. Existe uma simetria nesse jogo: conhecemos nossos amigos mais ou menos tanto quanto eles nos conhecem. Os perfis de persuasão, por outro lado, podem ser criados de forma invisível – talvez nem saibamos que esse tipo de dado a nosso respeito está sendo coletado. Trata-se, portanto, de um jogo assimétrico. E, ao contrário de alguns perfis criados de forma explícita (como no Netflix), os perfis de persuasão não funcionam tão bem quando revelados. Não é a mesma coisa ouvirmos um aparelho dizer: "Você está fazendo um ótimo trabalho! Estou dizendo isto porque você responde bem a palavras de estímulo!"

Assim, não necessariamente vemos o perfil de persuasão sendo criado. Não o vemos sendo usado para influenciar o nosso comportamento. E as empresas às quais estamos entregando esses dados não têm nenhuma obrigação jurídica de guardá-los só para si. Nas mãos erradas, um perfil de persuasão dá às empresas a capacidade de contornar a nossa racionalidade no momento de tomarmos decisões, de se aproveitar da nossa psicologia e de fazer brotar as nossas compulsões. Se compreendermos a identidade de uma pessoa, estaremos mais bem equipados para influenciar seu comportamento.

Um caminho profundo e estreito

Muito em breve, afirma Marissa Mayer, vice-presidente do Google, a empresa espera tornar a janela de pesquisa obsoleta. "A próxima etapa da pesquisa é torná-la automática", disse Eric Schmidt em 2010. "Quando caminho pela rua, quero que o meu smartphone faça buscas constantemente: 'você sabia?', 'você sabia?', 'você sabia?', 'você sabia?'." Em outras palavras, o nosso telefone deveria descobrir o que gostaríamos de pesquisar antes de o fazermos.

Na era da busca sem busca, que parece se aproximar a passos largos, a identidade move a mídia. Mas os personalizadores ainda não compreenderam inteiramente um fato paralelo: a mídia também molda a identidade. O cientista político Shanto Iyengar chama um dos principais fatores envolvidos nesse processo de "viés da acessibilidade"; num artigo chamado "Demonstrações experimentais das consequências 'não tão mínimas' das notícias na televisão", publicado em 1982, ele demonstrou a força desse viés. Durante seis dias, Iyengar pediu a grupos de moradores de New Haven que assistissem a episódios de um telejornal, que ele havia modificado de modo a apresentar diferentes segmentos para cada grupo.

Mais tarde, Iyengar pediu aos participantes que classificassem questões como poluição, inflação e defesa segundo o grau de importância que davam a esses temas. As diferenças em comparação com as respostas que os grupos haviam dado antes do estudo foram drásticas: "Participantes expostos a uma série constante de notícias sobre defesa ou poluição passaram a acreditar que a defesa ou a poluição eram o problema mais importante", concluiu Iyengar. Entre o grupo que assistiu às notícias sobre poluição, a questão passou do quinto para o segundo lugar em termos de importância, num total de seis.

Drew Westen, neuropsicólogo cujo trabalho se concentra na persuasão política, demonstrou a força desse efeito de precondicionamento pedindo a um grupo de pessoas que memorizasse uma lista de palavras que incluía os termos *lua* e *oceano*. Alguns minutos depois, ele mudou de assunto e perguntou ao grupo qual era seu detergente preferido. Embora não tivesse mencionado a palavra, o grupo demonstrou uma forte preferência pelo detergente Tide ("maré" em inglês).

O precondicionamento não é a única maneira pela qual a mídia molda a nossa identidade. Também somos mais inclinados a acreditar no que já ouvimos antes. Num estudo realizado por Hasher e Goldstein em 1977, foi pedido aos participantes que lessem sessenta afirmações e as marcassem como verdadeiras ou falsas. Todas as afirmações eram plausíveis, mas algumas delas ("Trompetistas ganham um bônus salarial para ficar no Exército") eram verdadeiras; outras ("O divórcio só existe em sociedades tecnicamente avançadas") não. Duas semanas depois, os participantes voltaram e avaliaram um segundo conjunto de afirmações, no qual estavam repetidos alguns dos itens da primeira lista. Na terceira vez, duas semanas depois, os participantes estavam muito mais inclinados a acreditar nas afirmações repetidas. Tanto em termos de informação como de comida, nós somos aquilo que consumimos.

Todos esses são mecanismos psicológicos básicos. Entretanto, quando combinados com a mídia personalizada, começam a gerar fenômenos preocupantes. A nossa identidade molda a nossa mídia, e a nossa mídia molda então aquilo em que acreditamos e o que consideramos importante. Clicamos num link, que sinaliza um interesse em alguma coisa, que significa que provavelmente gostaríamos de ler artigos sobre esse tópico no futuro, o que, por sua vez, precondiciona esse tópico em nossa mente. Ficamos presos num ciclo de nós mesmos, e caso a nossa identidade não tenha sido bem representada, começam a surgir padrões estranhos, como a microfonia de um amplificador.

Se você é um usuário do Facebook, provavelmente já se deparou com este problema. Você checou a página de uma antiga colega da faculdade chamada Sally, levemente curioso em saber o que ela anda fazendo depois de tantos anos. O Facebook interpreta isso como um sinal de que você se interessa pela vida de Sally, e de repente Sally passa a aparecer repetidamente no seu feed de notícias. Você continua levemente curioso, por isso clica em algumas das novas fotos que ela postou com seus filhos, marido e cachorros, confirmando o palpite do Facebook. Da perspectiva do Facebook, você aparentemente tem uma relação com essa pessoa, mesmo que vocês não tenham se comunicado nos últimos anos. Durante meses a partir daí, a vida de Sally parece ser muito mais importante para você do que indicaria o seu relacionamento real com ela. Ela é um "máximo local": embora existam pessoas em cujas postagens você estaria muito mais interessado, as postagens que vê são as de Sally.

Em parte, esse efeito de retroalimentação do Facebook se deve àquilo que o capitalista de risco Matt Cohler chama de problema do máximo local. Cohler foi um dos primeiros funcionários do Facebook, e é amplamente considerado um dos pensadores mais inteligentes do Vale do Silício sobre a rede social.

O problema do máximo local, explica-me Cohler, surge sempre que tentamos otimizar alguma coisa. Suponha que estamos tentando escrever um conjunto simples de instruções para ajudar uma pessoa cega perdida numa serra a encontrar o caminho para o pico mais alto. "Tateie ao redor para ver se está cercado de ladeiras descendentes", diríamos. "Se não estiver, avance numa direção ascendente e repita o processo."

Os programadores enfrentam problemas como esse o tempo todo. Qual link é o melhor resultado para uma pesquisa com o termo "peixe"? Qual imagem o Facebook deverá nos mostrar para aumentar a probabilidade de começarmos a ver fotos de amigos compulsivamente? As instruções parecem bastante óbvias – basta ajustarmos os parâmetros numa direção ou na outra até acharmos o ponto certo. Mas todas essas instruções têm um problema: elas poderão tanto guiar a pessoa para o cume da montanha mais alta como para o alto de um pico secundário – o máximo local.

O problema não é extremamente nocivo, porém, na bolha dos filtros, o mesmo fenômeno pode acontecer com qualquer pessoa ou tema. Eu tenho dificuldade em não clicar em artigos sobre gadgets, embora não pense que eles sejam realmente importantes. Os filtros personalizados mexem com nossas partes mais compulsivas, criando uma "mídia compulsiva" para fazer com que cliquemos mais e mais. A tecnologia, em grande medida, não distingue uma compulsão de um interesse geral – e para quem esteja apenas à procura do maior número possível de visitantes em seu site, para vender espaço a anunciantes, a diferença talvez não importe muito.

Quanto mais rápido o sistema aprende com você, mas provável é que você fique preso numa espécie de ciclo de identidade, no qual uma pequena ação inicial – clicar num link sobre jardinagem, anarquia ou Ozzy Osbourne – indica que você é uma pessoa que gosta desse tipo de coisa. Isso, por sua vez, traz mais informações sobre o tema, nas quais você está mais inclinado a clicar porque agora o tema já foi precondicionado em sua mente.

Especialmente depois do segundo clique, seu cérebro também entra no jogo. Nosso cérebro atua de modo a reduzir a dissonância cognitiva com uma espécie de antilógica estranha, mas convincente: "Por que eu teria feito *x* se eu não fosse uma pessoa que faz *x*? – portanto, devo ser uma pessoa que faz *x*." Cada clique que você dá nesse ciclo é mais uma ação de autojustificação: "Cara, acho que realmente devo adorar 'Crazy Train', do Ozzy Osbourne." Quando usamos um processo recursivo que se alimenta de si mesmo, explica-me Cohler, "acabamos entrando por um caminho profundo e estreito". A microfonia abafa a música. Se os ciclos de identidade não forem contrabalançados pela aleatoriedade e pela serendipidade, podemos acabar presos nos picos secundários da nossa identidade, muito longe dos altos cumes à distância.

E isso quando tais ciclos são relativamente benignos. Às vezes não são.

Já sabemos o que acontece quando os professores pensam que seus alunos são burros: eles ficam ainda mais burros. Num experimento realizado antes do surgimento dos comitês de ética em pesquisa, alguns professores receberam notas de provas que supostamente indicavam o QI e a aptidão dos alunos aos quais iriam dar aulas. Entretanto, os professores não sabiam que as notas haviam sido redistribuídas aleatoriamente entre os estudantes.

Depois de um ano, os alunos que os professores pensavam ser inteligentes apresentaram grandes aumentos de QI. Os alunos que os professores pensavam estar abaixo da média não apresentaram essa melhora.

E o que acontece quando a internet pensa que uma pessoa é burra? A personalização baseada em estimativas de QI não é uma hipótese tão absurda – o Google Docs até oferece uma ferramenta útil para verificar automaticamente o nível de um texto escrito. Se o nível de educação de uma pessoa já não estiver disponível numa ferramenta como a Acxiom, qualquer pessoa que tenha acesso a alguns e-mails ou a postagens no Facebook poderá inferi-lo com certa facilidade. Os usuários cuja escrita indique uma escolaridade em nível superior talvez recebam mais matérias da revista *New Yorker*, conhecida por seus ensaios e reportagens bem escritos e produzidos; usuários com uma escrita muito básica talvez recebam mais matérias do *New York Post*, um tabloide sensacionalista.

Na era da imprensa tradicional, esperava-se que todos lessem ou processassem informações mais ou menos no mesmo nível. Na bolha dos filtros, essa expectativa não é necessária. Por um lado, isso poderia ser excelente – grandes grupos de pessoas que desistiram de ler porque sentem dificuldade em entender os jornais talvez finalmente entrem em contato com o conteúdo escrito. Entretanto, sem uma pressão para melhorar, também é possível que fiquem empacados num mundo "nota 5" por um longo tempo.

Incidentes e aventuras

Em alguns casos, deixar que algoritmos tomem decisões sobre aquilo que vemos e as oportunidades que recebemos gera resultados mais justos. É possível programar um computador para que ignore completamente a raça ou o sexo de uma pessoa, de uma forma que os seres humanos geralmente não conseguem fazer. Mas isso só ocorrerá se os algoritmos forem projetados com cuidado e precisão. De outra forma, é possível que simplesmente reflitam os costumes sociais da cultura que estão processando – uma regressão à norma social.

Em alguns casos, a classificação algorítmica baseada em dados pessoais pode ser ainda *mais* discriminatória que uma classificação feita por seres humanos. Por exemplo, um programa que ajude as empresas a examinar currículos em busca de talentos talvez "aprenda" quais dos candidatos recomendados foram de fato contratados. Se nove candidatos brancos forem contratados em sequência, isso talvez demonstre que a empresa não está interessada em contratar pessoas negras, fazendo com que o algoritmo as exclua de buscas futuras. "Em muitos sentidos", observa Dalton Conley, sociólogo da Universidade de Nova York, "essas categorizações baseadas em redes são mais traiçoeiras que agrupamentos triviais baseados em raça, classe, sexo, religião ou qualquer outra característica demográfica." Entre programadores, esse tipo de erro tem um nome: chama-se sobreajuste.

O site Netflix, de aluguel de filmes on-line, é movido por um algoritmo chamado CineMatch. No início, era bastante simples. Se eu tivesse alugado o primeiro filme da trilogia *O senhor dos anéis*, o Netflix examinaria os outros filmes alugados por espectadores de *O senhor dos anéis*. Se muitos deles tivessem alugado *Guerra nas estrelas*, seria muito provável que eu também quisesse alugá-lo.

Essa técnica é chamada kNN (*k-nearest-neighbor*) e serviu para que o CineMatch adivinhasse com bastante precisão os filmes a que as pessoas queriam assistir, com base nos filmes que elas haviam alugado e em quantas estrelas (de cinco) haviam atribuído aos filmes assistidos. Em 2006, o CineMatch já conseguia prever, com margem de erro de uma estrela, o quanto um usuário gostaria de um determinado filme em seu gigantesco empório de 100 mil títulos. A essa altura, o CineMatch já dava recomendações melhores que a maioria dos seres humanos. Um atendente de uma locadora de vídeos jamais pensaria em sugerir *O silêncio dos inocentes* a um fã de *O mágico de Oz*, mas o CineMatch sabia que as pessoas que gostavam de um filme geralmente gostavam do outro.

Ainda assim, Reed Hastings, presidente da Netflix, não estava satisfeito. "Neste momento, é como se estivéssemos dirigindo um Model-T", disse a um repórter em 2006, referindo-se ao modelo clássico de automóvel lançado pela Ford em 1908; "ainda há muitas possibilidades pela frente." Em

2 de outubro de 2006, o site do Netflix publicou um anúncio: "Estamos interessados, e oferecemos um prêmio de US$1 milhão." O Netflix havia postado uma enorme quantidade de dados – críticas, registros de aluguel de filmes e outras informações de seu banco de dados de usuários, sem qualquer informação que pudesse obviamente identificar um usuário específico. E agora a empresa estava disposta a pagar um milhão de dólares à pessoa ou equipe que conseguisse vencer o CineMatch por uma margem de mais de 10%. Tal qual o prêmio da longitude, o Desafio Netflix estava aberto a todos. "Tudo o que você precisa é de um PC e uma grande ideia", declarou Hasting no *New York Times*.

Depois de nove meses, cerca de 18 mil equipes de mais de 150 países já estavam competindo, usando ideias baseadas na inteligência artificial, redes neurais, filtragem colaborativa e mineração de dados. Geralmente, os competidores de concursos com grandes prêmios trabalham em segredo. Mas o Netflix estimulou os grupos concorrentes a se comunicar entre si e montou um fórum de mensagens em que as equipes podiam se coordenar para vencer obstáculos comuns. Basta lermos o fórum para termos uma ideia intuitiva dos desafios que perturbaram os competidores durante a busca de um algoritmo melhor, que durou três anos. O sobreajuste surgiu repetidamente.

A construção de algoritmos destinados a encontrar padrões apresenta dois desafios. O primeiro é encontrar os padrões que existem em meio ao caos. O segundo problema é o oposto: *não* encontrar padrões que não estejam realmente ali. O padrão que descreve a sequência "1,2,3" poderia ser "some um ao número anterior" ou "liste os números primos positivos do menor ao maior". Não podemos ter certeza até obtermos mais dados. E se tirarmos conclusões apressadas, estaremos sobreajustando.

No caso dos filmes, os perigos do sobreajuste são relativamente leves – muitos espectadores, seguindo os conselhos de críticos analógicos, já foram levados a acreditar que por terem gostado de *O poderoso chefão* e *O poderoso chefão: parte II* gostariam também de *O poderoso chefão: parte III*. Mas o problema do sobreajuste está ligado a um dos problemas centrais e irredutíveis da bolha dos filtros: sobreajustar e estereotipar são sinônimos.

O termo "estereótipo" (que, por sinal, foi usado pela primeira vez com esse sentido por Walter Lippmann) é frequentemente empregado para descrever padrões xenofóbicos perversos que não representam a realidade – "pessoas com determinada cor de pele são menos inteligentes" é um exemplo clássico. Mas os estereótipos e as consequências negativas que surgem a partir deles são injustos com pessoas específicas *mesmo* que, de modo geral, sejam razoavelmente precisos.

Os publicitários já estão explorando a área turva entre o que pode ser previsto e as previsões consideradas justas. Segundo Charlie Stryker, velho conhecedor da indústria do marketing direcionado e palestrante no Simpósio sobre Gráficos Sociais, o Exército americano tem tido enorme êxito no uso de gráficos sociais para recrutar pessoas para as Forças Armadas – afinal, se seis dos seus amigos no Facebook se alistaram, é provável que você também pense em se alistar. Fazer inferências com base nas ações de pessoas semelhantes a você, ou pessoas ligadas a você, pode ser um bom negócio. E o Exército não é o único. Os bancos estão começando a usar dados sociais para decidir a quem oferecer empréstimos: se os seus amigos não pagam em dia, é provável que você também seja um caloteiro. "As decisões sobre a sua capacidade de solvência serão baseadas na solvência dos seus amigos", disse Stryker. "Esta tecnologia pode ter aplicações muito poderosas", disse outro empreendedor do direcionamento social ao *Wall Street Journal*. "Quem sabe dizer até onde vamos levar a coisa?"

Parte do problema é que as empresas não são obrigadas a explicar as razões pelas quais tomaram certa decisão. Por isso, podemos ser julgados sem saber e sem a possibilidade de reclamar. Por exemplo, o LinkedIn, uma rede social para procura de empregos, oferece um sistema de previsão da trajetória profissional; comparando o currículo de uma pessoa com o de outras que já estão na área há mais tempo, o LinkedIn consegue prever onde a pessoa estará dentro de cinco anos. Os engenheiros da empresa esperam que o site logo consiga indicar escolhas profissionais que levarão a melhores resultados – "profissionais de TI em nível médio como você que frequentaram o MBA da Faculdade Wharton ganharam salários 2 mil dólares mais altos do que os de profissionais que não fizeram esse curso".

Como um serviço para os clientes, o sistema é bastante útil. Mas imagine se o LinkedIn fornecesse esses dados a clientes corporativos para ajudá-los a evitar pessoas cuja previsão indica que serão profissionais fracassados. Como isso poderia ocorrer inteiramente sem o nosso conhecimento, nem sequer teríamos a chance de discutir, de provar que a previsão estava errada, de ter o benefício da dúvida.

Se parece injusto que os bancos discriminem uma pessoa só porque seus colegas de escola não pagam as contas em dia, ou porque essa pessoa gosta de alguma coisa de que muitos caloteiros também gostam, bem, é injusto mesmo. E isso demonstra um problema fundamental da indução, o método básico que os algoritmos utilizam para fazer previsões.

Os filósofos começaram a se debruçar sobre esse problema muito antes de existirem computadores que pudessem ser usados para induzir. Embora possamos demonstrar a validade de uma prova matemática a partir dos primeiros princípios, o filósofo David Hume ressaltou em 1772 que a realidade não funciona dessa maneira. Como diz o clichê dos investidores, o desempenho passado não indica resultados futuros.

Isso tem importantes implicações para a ciência, que é, no fundo, um método que utiliza dados para prever o futuro. Karl Popper, um dos importantes filósofos da ciência, teve como missão de vida tentar resolver o problema da indução, como este veio a ser conhecido. Embora os pensadores otimistas do final do século XIX examinassem a história da ciência e vissem uma jornada em direção à verdade, Popper preferiu se concentrar nos destroços ao longo do caminho – a abundância de teorias e ideias fracassadas que eram perfeitamente consistentes com o método científico, e ainda assim estavam terrivelmente erradas. Afinal, o universo ptolemaico, com a Terra no centro e o Sol e os planetas girando ao seu redor, sobreviveu a uma boa dose de escrutínio matemático e observação científica.

Popper apresentou o problema de forma ligeiramente diferente: o fato de sempre termos visto cisnes brancos não significa que todos os cisnes sejam brancos. O que precisamos é procurar um cisne negro, o contraexemplo que falseie a teoria. "A falseabilidade", afirmava Popper, é a chave na busca da verdade: o propósito da ciência, para Popper, era fazer as maiores afirmações para as quais ninguém conseguisse encontrar exemplos contrários, cisnes negros. A visão de Popper trazia profunda humildade sobre o conhecimento induzido cientificamente – a ideia de que estamos errados com tanta frequência quanto estamos certos, e geralmente não sabemos quando.

Essa humildade é o que falta em muitos métodos algorítmicos de previsão. Tudo bem, eles encontram pessoas ou comportamentos que não se encaixam no padrão de tempos em tempos, mas essas aberrações não comprometem fundamentalmente os algoritmos. Afinal, os publicitários cujo dinheiro move esses sistemas não precisam de modelos perfeitos. Eles estão interessados em acertar na demografia geral, e não em seres humanos complexos.

Quando fazemos um modelo do clima e prevemos que há 70% de chance de chuva, isso não afeta as nuvens. A chuva virá ou não. Mas se você previr que, como os meus amigos não pagam em dia, eu tenho 70% de chance de não devolver um empréstimo, existem consequências se você errar a previsão. Você estará me discriminando.

A melhor maneira de evitar o sobreajuste, como sugere Popper, é tentar provar que o modelo está errado, construindo algoritmos que gerem o benefício da dúvida. Se o Netflix me mostrar uma comédia romântica e eu gostar do filme, vai me mostrar outra e começar a pensar em mim como um fã de comédias românticas. Mas se quiser ter uma boa imagem de quem eu realmente sou, deveria testar constantemente essa hipótese, mostrando-me *Blade Runner* na tentativa de provar que a hipótese estava errada. De outra forma, eu poderia acabar preso num máximo local povoado por Hugh Grant e Julia Roberts.

Os modelos estatísticos que geram a bolha dos filtros descartam as exceções. Entretanto, entre seres humanos, são as exceções que tornam a vida interessante e nos dão inspiração. E as exceções são os primeiros sinais de mudança.

Uma das melhores críticas da previsão algorítmica foi feita, incrivelmente, por Fiódor Dostoievski, o romancista russo do final do século XIX, cujo livro *Memórias do subsolo* foi uma crítica apaixonada do racionalismo científico utópico da época. Dostoievski examinou a vida humana ordenada e regimentada que a ciência prometia e previu um futuro banal. "Todas as ações humanas", resmunga o narrador sem nome do romance, "serão então, naturalmente, tabuladas segundo essas leis, matematicamente, como a tábua de logaritmos até 108 mil e incluídas num índice... no qual tudo será calculado e explicado tão claramente, que não haverá mais incidentes nem aventuras no mundo."

O mundo frequentemente segue regras previsíveis e entra em padrões previsíveis: as marés sobem e descem, os eclipses se aproximam e passam; até o clima está cada vez mais previsível. Mas quando esse modo de pensar é aplicado ao comportamento humano, pode ser perigoso, pela simples razão de que os nossos melhores momentos muitas vezes são os mais imprevisíveis. Uma vida inteiramente previsível não merece ser vivida. Mas a indução logarítmica pode levar a uma espécie de determinismo informático, no qual os nossos cliques passados decidem inteiramente o nosso futuro. Em outras palavras, se não apagarmos nossos históricos on-line, talvez estejamos fadados a repeti-los.

5. O público é irrelevante

> A presença de outros que veem o que vemos e ouvem o que ouvimos nos assegura da realidade do mundo e de nós mesmos.
>
> HANNAH ARENDT

> Um axioma da ciência política nos Estados Unidos diz que a única maneira de neutralizar a influência dos jornais é multiplicar seu número.
>
> ALEXIS DE TOCQUEVILLE

NA NOITE DE 7 DE MAIO DE 1999, um bombardeiro B-2 deixou a base Whiteman da Força Aérea em Missouri. A aeronave voou para o leste até alcançar a cidade de Belgrado, na Sérvia, onde havia uma guerra civil em curso. Aproximadamente à meia-noite, o bombardeiro entregou sua carga: quatro bombas guiadas por GPS, nas quais havia sido programado um endereço que os documentos da CIA identificavam como um possível paiol de armas. Na verdade, aquele era o endereço da Embaixada da China na Iugoslávia. O edifício foi destruído, e três diplomatas chineses morreram.

Os Estados Unidos emitiram um pedido de desculpas imediato, afirmando que o evento fora um acidente. Entretanto, na televisão estatal chinesa, uma declaração oficial chamou o bombardeio de "um ataque bárbaro e uma violação grave da soberania chinesa". O presidente Bill Clinton tentou entrar em contato com o presidente chinês Jiang Zemin, mas Zemin rejeitou repetidamente suas chamadas; o pedido de desculpas gravado por Clinton para o povo chinês foi barrado na mídia chinesa durante quatro dias.

Quando protestos antiamericanos começaram a surgir nas ruas, o maior jornal chinês, o *People's Daily*, criou um fórum de bate-papo on-line chamado Fórum Antibombardeio. Em 1999, os fóruns de bate-papo já eram enormes na China – muito maiores do que jamais foram nos Estados Unidos. Como explicou o jornalista Tom Downey, do *New York Times*, alguns anos depois, "os sites de notícias e blogs individuais não são tão influentes na China, e as redes sociais ainda não decolaram. Os fóruns on-line anônimos continuam a ser um elemento vital... muito mais participativos, dinâmicos, populistas e até mais democráticos que qualquer coisa já surgida na internet no idioma inglês". O jornalista de tecnologia Clive Thompson cita Shanthi Kalathil, pesquisadora do instituto Carnegie Endowment, segundo a qual o Fórum Antibombardeio ajudou a legitimar, entre "uma elite conectada da população", a posição do governo chinês, que afirmava que o bombardeio havia sido intencional. O fórum serviu como uma forma de propaganda baseada no *crowdsourcing*: em vez de simplesmente dizer aos cidadãos chineses o que eles deveriam pensar, o fórum ergueu as vozes de milhares de patriotas alinhados com o Estado.

As notícias ocidentais sobre o modo como a China administra o fluxo de informações geralmente se preocupam com a censura: a decisão do Google de remover, temporariamente, resultados de buscas sobre "Praça da Paz Celestial", a decisão da Microsoft de banir a palavra "democracia" de postagens em blogs chineses ou o Grande Firewall que separa a China do mundo exterior, examinando cada pacote de informações que entra ou sai do país. A censura na China é real: muitas palavras foram mais ou menos eliminadas do discurso público. Quando Thompson perguntou a Jack Ma, presidente do popular site Alibaba, se o site mostraria resultados de movimentos dissidentes, ele sinalizou que não: "Não! Nós somos uma empresa!", afirmou. "Os acionistas querem ganhar dinheiro. Os acionistas querem ver o cliente feliz. Enquanto isso, não temos nenhuma responsabilidade de tomar esta ou aquela atitude política."

Na prática, não é tão difícil driblar o firewall. As redes privadas virtuais corporativas – conexões à internet criptografadas para impedir a espionagem – operam com impunidade. *Proxies* e outros métodos de evitar firewalls, como o Tor, conectam dissidentes que vivem na China com sites antigoverno, inclusive os mais radicais. Mas se estivermos focados apenas na incapacidade do firewall de bloquear perfeitamente as informações, deixaremos passar o ponto fundamental. A China não está tão interessada em eliminar completamente as informações incômodas, e sim em alterar seu fluxo – criar fricção para as informações problemáticas e desviar a atenção pública para os fóruns pró-governo. O país não consegue bloquear o acesso de todas as pessoas a todas as notícias o tempo todo, e nem precisa.

"O que o governo quer", escreveu James Fallows, da revista *The Atlantic*, "é tornar a busca da informação um pouco incômoda, o suficiente para que as pessoas não se deem ao trabalho." A estratégia, afirma Xiao Qiang, da Universidade da Califórnia em Berkeley, "está baseada em controle social, vigilância humana, pressão social e autocensura". Como o governo não publica uma lista oficial de palavras bloqueadas ou de temas proibidos, empresas e pessoas censuram a si mesmas para evitar a visita da polícia. Os sites disponíveis variam diariamente. E embora alguns blogs sugiram que a ineficácia do sistema de vigilância resulte de dificuldades técnicas ("A internet vai vencer qualquer tentativa de controlá-la!"), para o governo isso é apenas uma característica do sistema, e não um bug. James Mulvenon, chefe do Centro de Pesquisa e Análise de Inteligência, coloca a questão da seguinte maneira: "A vigilância do governo é aleatória, e isso cria a sensação de que eles estão observando tudo."

Para que a sensação não seja sutil demais, o gabinete de segurança pública de Shenzen, na China, criou um método mais direto: Jingjing e Chacha, os personagens em quadrinhos da Polícia da Internet. Como afirmou o diretor da iniciativa ao site China Digital Times, ele queria "fazer com que todos os usuários da internet soubessem que a internet não é um lugar distante da lei [e que] a Polícia da Internet vai manter a ordem em todo o comportamento on-line". Desenhos do casal de policiais, com suas elegantes dragonas e sapatos pretos, foram incluídos em todos os principais sites de Shenzen; eles têm até um endereço de mensagens instantâneas, no qual seis policiais respondem às perguntas das multidões on-line.

"Na verdade, as pessoas são bastante livres para falar de [democracia]", afirmou um alto executivo do Google na China, Kai-Fu Lee, numa entrevista a Thompson em 2006. "Acho que eles não ligam tanto. Ei, a democracia dos Estados Unidos é uma boa forma de governo. O governo chinês, bom e estável, também é uma boa forma de governo. Tanto faz, desde que eu possa entrar no meu site preferido, ver meus amigos, viver feliz." O fato de o Grande Firewall ter deixado de bloquear a pornografia recentemente talvez não seja coincidência: "Eles devem achar que, se os internautas puderem ver alguma pornografia, não prestarão tanta atenção às questões políticas", declarou Michael Anti, o analista residente em Pequim, à AP.

Geralmente pensamos na censura como um processo através do qual os governos alteram fatos e conteúdos. Quando a internet surgiu, muitos esperavam que ela eliminasse a censura completamente – o fluxo de informações seria rápido e intenso demais, impedindo o controle governamental. "Não há dúvidas de que a China está tentando reprimir o que acontece na internet", disse Bill Clinton ao público numa palestra em março de 2000 na Universidade Johns Hopkins: "Boa sorte! É dar murro em ponta de faca."

No entanto, na era da internet os governos ainda podem manipular a verdade. O processo apenas ganhou outra forma: em vez de simplesmente proibir certas palavras ou opiniões diretamente, o processo gira cada vez mais em torno de uma censura de segunda ordem – a manipulação da curadoria, do contexto e do fluxo de informações e de atenção. E como a bolha dos filtros é controlada por umas poucas empresas centralizadas, ajustar esse fluxo de forma individualizada pode ser mais fácil do que parece. Em vez de descentralizar o poder, como previram alguns dos primeiros entusiastas da internet, a rede de certa forma o concentra.

Senhores da nuvem

Para ter uma ideia de como a personalização poderia ser usada com fins políticos, conversei com um homem chamado John Rendon.

Rendon se descreve afavelmente como um "guerreiro da informação e um administrador de percepções". Ele trabalha na sede do Grupo Rendon em Washington, D.C., e presta serviços a dezenas de agências dos Estados Unidos e de governos estrangeiros. Quando as tropas americanas entraram na Cidade do Kuwait durante a primeira guerra do Iraque, as câmeras de televisão filmaram centenas de kuwaitianos alegres, balançando bandeiras americanas. "Vocês já pararam para pensar", perguntou Rendon à plateia de uma palestra, "onde foi que os habitantes da Cidade do Kuwait, que estiveram cativos durante sete meses longos e dolorosos, conseguiram arrumar bandeiras americanas? Ou de outros países da coalizão? Bem, vocês já sabem a resposta. Essa foi uma das minhas funções."

Boa parte do trabalho de Rendon é confidencial – ele trabalha com um nível de privacidade além do ultrassecreto, um nível que nem mesmo alguns altos oficiais de inteligência chegam a ter. Seu papel no trabalho de propaganda pró-americana no Iraque durante a era de George W. Bush não está perfeitamente definido: embora algumas fontes afirmem que ele foi uma figura central nesse trabalho, Rendon nega qualquer envolvimento. Mas seu sonho é bastante claro: ele quer ver um mundo no qual a televisão "mova o processo político", "as patrulhas de fronteira [sejam] substituídas por patrulhas de sinais eletrônicos" e "possamos vencer sem lutar".

Com tudo isso, fiquei um tanto surpreso quando ele me contou que a primeira arma de que dispõe é um objeto bastante simples: um dicionário de sinônimos. Para modificar a opinião pública, conta Rendon, a chave está em encontrar diferentes formas de dizer a mesma coisa. Ele descreveu uma matriz, com termos ou opiniões extremas de um lado e opiniões moderadas do outro. Usando a análise de sentimentos para descobrir o que as pessoas de um país pensam a respeito de um evento – por exemplo, um novo acordo feito pelo país para comprar armas dos Estados Unidos – e identificar os sinônimos que geram mais aprovação, é possível "influenciar gradualmente um debate". "É muito mais fácil estarmos próximos da realidade" e empurrá-la na direção certa, afirmou, do que inventar toda uma nova realidade.

Rendon ouviu-me falar sobre personalização num evento do qual ambos participamos. A bolha dos filtros, disse-me, gera novas maneiras de gerir as percepções. "O primeiro passo é entrar no algoritmo. Se descobrirmos uma maneira de carregar o nosso conteúdo de modo que apenas esse conteúdo seja descarregado pelo algoritmo, teremos uma melhor chance de moldar conjuntos de crenças", afirmou. Na verdade, sugeriu, se procurarmos nos lugares certos, talvez consigamos ver indícios desse processo acontecendo agora mesmo – sentimentos sendo modificados algoritmicamente ao longo do tempo.

Embora a bolha dos filtros possa facilitar o processo de modificar pontos de vista num futuro Iraque ou Panamá, Rendon estava claramente preocupado com o impacto da autosseleção e dos filtros personalizados sobre a democracia de seu próprio país. "Se eu tirar a foto de uma árvore", diz Rendon, "preciso saber em que estação estamos. Cada estação do ano tem uma aspecto diferente. A árvore pode estar morrendo ou apenas perdendo as folhas no outono." Para tomarmos boas decisões, o contexto é crucial – é por isso que as Forças Armadas dão tanta importância ao que chamam de "consciência situacional em 360 graus". Na bolha dos filtros, nós não enxergamos 360 graus – e talvez não enxerguemos mais que um.

Voltei à questão do uso de algoritmos para modificar os sentimentos. "Como alguém poderia manipular o sistema quando tudo não passa de fluxos de informação autogerados e autorreforçados? Preciso pensar mais no assunto", disse Rendon. "Mas acho que sei como fazê-lo."

"Como?", perguntei.

Rendon fez uma pausa e então riu: "Boa tentativa." Ele já havia dito demais.

A campanha de propaganda que Walter Lippmann montou contra a Primeira Guerra Mundial foi uma enorme empreitada: Para "ensinar a opinião pública a bater continência", centenas de jornais de todo o país tinham participado do esforço. Agora que todo blogueiro é um editor, a tarefa parece quase impossível. Em 2010, Eric Schmidt, presidente do Google, ecoou esse sentimento, argumentando, na revista *Foreign Affairs*, que a internet eclipsa os intermediários e governos e dá poder aos indivíduos para que "consumam, distribuam e criem seu próprio conteúdo sem controle governamental".

Trata-se de um ponto de vista conveniente para o Google – se os intermediários estão perdendo poder, então a empresa não passa de um ator secundário numa trama muito mais ampla. Na prática, entretanto, a maior parte do conteúdo on-line chega às pessoas por meio de um grupo de sites muito reduzido – e o Google é o principal deles. Essas grandes empresas representam novos focos de poder. E embora seu caráter multinacional lhes permita resistir a certas formas de controle, elas também podem funcionar como uma espécie de "loja de conveniências" para governos interessados em influenciar os fluxos de informação.

Basta existir um banco de dados para que ele seja potencialmente acessível ao Estado. É por isso que os ativistas que lutam pelo direito à posse de armas nos Estados Unidos falam tanto de Alfred Flatow. Flatow era um ginasta olímpico e judeu alemão que, em 1932, registrou sua arma de acordo com as leis da decadente República de Weimar. Em 1938, a polícia alemã bateu à sua porta. Eles haviam examinado o registro e, em preparação para o Holocausto, estavam aprisionando judeus que portavam armas. Flatow foi morto num campo de concentração em 1942.

Para os membros da National Rifle Association, a história serve como alerta sobre os perigos de um registro nacional de armas. Graças à história de Flatow e outros milhares de histórias semelhantes, a NRA tem conseguido impedir, durante décadas, a criação de um registro nacional de armas. Se um regime fascista antissemita chegar ao poder nos Estados Unidos, terá de identificar os judeus portadores de armas usando seus próprios bancos de dados.

Entretanto, o foco da NRA talvez seja estreito demais. Os fascistas não são famosos por seguir cuidadosamente a letra da lei no que diz respeito aos bancos de dados extragovernamentais. E com acesso aos dados usados por empresas de cartões de crédito – ou então construindo modelos baseados nos milhares de dados rastreados pela Acxiom – seria muito simples prever, com bastante precisão, quem tem arma e quem não tem.

Mesmo que você não seja um defensor do direito à posse de armas, a história é digna de atenção. A dinâmica da personalização transfere poder para as mãos de uns poucos conglomerados corporativos. E essa consolidação de gigantescas massas de dados dá aos governos (mesmo aos democráticos), potencialmente, mais poder do que nunca.

Em vez de guardarem seus sites e bancos de dados internamente, muitas empresas, tanto as estabelecidas como as iniciantes, funcionam atualmente em computadores virtuais situados em grandes fazendas de servidores geridas por outras empresas. A enorme concentração de poder computacional e capacidade de armazenamento criada por essas máquinas ligadas em rede é conhecida como a *nuvem*, e dá muito mais flexibilidade aos clientes. Se a sua empresa é operada na nuvem, você não precisará comprar hardware quando as suas demandas de processamento se expandirem: basta alugar uma porção maior da nuvem. A Amazon Web Services, um dos principais participantes do setor, hospeda milhares de sites e servidores e certamente armazena os dados pessoais de milhões de pessoas. Por um lado, a nuvem permite que qualquer garoto ou garota, no porão de sua casa, tenha acesso a um poder computacional quase ilimitado, que lhe permitirá rapidamente expandir um novo serviço on-line. Por outro, como me disse Clive Thompson, a nuvem "não passa de um punhado de empresas". Quando a Amazon expulsou o site ativista WikiLeaks de seus servidores após sofrer pressão política em 2010, o site colapsou imediatamente – o WikiLeaks simplesmente não tinha para onde ir.

Para os governos, é muito mais fácil ter acesso a dados pessoais armazenados na nuvem do que a informações contidas num computador doméstico. O FBI precisa de um mandado judicial para examinar um laptop pessoal. Mas se uma pessoa usar o Yahoo, o Gmail ou o Hotmail, ela "perde imediatamente as suas garantias constitucionais", segundo um advogado da Electronic Freedom Foundation. O FBI pode simplesmente pedir essas informações à empresa – sem nenhuma papelada judicial, nenhuma autorização –, desde que possa posteriormente argumentar que se tratava de uma "emergência". "A polícia vai adorar", afirma Robert Gellman, defensor do direito à privacidade, sobre a computação em nuvem. "Tem agora um único lugar onde pode obter os documentos de qualquer pessoa."

Devido às economias de escala no processamento de dados, os gigantes da nuvem são cada vez mais poderosos. E por serem muito suscetíveis ao controle governamental, essas empresas têm um interesse velado em satisfazer as entidades governamentais. Quando o Departamento de Justiça dos Estados Unidos solicitou bilhões de registros de pesquisas on-line à AOL, ao Yahoo e ao MSN em 2006, as três empresas os cederam rapidamente (o Google, num gesto louvável, optou por contestar a solicitação). Stephen Arnold, especialista em TI que trabalhou na empresa de consultoria Booz Allen Hamilton, afirma que o Google, em certo momento, chegou a manter três oficiais de "uma agência de inteligência indeterminada" na sede da empresa em Moutain View. Além disso, o Google e a CIA investiram juntos numa empresa chamada Recorded Future, dedicada a usar as conexões entre dados para prever eventos futuros no mundo real.

E mesmo que a consolidação desse poder informático não resulte num maior controle governamental, é preocupante por si só.

Uma das características fundamentais do novo ambiente de informações pessoais é o fato de ser assimétrico. Como argumenta Jonathan Zittrain em *The Future of the Internet – and How to Stop It* ("O futuro da internet, e como evitá-lo"), "Hoje em dia, cada pessoa é obrigada, cada vez mais, a ceder informações sobre si mesma a instituições grandes e relativamente sem rosto, a ser utilizadas por estranhos – desconhecidos, invisíveis e, com muita frequência, não responsivos".

Numa cidade pequena ou num prédio com paredes muito finas, o que eu sei sobre você é mais ou menos o que você sabe sobre mim. Essa é a base de um contrato social no qual ignoramos voluntariamente parte do que sabemos. O novo mundo sem privacidade elimina esse contrato. Eu posso saber muito sobre você sem que você saiba que eu sei. "Existe uma troca implícita em nosso comportamento", disse-me John Battelle, especialista em buscas on-line, "cujos efeitos ainda não foram calculados."

Se Sir Francis Bacon estava certo ao afirmar que "conhecimento é poder", Viktor Mayer-Schonberger, defensor da privacidade, observa que estamos vivenciando agora nada menos do que uma "redistribuição do poder da informação dos fracos para os poderosos". Se todos soubéssemos tudo sobre todos os outros, seria uma coisa; no entanto, algo muito diferente ocorre quando entidades centralizadas sabem muito mais sobre nós do que nós sabemos uns sobre os outros – e, às vezes, mais do que sabemos sobre nós mesmos. Se conhecimento é poder, assimetrias de conhecimento são assimetrias de poder.

O famoso lema "não fazer o mal", do Google, supostamente tem a intenção de aplacar algumas dessas preocupações. Expliquei uma vez a um engenheiro de buscas do Google que, embora eu não ache que a empresa seja má na atualidade, é como se ela tivesse nas mãos tudo o que precisa para fazer o mal, se o desejar. Ele abriu um grande sorriso. "Você está certo", respondeu. "Nós não somos maus. Nós fazemos um grande esforço para não ser maus. Mas, se quiséssemos, cara, bem que podíamos!"

A síndrome do mundo bom

Em geral, os governos e empresas têm usado o novo poder dos dados pessoais e da personalização com bastante cautela até agora – a China, o Irã e outros regimes opressores são as exceções óbvias. Ainda assim, deixando de lado a manipulação intencional, o crescimento dos mecanismos de filtragem tem uma série de consequências não intencionais, ainda que sérias, para as democracias. Na bolha dos filtros, a esfera pública – o âmbito no qual os problemas comuns são identificados e trabalhados – simplesmente perde relevância.

Em primeiro lugar, temos o problema do mundo bom.

George Gerbner, pesquisador da comunicação, foi um dos primeiros teóricos a examinar o modo como a mídia afeta nossas crenças políticas; em meados da década de 1970, ele passou bastante tempo pensando em programas de televisão como *Starsky and Hutch*. Era um programa bastante bobo, cheio dos clichês típicos das séries policiais da década de 1970 – bigodes cheios, trilhas sonoras fanhosas, dramas simplistas do bem contra o mal. E essa série não era a única – para cada *As Panteras* ou *Hawaii Five-O* que ganhou um lugar na memória cultural, existem dezenas de programas, como *Arquivo Confidencial, Get Christie Love* e *Adam-12*, que provavelmente não serão ressuscitados em *remakes* irônicos no século XXI.

Ainda assim, Gerbner, um veterano da Segunda Guerra Mundial transformado em teórico da comunicação que acabou por se tornar diretor da Faculdade Annenberg de Comunicação, levava esses programas a sério. A partir de 1969, ele começou um estudo sistemático sobre o modo como a programação da TV afeta o que pensamos sobre o mundo. De fato, o efeito da série *Starsky and Hutch* era significativo. Quando Gerbner pediu a telespectadores que estimassem a porcentagem da população adulta que trabalhava na polícia, seus palpites foram muito superiores aos de pessoas que não assistiam TV e que tinham a mesma educação e características demográficas. Ainda mais preocupante era o fato de que crianças que viam muita violência na televisão tinham uma tendência muito maior a estar preocupadas com a violência no mundo real.

Gerbner denominou esse efeito de "síndrome do mundo mau": se crescermos numa casa em que as pessoas assistem televisão, por exemplo, durante mais de três horas por dia, em termos práticos estaremos vivendo num mundo mais perverso – e atuaremos da mesma forma – do que um vizinho que more no mesmo lugar, mas que assista menos televisão. "Quem narra as histórias de uma cultura realmente governa o comportamento humano", afirmou Gerbner posteriormente.

Gerbner morreu em 2005, mas viveu o suficiente para ver a internet começar a modificar essa situação. Deve ter sido um alívio: embora os contadores de histórias culturais tradicionais ainda estejam bastante consolidados, a internet ao menos nos dá mais escolhas. Se quisermos ler notícias locais num blog em vez de um canal de televisão que alardeia as taxas de criminalidade para atrair espectadores, temos essa opção.

Entretanto, se a síndrome do mundo mau se tornou um risco menos importante na atualidade, temos um novo problema no horizonte: talvez estejamos diante daquilo que Dean Eckles, o teórico dos perfis de persuasão, chama de síndrome do mundo bom – uma situação na qual jamais tomamos conhecimento de alguns dos maiores e mais importantes problemas.

Enquanto o mundo mau da televisão surge de decisões de programação baseadas no perverso mote "se tem sangue, é manchete", o mundo bom gerado pela filtragem algorítmica talvez não seja tão intencional. Segundo Andrew Bosworth, engenheiro de software do Facebook, a equipe que desenvolveu o botão "Curtir" considerou originalmente muitas outras opções – desde estrelas até o sinal de "joia" (entretanto, no Irã e na Tailândia esse é um gesto obsceno). Durante um mês, no verão de 2007, o botão se chamou "Incrível" (*Awesome*, em inglês). No fim das contas, porém, a equipe do Facebook preferiu o nome "Curtir" (*Like*), que é mais universal.

O fato de que o Facebook prefira Curtir a, por exemplo, Importante é uma pequena decisão de design que tem amplas consequências: as histórias que recebem mais atenção no Facebook são aquelas que mais pessoas curtem, e as histórias que as pessoas curtem são, bem, mais agradáveis.

E o Facebook não é o único serviço de filtragem que tende a gerar um mundo asséptico e bom. Como me disse Eckles, até mesmo o Twitter, que tem a reputação de deixar a filtragem nas mãos de seus usuários, tem essa tendência. Os usuários do Twitter veem a maior parte dos tweets das pessoas que seguem, mas se um amigo meu estiver tendo uma conversa com alguém que eu não sigo, eu verei essa conversa. A intenção é totalmente inócua: o Twitter está tentando não me inundar com conversas nas quais eu não estou interessado. Mas o resultado é que as conversas entre amigos meus (que tendem a ser parecidos comigo) ganham importância, enquanto as conversas que me apresentariam a novas ideias são obscurecidas.

É claro que a palavra *bom* não descreve todas as histórias que furam a bolha dos filtros e moldam a nossa visão sobre o mundo político. Eu, que sou uma pessoa de pensamento progressista e viciada em notícias políticas, recebo bastantes notícias sobre Sarah Palin e Glenn Beck. O intuito dessas notícias, entretanto, é bastante previsível: as pessoas as postam para sinalizar sua repulsa à retórica de Beck e Palin e para gerar um senso de solidariedade entre seus amigos, que supostamente pensam da mesma forma. Meus conceitos sobre o mundo dificilmente são abalados pelo que vejo no meu feed de notícias.

As histórias mais emotivas costumam ser as mais bem-sucedidas na bolha dos filtros. O estudo da Wharton School sobre a lista das notícias mais encaminhadas do *New York Times*, discutido no Capítulo 2, demonstrou que as matérias que despertavam sentimentos fortes – deslumbramento, ansiedade, raiva, alegria – eram compartilhadas com muito mais frequência. Enquanto a televisão nos traz um "mundo mau", a bolha dos filtros nos traz um "mundo emotivo".

Um dos efeitos colaterais preocupantes da síndrome do mundo bom é o desaparecimento de alguns importantes problemas públicos. Pouca gente busca informações sobre pessoas sem teto, ou as compartilha. Em geral, problemas ásperos, complexos e que demandem tempo – ou seja, boa parte das questões realmente importantes – não costumam prosperar na internet. No passado, confiávamos em editores humanos, que traziam esses problemas cruciais à tona, mas a influência desses profissionais é cada vez menor.

Nem mesmo a propaganda é um método infalível para alertar as pessoas sobre problemas públicos, como descobriu o grupo ambientalista Oceana em 2004. Nesse ano, o Oceana estava empenhado numa campanha para que a empresa de navios Royal Caribbean deixasse de despejar seu esgoto sem tratamento no oceano; como parte da campanha, o grupo publicou um anúncio no Google que dizia "Ajude-nos a proteger os oceanos do mundo. Junte-se à luta!". Depois de dois dias, o Google bloqueou os anúncios, devido à "linguagem contrária à indústria dos cruzeiros" que violava suas diretrizes gerais de etiqueta. Aparentemente, anunciantes que envolviam grandes empresas em questões de interesse público não eram bem-vindos.

A bolha dos filtros frequentemente bloqueia questões sociais importantes, porém complexas ou desagradáveis, tornando-as invisíveis. E essas questões não são as únicas que desaparecem. Cada vez mais, todo o processo político tende a desaparecer.

A campanha invisível

Quando George W. Bush recebeu muito menos votos na eleição de 2000 do que previsto por Karl Rove, seu diretor de campanha, Rove iniciou uma série de experimentos de mídia microdirecionada na Geórgia – ele examinou uma ampla gama de dados sobre consumidores ("você prefere cerveja ou vinho?") para tentar prever o comportamento eleitoral e identificar os eleitores mais fáceis de persuadir, que pudessem ser facilmente motivados a comparecer para votar (nos Estados Unidos, o voto não é obrigatório). Embora seus achados ainda sejam secretos, diz a lenda que os métodos descobertos por Rove estiveram no âmago da estratégia bem-sucedida adotada pelo Partido Republicano para angariar votos em 2002 e 2004.

Pela esquerda, a Catalist, uma empresa formada por antigos programadores da Amazon, criou um banco de dados com centenas de milhões de perfis de eleitores. Grupos ativistas (entre eles o MoveOn) podem consultar esse banco de dados, pagando uma taxa, para saber em que portas devem bater e a quem devem direcionar sua publicidade. E isso é apenas o começo. Numa carta aos seus colegas progressistas, Mark Steitz, um dos principais gurus da informação do Partido Democrata, escreveu que "O direcionamento muitas vezes remonta a uma metáfora do bombardeio – mensagens sendo lançadas de aviões. Entretanto, as melhores ferramentas de dados nos ajudam a construir relações com base nos contatos observados com as pessoas. Alguém descobre que uma pessoa está interessada em educação; nós então trazemos mais informações sobre educação a essa pessoa e a outras iguais a ela. O mecanismo de recomendações da Amazon é o caminho a seguir." A tendência é clara: nos Estados Unidos, com seu sistema de colégios eleitorais, as campanhas tradicionalmente focaram muito mais recursos nos estados "em cima do muro"; agora, as campanhas estão passando a ser dirigidas aos eleitores "em cima do muro".

Considere a seguinte situação: estamos em 2016, e começou a briga pela presidência dos Estados Unidos. Mas será que começou mesmo?

Na verdade, depende de quem você é. Se os dados afirmarem que você vota com frequência e que, no passado, já votou nos dois lados do espectro político, a briga é violenta. Você se verá cercado de propagandas, telefonemas e convites de amigos. Se você vota de forma intermitente, receberá muitos incentivos para comparecer para votar.

Entretanto, digamos que você seja um americano médio, que geralmente vota nos candidatos de um mesmo partido. Para os analistas de dados do partido oposto, você não parece ser uma pessoa particularmente persuasível. E como você vota com bastante regularidade nas eleições presidenciais, também não será um alvo das campanhas de incentivo para comparecer a votar. Embora você vote por dever cívico, não está ativamente interessado em política. Está mais interessado em, por exemplo, futebol, robôs, na cura do câncer e nos acontecimentos da cidade em que mora. O seu feed de notícias personalizado reflete esses interesses, e não as notícias da última campanha presidencial.

Num mundo filtrado, em que os candidatos microdirecionam suas propagandas às poucas pessoas persuasíveis, você ficaria sabendo que a campanha eleitoral começou?

Mesmo que você visitasse um site que cubra a campanha para o público geral, seria difícil saber o que está acontecendo. Do que trata a campanha? Não existe uma mensagem geral, principal, pois os candidatos não se dirigem ao público geral. Em vez disso, o que existe é uma série de fragmentos de mensagens destinados a penetrar nos filtros personalizados.

O Google está se preparando para esse futuro. Já em 2010, a empresa criou uma "sala de guerra" que funcionava 24 horas por dia e era destinada à propaganda política, com o objetivo de eliminar certos anúncios rapidamente e ativar outros, até de madrugada, na véspera da eleição. O Yahoo está fazendo uma série de experimentos para descobrir como correlacionar a lista pública sobre quem votou em cada distrito eleitoral com os indicadores de cliques e o histórico on-line registrado pelo site. E empresas de agregação de dados como a Rapleaf, de São Francisco, estão tentando correlacionar informações sobre o gráfico social no Facebook com o comportamento eleitoral – seu objetivo é apresentar a melhor propaganda política para uma determinada pessoa, com base nas respostas de seus amigos.

O impulso de falar com os eleitores sobre coisas nas quais eles estão realmente interessados não é mau – seria ótimo se a mera menção da palavra *política* não fizesse tanta gente revirar os olhos. E a internet certamente libertou a energia coordenada de toda uma nova geração de ativistas – nunca foi tão fácil encontrarmos pessoas com paixões políticas semelhantes às nossas. No entanto, embora seja mais fácil do que nunca reunir um grupo de pessoas, o avanço da personalização faz com que todos os grupos tenham mais dificuldade em atingir um público mais amplo. De certa forma, a personalização representa uma ameaça à própria vida pública.

Como a melhor propaganda política está meia década atrasada em relação à propaganda comercial, a maior parte dessa mudança ainda está para chegar. No entanto, um dos primeiros efeitos políticos da bolha dos filtros seria fazer com que mais e mais pessoas se transformem em eleitores preocupados com um único tema. Assim como a mídia personalizada, a propaganda personalizada funciona nos dois sentidos: o fato de que eu tenha um Prius, um automóvel híbrido movido a eletricidade, pode fazer com que eu receba uma propaganda sobre a preservação do ambiente, mas o ato de ver a propaganda também me faz ter uma maior preocupação com a preservação do ambiente. E se uma campanha eleitoral conseguir determinar que essa é a questão com a qual eu serei persuadido com mais facilidade, por que a campanha se daria ao trabalho de me apresentar todas as demais questões?

Em teoria, a dinâmica de mercado continuará a funcionar como um estímulo para que as campanhas se dirijam aos eleitores que não costumam comparecer para votar. Porém, uma complicação adicional é o fato de que mais e mais empresas também estão permitindo que os usuários removam a publicidade de que não gostam. Afinal, para o Facebook e para o Google, a apresentação de propaganda com ideias e serviços de que não gostamos é um ponto negativo. Como as pessoas tendem a não gostar de anúncios que contêm mensagens com as quais não concordam, isso cria um espaço ainda menor para a persuasão. "Se um certo número de republicanos anti-Mitt Romney vir uma propaganda do candidato e clicar em 'ofensivo etc.'", escreve Vincent Harris, consultor político republicano, "eles poderiam bloquear a apresentação de TODOS os anúncios de Mitt Romney e destruir sua campanha eleitoral on-line independentemente da quantidade de dinheiro que ele tenha decidido gastar no Facebook". O ato de forçar os candidatos a encontrar maneiras mais palatáveis de apresentar suas ideias talvez resulte em anúncios mais bem pensados – mas também pode aumentar o custo desses anúncios, fazendo com que as campanhas fiquem caras demais e não consigam chegar ao outro lado.

O problema político mais sério criado pela bolha dos filtros é o fato de dificultar cada vez mais a discussão pública. Com o aumento do número de segmentos e mensagens, é cada vez mais difícil para a as campanhas registrar quem está dizendo o que para quem. Em comparação, a TV é ridiculamente fácil de monitorar – basta gravar os anúncios da oposição em cada região. Mas como uma campanha pode saber o que seu adversário está dizendo se a propaganda é direcionada unicamente a homens brancos judeus entre 28 e 34 anos que afirmaram gostar do U2 no Facebook e fizeram uma doação para a campanha de Barack Obama?

Em 2010, quando um grupo político conservador chamado Americanos pela Segurança no Emprego publicou anúncios acusando falsamente o deputado Pete Hoekstra de se recusar a assinar um compromisso de não criar novos impostos, ele teve a possibilidade de apresentar aos canais de TV o compromisso assinado, fazendo com que os anúncios que o acusavam fossem retirados do ar. Não é uma maravilha termos donos de canais de televisão como os únicos juízes da verdade – eu mesmo passei bastante tempo discutindo com eles –, mas é melhor termos algum árbitro para a verdade do que nenhum. Não sabemos ao certo se empresas como o Google possuem os recursos ou o interesse de atuar como árbitros da verdade nas centenas de milhares de anúncios diferentes que serão publicados em seus sites nos próximos ciclos eleitorais.

Com o aumento do direcionamento pessoal na propaganda política, as campanhas terão mais dificuldade em responder e verificar fatos apresentados pela campanha oposta, e os jornalistas também. Talvez vejamos um ambiente no qual os anúncios mais importantes não são facilmente acessíveis a jornalistas e blogueiros – para as campanhas, é bastante fácil excluí-los de seu direcionamento, e é bastante difícil para os repórteres fabricar o perfil de um verdadeiro eleitor indeciso. (Uma solução simples para esse problema seria simplesmente exigir que as campanhas revelassem imediatamente todo o seu material de propaganda on-line e explicassem a quem cada anúncio está direcionado. No momento atual, apenas parte do material de propaganda é revelado, e o público-alvo é secreto.)

Não estou dizendo que a propaganda política na TV seja excelente. Em sua maioria, é estridente, desagradável e pouco atraente. Se pudessem, as pessoas em geral simplesmente a ignorariam. Ainda assim, na era da imprensa tradicional, essa propaganda ao menos tinha três funções úteis. Em primeiro lugar, lembrava às pessoas de que existe uma eleição. Além disso, apresentava todos os candidatos envolvidos, os temas de suas campanhas, seus argumentos: os parâmetros do debate. Por último, servia como base de um diálogo comum sobre as decisões políticas que teríamos que tomar – dava-nos algo sobre o que conversar na fila do supermercado.

Com todos os seus defeitos, as campanhas políticas são um dos principais espaços em que debatemos nossas ideias sobre o país. Os Estados Unidos condenam a tortura? Somos um país de darwinistas sociais ou de seguridade social? Quem são nossos heróis, quem são nossos vilões? Na era da imprensa tradicional, as campanhas ajudavam a delinear as respostas para essas perguntas. Mas é possível que logo deixem de cumprir essa função.

Fragmentação

O objetivo do marketing político moderno, afirma J. Walker Smith, especialista em tendências de consumo, numa entrevista a Bill Bishop publicada no livro *The Big Sort*, é "conquistar a fidelidade do consumidor – em termos de marketing, impulsionar o valor médio das transações ou aumentar a probabilidade de que um republicano filiado ao partido compareça para votar e vote em candidatos republicanos. Essa é uma filosofia de mercado aplicada à política que, em minha opinião, é extremamente perigosa, pois não tenta formar consenso, não tenta fazer com que as pessoas pensem no bem maior."

Em parte, essa forma de encarar a política está crescendo pelo mesmo motivo que a bolha dos filtros: campanhas personalizadas geram um maior retorno político sobre o investimento. É também o resultado natural de uma mudança bem documentada no modo como as populações de países industrializados pensam a respeito do que é importante. Quando as pessoas não precisam mais se preocupar em atender às suas necessidades básicas, preocupam-se muito mais em ter produtos e líderes que representem o que elas são.

O professor Ron Inglehart chama essa tendência de pós-materialismo – segundo Inglehart, esse é o resultado da premissa básica de que "damos mais valor subjetivo às coisas escassas". Em pesquisas realizadas ao longo de 40 anos em 80 países, foi demonstrado que pessoas criadas num meio afluente – sem nunca precisarem se preocupar com sua sobrevivência física – se comportam de maneiras marcadamente diferentes que as de seus pais esfomeados. "Podemos até especificar", escreve Inglehart em *Modernization and Postmodernization* ("Modernização e pós-modernização"), "com margem de acertos muito melhor do que a do acaso, que questões provavelmente serão mais salientes na política dos respectivos tipos de sociedade."

Embora ainda existam diferenças consideráveis de país a país, os pós-materialistas compartilham algumas características importantes. São menos reverentes a autoridades e a instituições tradicionais – o apelo de um líder forte e autoritário parece estar conectado a um temor básico pela sobrevivência. São mais tolerantes às diferenças: um gráfico especialmente marcante mostra uma forte correlação entre a satisfação das pessoas com seu nível de vida e o quanto elas se sentem confortáveis em ter um vizinho gay. E se as gerações anteriores enfatizavam as conquistas financeiras e a ordem, os pós-materialistas valorizam a autoexpressão e o "seja você mesmo".

Pode parecer confuso, mas o pós-materialismo não significa anticonsumismo. Na verdade, o fenômeno está na base da atual cultura de consumo: se antigamente comprávamos coisas porque precisávamos delas para sobreviver, atualmente compramos como uma forma de autoexpressão. E a mesma dinâmica vale para a liderança política: os eleitores cada vez mais avaliam os candidatos segundo o modo como representam uma versão aspirada de si mesmos.

O resultado é aquilo que os marqueteiros chamam de fragmentação de marcas. Quando as marcam serviam fundamentalmente para validar a qualidade de um produto – "o sabonete Dove é puro e feito com os melhores ingredientes" –, os comerciais davam mais ênfase à proposta de valor básica. No entanto, quando as marcas se tornaram veículos para expressar a identidade, precisaram se dirigir de forma mais íntima a diferentes grupos de pessoas que desejavam expressar identidades divergentes: e assim, começaram a se fragmentar. É por isso que, para compreender os desafios enfrentados por Barack Obama, podemos examinar o que aconteceu com a cerveja Pabst Blue Ribbon.

No início do século XXI, a Pabst estava enfrentando dificuldades financeiras. A cerveja tinha atingido seu limite máximo de vendas entre a população rural branca que formava o núcleo de sua base de consumidores e vendia menos de um milhão de barris ao ano, em comparação com os 20 milhões que vendera em 1970. Se a Pabst quisesse vender mais cerveja, teria de procurar clientes em outra parte, e Neal Stewart, gerente de marketing de nível médio, descobriu onde os encontrar. Stewart foi para Postland, em Oregon, onde as vendas da Pabst eram surpreendentemente altas e existia uma forte nostalgia pela cultura da população branca de classe baixa. Já que a Pabst não conseguia fazer as pessoas beberem sua cerveja aguada com sinceridade, pensou Stewart, talvez conseguisse fazer com que a bebessem ironicamente. A Pabst começou a patrocinar eventos moderninhos de jovens *hipsters* – aberturas de galerias, corridas de entregadores ciclistas, campeonatos de *snowboarding* e coisas assim. Em menos de um ano, as vendas aumentaram bastante – e é por isso que, se você entrar num bar em certos bairros do Brooklyn, terá mais chance de encontrar a Pabst do que outras cervejas baratas americanas.

Essa não foi a única forma de reinvenção adotada pela Pabst. Na China, onde é comercializada como "uma bebida famosa em todo o mundo", a Pabst conseguiu se transformar numa bebida de luxo para a elite cosmopolita. A propaganda a compara "ao uísque escocês, ao *brandy* francês, ao vinho de Bordeaux" e a apresenta numa fina taça de champanhe sobre um barril de madeira. Cada garrafa vale uns 44 dólares.O interessante na história da Pabst é o fato de não se tratar de um processo típico de reinvenção de marca, no qual um produto destinado a um grupo é "reposicionado" para atrair outro. Muitos homens brancos de classe baixa ainda bebem a

Pabst com sinceridade, como uma afirmação da cultura rural. Os *hipsters* urbanos a bebem com um toque de ironia. E *yuppies* chineses endinheirados a bebem como um substituto do champanhe e como um símbolo do consumo ostensivo. A mesma bebida significa coisas muito diferentes para pessoas diferentes.

Movidas pela força centrífuga de diversos segmentos de marketing – cada um deles em busca de produtos que representem sua identidade –, as lideranças políticas estão se fragmentando da mesma forma que a Pabst. Muito já foi dito sobre o estilo político camaleônico de Barack Obama. "Eu sirvo como uma tela em branco", declarou o presidente em *The Audacity of Hope* ("A audácia da esperança"), em 2006, "na qual pessoas de posições políticas amplamente diferentes projetam suas próprias visões." Em parte, isso se deve à versatilidade política intrínseca de Obama. Mas é também uma vantagem na era da fragmentação.

(É preciso dizer que a internet também pode facilitar a consolidação, como aprendeu Obama após seu comentário sobre pessoas "aferroadas a armas e à religião", feito a seus doadores de campanha em São Francisco, que foi noticiado pelo site *Huffington Post* e se tornou um dos pontos fundamentais da campanha contra ele. Da mesma forma, *hipsters* de Nova York que lerem os blogs certos aprenderão sobre a estratégia de marketing da Pabst na China. Mas embora isso torne a fragmentação um processo mais perigoso e questione sua autenticidade, não modifica fundamentalmente o cálculo. Apenas reafirma o imperativo de direcionar corretamente.)

O lado negativo da fragmentação, como aprendeu Obama, é o fato de ser mais difícil de controlar. Atuar de forma diferente diante de eleitorados diferentes não é uma prática nova – na verdade, provavelmente é tão velha quanto a própria política. No entanto, a sobreposição – o conteúdo que permanece inalterado diante de todos os eleitorados diferentes – está diminuindo drasticamente. Podemos defender muitas pessoas diferentes ou defender alguma causa específica, mas fazer os dois ao mesmo tempo é cada vez mais difícil.

A personalização é ao mesmo tempo causa e efeito do processo de fragmentação de marcas. A bolha dos filtros não seria tão atraente se não mexesse com nosso desejo pós-material de maximizar a autoexpressão. Porém, uma vez que nos encontramos dentro dela, o processo de criar a correspondência entre quem somos e os fluxos de conteúdo aos quais temos acesso pode levar à erosão da experiência comum, distendendo a liderança política até o ponto de ruptura.

Discurso e democracia

O lado positivo da política pós-material é que, à medida que os países ficam mais ricos, provavelmente se tornam mais tolerantes, e seus cidadãos, mais autoexpressivos. Mas isso também tem um lado obscuro. Ted Nordhaus, estudante de Inglehart dedicado à questão do pós-materialismo no movimento ambientalista, disse-me que "a sombra que acompanha o pós-materialismo é um profundo autoenvolvimento … perdemos toda a perspectiva sobre os feitos coletivos que possibilitaram a vida extraordinária que vivemos hoje". Num mundo pós-material no qual a nossa principal missão é expressar a nós mesmos, a infraestrutura pública que dá apoio a esse tipo de expressão desaparece de cena. Ainda assim, embora possamos perder de vista os problemas comuns, eles não nos perdem de vista.

Quando eu era criança, o vilarejo de Lincolnville, no Maine, de novecentos habitantes, realizava assembleias de eleitores algumas vezes por ano. Essa foi a minha primeira impressão da democracia. Umas poucas centenas de moradores apinhados no auditório ou no porão da escola local para discutir as reformas a ser feitas na escola, os limites de velocidade, o planejamento urbano e as licenças de caça. No corredor entre as fileiras de cadeiras dobráveis de metal havia um microfone, diante do qual as pessoas faziam fila para dar sua palavra.

Estava longe de ser um sistema perfeito: alguns oradores não largavam o microfone; outros eram vaiados pela plateia. Mas aquilo dava a todos nós uma ideia dos tipos de pessoa que formavam a comunidade, uma ideia que não poderíamos obter em nenhuma outra parte. Se a discussão fosse sobre o estímulo à chegada de novos negócios na zona costeira, ouviríamos a opinião dos endinheirados que vinham passar as férias de verão na cidade e gostavam da tranquilidade do local, dos *hippies* defensores da natureza, com seus sentimentos antidesenvolvimento, e das famílias que tinham vivido numa situação de pobreza rural durante gerações e que viam a chegada de novos empreendimentos como uma possibilidade de subir seu nível de vida. A conversa avançava e retrocedia, às vezes se direcionava ao consenso, às vezes se fragmentava em debates, mas geralmente terminava com uma decisão sobre o que fazer a seguir.

Sempre gostei do funcionamento dessas assembleias. Mas só compreendi inteiramente o que elas realizavam quando li *On Dialogue*.

David Bohm teve origens humildes – seus pais, judeus vindos da Hungria e da Lituânia, tinham uma loja de móveis em Wilkes-Barre, na Pensilvânia. Mas quando ele chegou à Universidade da Califórnia-Berkeley, logo se integrou a um pequeno grupo de físicos teóricos dirigidos por Robert Oppenheimer, envolvidos na corrida para construir a bomba atômica. Quando morreu, em outubro de 1992 aos 72 anos, muitos dos colegas de Bohm o descreveram como um dos grandes físicos do século XX.

A matemática quântica era a vocação de Bohm, mas ele também dedicava boa parte de seu tempo a outra questão. Ele estava preocupado com os problemas criados pela civilização avançada, especialmente a possibilidade de uma guerra nuclear. "A tecnologia continua a avançar com um poder cada vez maior, para o bem ou para a destruição", escreveu. "Qual é a origem de todos esses problemas? Para mim, a origem se encontra essencialmente no pensamento." Para Bohm, a solução era clara: o diálogo. Em 1992, foi publicado um de seus textos definitivos sobre o tema.

Comunicar, ele observou, significa literalmente tornar algo comum. E embora esse processo às vezes se refira apenas à partilha de uma informação com um grupo, geralmente o que ocorre é que o grupo se reúne para criar um novo significado comum. "No diálogo", continua, "as pessoas são participantes de um acervo de significado comum."

Bohm não foi o primeiro teórico a vislumbrar o potencial democrático do diálogo. Jurgen Habermas, o pai da teoria da comunicação durante boa parte do século XX, tinha um ponto de vista semelhante. Para ambos, o diálogo era especial porque permitia que um grupo de pessoas criasse sua cultura democraticamente e calibrasse suas ideias no mundo. De certa forma, uma democracia funcional não seria possível sem o diálogo.

Bohm via mais uma razão para a utilidade do diálogo: o processo dava às pessoas uma maneira de vislumbrar um sistema complexo por inteiro, incluídas as partes das quais não participavam diretamente. A nossa tendência, afirma Bohm, é separar e fragmentar as ideias e conversas em pedaços que não têm relação com o todo. Ele usava o exemplo de um relógio despedaçado: diferentemente das partes que antes formavam o relógio, as partes separadas não têm nenhuma relação com o relógio como um todo. São apenas pedacinhos de vidro e metal.

Essa é a qualidade que fazia das assembleias em Lincolnville algo tão especial. Mesmo que o grupo nem sempre concordasse com a direção a seguir, o processo ajudava a criar um mapa comum do terreno. As partes compreendiam sua relação com o todo. E isso, por sua vez, possibilitava a governança democrática.

As assembleias tinham outros benefícios: equipavam-nos para lidar com mais facilidade com os problemas que surgissem. Na ciência do mapeamento social, uma comunidade é definida como um conjunto de nós densamente interconectados – meus amigos formam uma comunidade se, além de todos me conhecerem, também tiverem relações independentes uns com os outros. A comunicação gera uma comunidade mais forte.

Em última análise, a democracia só funciona se os cidadãos forem capazes de pensar além de seu interesse próprio limitado. No entanto, para isso precisamos de uma imagem comum do mundo que coabitamos. Precisamos entrar em contato com a vida de outras pessoas, seus desejos e necessidades. A bolha dos filtros nos move na direção oposta – cria a impressão de que nosso interesse próprio é tudo que existe. E embora isso seja ótimo quando o objetivo é vender produtos on-line, não ajuda as pessoas a tomar melhores decisões juntas.

"A principal dificuldade" da democracia, observou John Dewey, "é encontrar uma forma pela qual um público espalhado, móvel e variado consiga se reconhecer de modo a definir e expressar seus interesses." Nos primeiros tempos da internet, esta era uma das grandes esperanças trazidas pelo novo meio: a possibilidade de, finalmente, termos um âmbito no qual cidades inteiras – e até países – conseguissem cocriar sua cultura através do discurso. A personalização nos trouxe algo muito diferente: uma esfera pública dividida e manipulada por algoritmos, estruturalmente fragmentada e hostil ao diálogo.

O que nos leva a uma importante pergunta: por que os engenheiros que criaram esses sistemas decidiram construí-los dessa maneira?

6. Olá, Mundo!

> SÓCRATES: E num navio, se houver um homem com o poder de fazer o que quiser, mas que não tenha inteligência nem habilidade de navegação [αρετης κυβερνητικης, *aretēs kybernētikēs*], já pensaste no que poderia lhe acontecer e aos seus companheiros?
>
> PLATÃO, *Primeiro Alcibíades*, primeiro uso conhecido da palavra "cibernética"

O PRIMEIRO FRAGMENTO DE CÓDIGO no livro de programação, aquilo que todo aspirante a programador aprende no primeiro dia. Na linguagem de programação C++, o aspecto é o seguinte:

```
void main()
{
cout << "Olá, Mundo!" <<
endl;
}
```

Embora o código varie de uma linguagem para a outra, o resultado é o mesmo: uma única linha de texto diante de uma tela em branco:

```
Olá, Mundo!
```

É a saudação de um deus à sua invenção – ou talvez a saudação de uma invenção ao seu deus. E isso nos enche de uma alegria elétrica – a corrente da criação, passando dos dedos para o teclado, para a máquina e de volta para o mundo. *Está vivo!*

Não é por coincidência que a carreira de todo programador começa com o "Olá, Mundo!". Esse poder de criar novos universos é o que costuma atrair as pessoas para a programação. Escreva algumas linhas, ou alguns milhares, aperte uma tecla e algo parece ganhar vida na sua tela – um novo espaço se abre, um novo motor começa a funcionar. Se você for inteligente, poderá criar e manipular qualquer coisa que imaginar.

"Nós somos como Deuses", escreveu o futurista Stewart Brand na capa de sua obra *Whole Earth Catalog* ("Catálogo do mundo inteiro") em 1968, "e talvez até fiquemos bons nisso." O catálogo de Brand, surgido do movimento hippie, era uma das obras preferidas da classe emergente de programadores e entusiastas da informática na Califórnia. Na visão de Brand, as ferramentas e a tecnologia transformavam as pessoas, que normalmente estavam à mercê de seus ambientes, em deuses capazes de controlá-los. E o computador era uma ferramenta capaz de se transformar em qualquer outra.

O impacto de Brand na cultura do Vale do Silício e dos geeks em geral foi gigantesco – embora ele próprio não fosse um programador, seu pensamento moldou a visão de mundo do Vale do Silício. Como explica detalhadamente Fred Turner no fascinante livro *From Counterculture to Cyberculture* ("Da contracultura à cibercultura"), Brand e seu grupo de futuristas adeptos do *faça-você-mesmo* eram hippies insatisfeitos – revolucionários sociais que não se identificavam com as comunas que estavam pipocando em São Francisco. Em vez de tentar construir um novo mundo através da mudança política – que envolvia as dificuldades de encontrar meios-termos e de tomar decisões em grupo –, eles decidiram construir um mundo novo por conta própria.

Em *Hackers*, livro pioneiro que conta a história do surgimento da cultura dos programadores, Steven Levy comenta que esse ideal se espalhava dos programadores para os usuários "sempre que um usuário ligava a máquina e a tela ganhava vida com palavras, pensamentos, imagens e, às vezes, elaborados mundos feitos de vento – aqueles programas de computador transformavam qualquer homem (ou mulher) num deus". (Nessa época, o termo *hacker* não tinha as conotações transgressoras e ilegais que adquiriu mais tarde.)

Esse impulso divino está na raiz de muitas profissões criativas: os artistas conjuram paisagens repletas de cores, os romancistas criam sociedades inteiras no papel. Mas sempre fica claro que essas obras são criações: uma pintura não responde a perguntas. Um programa pode fazê-lo, e a ilusão de que aquilo é "real" é poderosa. Eliza, um dos primeiros programas rudimentares de IA, foi programado com uma série de perguntas semelhantes às de um terapeuta e algumas pistas contextuais básicas. Mas os estudantes passavam horas conversando com o programa sobre seus problemas mais profundos: "Estou tendo dificuldades com a minha família", escrevia um estudante, e Eliza logo respondia, "Conte-me mais sobre a sua família".

Especialmente entre pessoas que vivem socialmente isoladas devido a manias estranhas, excesso de cérebro ou ambos, o impulso para a criação de mundos tem ao menos dois atrativos fortes. Quando a vida social é miserável ou opressora, o escapismo é uma resposta razoável – não é por coincidência que *role-playing games*, literatura de ficção científica ou fantasia e programação frequentemente andam juntas.

O universo infinitamente expansível do código traz um segundo benefício: poder completo sobre o ambiente. "Todos fantasiamos com a ideia de viver sem regras", diz Siva Vaidhyanathan. "Imaginamos o filme de Adam Sandler, no qual podemos andar por aí e tirar a roupa das pessoas. Quando não enxergamos a reciprocidade como uma das coisas belas e recompensadoras da vida humana, desejamos um lugar ou um modo de agir sem consequências." Quando as regras da vida social da escola parecem arbitrárias e opressoras, a ideia de criarmos nossas próprias regras tem um encanto muito forte.

Esse modo de pensar funciona muito bem desde que você seja o único habitante da sua criação. Entretanto, assim como o Deus do Gênese, os programadores logo se sentem sozinhos. Assim, criam portais para os mundos que construíram em casa, permitindo que outras pessoas entrem neles. E é aí que as coisas ficam complicadas: por um lado, quanto maior o número de habitantes no mundo que construímos, mais poder temos. Por outro, os cidadãos podem ficar arrogantes. "O programador quer criar algumas regras para um jogo ou para um sistema, e então deixá-lo correr sem nenhuma interferência", afirma Douglas Rushkoff, um ciberentusiasta pioneiro, transformado em ciberpragmatista. "Se o programa precisa de um auxiliar que o ajude a funcionar, não é um programa muito bom, não é mesmo? Ele deveria simplesmente funcionar."

Os programadores às vezes se sentem como deuses; às vezes até aspiram revolucionar a sociedade. Mas quase nunca querem ser políticos. "Enquanto a programação é tida como um âmbito transparente, neutro e altamente controlável... em que a produção resulta em gratificação imediata e em algo útil", observa a antropóloga Gabriella Coleman, da Universidade de Nova York, "os programadores tendem a enxergar a política como uma atividade cheia de bugs, mediada, maculada, carregada de ideologia e nem um pouco produtiva." É claro que esse modo de enxergar a situação tem seus méritos. Entretanto, se os programadores desprezarem a política completamente, estaremos diante de um problema – pois frente às disputas que surgem inevitavelmente quando as pessoas se relacionam, os mais poderosos são chamados a tomar decisões e a governar.

Porém, antes de examinarmos o modo como esse ponto cego afeta a nossa vida, vale a pena examinarmos a forma de pensar dos engenheiros de software.

O império da inteligência

Imagine que você é um estudante esperto do ensino médio e se encontre no lado mais baixo do totem social. Você vive alienado da autoridade adulta, porém, ao contrário de muitos adolescentes, também vive alienado da estrutura de poder dos seus colegas – uma existência que pode parecer muito solitária e periférica. Os sistemas e equações são intuitivos, as pessoas não – os sinais sociais são confusos e embaralhados, difíceis de interpretar.

Então você descobre o código. Você talvez não tenha nenhum poder na cantina da escola, mas o código lhe dá poder sobre um mundo infinitamente maleável e abre a porta para um sistema simbólico perfeitamente claro e ordenado. O desejo de lutar por posição e status desaparece. As vozes irritantes dos seus pais desaparecem. Existe apenas uma página em branco pronta para ser preenchida, uma oportunidade de construir um lugar melhor, um lar, desde o início.

Não é de surpreender que você seja um geek.

Isso não quer dizer que os geeks e engenheiros de software não tenham amigos, nem que sejam socialmente ineptos. Porém, existe uma promessa implícita na vida de um programador: familiariza-te com os sistemas simbólicos, aprende a compreender cuidadosamente as regras que os governam e ganharás o poder de manipulá-los. Quanto mais indefeso você se sentir, mais atraente parecerá essa promessa. "Hackear", escreve Steven Levy, "além de nos dar a compreensão do sistema, também nos dá um controle viciante, junto da ilusão de que o controle total está logo ao alcance das mãos."

Como comenta a antropóloga Coleman, para além dos estereótipos dos jovens atletas e nerds, existem na verdade muitas culturas diferentes de geeks. Existem os defensores do software livre, representados sobretudo por Linus Torvalds, o criador do Linux, que passou incontáveis horas colaborando com outros para construir ferramentas de software livre para as massas, e existem os empreendedores de empresas *start-up* do Vale do Silício. Existem os paladinos do antispam, que mobilizam grupos on-line para identificar e eliminar vendedores de Viagra. E também existe a ala mais antagonista: os spammers, os trolls, que passam seu tempo procurando maneiras de usar a tecnologia para se divertir à custa dos outros, os phreaks, animados pelo desafio de invadir sistemas de telecomunicações, e hackers que violam sistemas do governo só para provar que é possível.

As generalizações que atravessam esses diferentes nichos e comunidades correm o risco de se tornar estereótipos, e geralmente não cumprem um bom trabalho. No entanto, no âmago dessas subculturas existe um método comum de enxergar e exercer o poder no mundo, que influencia a forma e o motivo pelo qual é criado o software on-line.

O elemento comum é um foco na sistematização. Praticamente todas as culturas de geeks são estruturadas como um império da inteligência no qual reina a engenhosidade, e não o carisma. A eficiência intrínseca de uma criação é mais importante que seu aspecto. As culturas de geeks se interessam por dados e se baseiam na realidade, valorizando a substância mais que o estilo. O humor tem um papel proeminente – como comenta Coleman, as piadas demonstram uma capacidade de manipular a linguagem assim como uma solução elegante para um problema de programação demonstra o domínio sobre o código. (O fato de que o humor também sirva para desmascarar a ridícula piedade dos poderosos sem dúvida faz parte de seu encanto.)

A sistematização é especialmente atraente porque não dá poder apenas sobre a esfera virtual. Também pode servir como uma forma de compreender e navegar as situações sociais. Eu aprendi sobre isso em primeira mão aos dezessete anos quando, ainda um garoto desajeitado cercado de todas as armadilhas da experiência geek (os livros de fantasia, a introversão, a obsessão com o HTML e as BBSs), mudei-me para o outro lado do país para aceitar o trabalho errado.

Tomado de um pânico súbito no segundo ano do ensino médio, candidatei-me a todos os estágios que consegui encontrar. Um grupo, uma organização pelo desarmamento nuclear estabelecida em São Francisco, respondeu ao meu pedido, e, sem investigar melhor do que se tratava, eu me inscrevi. Só quando entrei no escritório percebi que eu havia me candidatado a ser um angariador de fundos. Naquele momento, eu não conseguia imaginar um trabalho mais inadequado para mim, mas como eu não tinha nenhuma outra perspectiva, decidi encarar o dia de treinamento.

A angariação de fundos, explicou o formador, era ao mesmo tempo uma ciência e uma arte. E as leis eram poderosas. Faça contato ocular. Explique por que a questão é importante para você. E depois de pedir o dinheiro, deixe a pessoa dizer a primeira coisa. Fiquei intrigado: pedir dinheiro às pessoas era assustador, mas aquela explicação indicava haver uma lógica oculta. Registrei as regras na minha memória.

Atravessei o primeiro jardim de uma casa em Palo Alto com o coração na boca. Ali estava eu, na porta de uma pessoa que nunca vira antes, pedindo cinquenta dólares. A porta se abriu e uma mulher estressada, de cabelo grisalho longo, espiou pela fresta. Respirei fundo e comecei o meu discurso. Pedi. Esperei. Ela fez que sim e foi buscar o talão de cheques.

A euforia que senti não foi pelos cinquenta dólares. Foi por algo maior – pela promessa de que o caos da vida social humana poderia ser reduzido a regras que eu conseguisse entender, acompanhar e dominar. Conversar com estranhos era algo que eu nunca havia feito com naturalidade – eu não sabia do que falar. Mas a lógica oculta de fazer com que alguém que eu nunca tinha visto antes me confiasse cinquenta dólares tinha que ser a ponta de um iceberg maior. Depois de um verão perambulando pelos jardins de Palo Alto e Marin, eu já era um angariador de alto nível.

A sistematização é um ótimo método para se construir um software funcional. E o método quantitativo e científico de observar a sociedade também revelou importantes fenômenos humanos. Dan Ariely pesquisa as decisões "previsivelmente irracionais" que tomamos diariamente; seus achados nos ajudam a tomar decisões melhores. O blog do OkCupid.com, um site de namoros movido pela matemática, identifica padrões nos e-mails trocados entre pessoas para fazer com que aprendam a se relacionar melhor (por exemplo, é melhor começar um e-mail com uma saudação mais informal).

No entanto, o método também pode ser levado longe demais, o que tem seus perigos. Como discuti no Capítulo 5, as ações mais humanas muitas vezes são as mais imprevisíveis. Como a sistematização funciona boa parte das vezes, é fácil acreditarmos que, ao reduzirmos e usarmos a força bruta para compreender algum sistema, podemos controlá-lo. Além disso, sendo os mestres de um universo autocriado, é fácil começarmos a enxergar as pessoas como meios para alcançarmos um objetivo, como variáveis a ser manipuladas numa planilha mental, em vez de seres humanos vivos e pensantes. É difícil sistematizar e ao mesmo tempo atender à plenitude da vida humana – sua imprevisibilidade, emotividade e esquisitices surpreendentes.

David Gelernter, cientista da computação da Universidade de Yale, quase não sobreviveu a uma encomenda explosiva enviada por Ted Kaczinski, o Unabomber; sua visão e mão direita sofreram danos permanentes. Mas Gelernter não é nem de longe o utopista tecnológico que Kaczinski acreditava que ele fosse.

"Quando fazemos algo na esfera pública", disse Gelernter a um repórter, "isso vem acompanhado do dever de sabermos algo sobre como é a esfera pública. Como foi que este país chegou a este ponto? Qual é a história da relação entre a tecnologia e o público? Qual é a história do intercâmbio político? O problema é que os hackers em geral não sabem de nada disso. E é por isso que eu me preocupo em ver gente assim dominando as políticas públicas. Não por serem pessoas más, apenas por não terem educação suficiente."

Ao compreendermos as regras que governam este mundo confuso e complexo, ele se torna inteligível e navegável. Mas a sistematização inevitavelmente envolve uma troca – as regras nos dão algum controle, mas perdemos as nuances e a textura, uma sensação de conexão mais profunda. E quando a sistematização estrita molda inteiramente o espaço social (como frequentemente ocorre on-line), o resultado nem sempre é muito bonito.

Os novos arquitetos

Os urbanistas já conhecem há muito tempo o poder político do design. Se estivermos em Long Island, em Nova York, e seguirmos pela Wantagh State Parkway, de Westbury até Jones Beach, de tempos em tempos passaremos por viadutos baixos, cobertos por trepadeiras. Alguns têm apenas três metros de altura. Caminhões não trafegam por essa avenida – eles não caberiam. Isso talvez pareça um erro de projeto, mas não é.

Existem cerca de duzentas pontes baixas como essa, que fazem parte do grande projeto promovido por Robert Moses para a região de Nova York. Moses era um mestre dos negócios, amigo de grandes políticos da época e um elitista inveterado. Segundo seu biógrafo, Robert A. Caro, Moses queria que Jones Beach servisse como um refúgio para famílias brancas de classe média. Ele projetou as pontes baixas para dificultar a chegada de nova-iorquinos de baixa renda (e sobretudo negros) à praia, pois os ônibus públicos – a forma mais comum de transporte dos residentes da parte pobre da cidade – não cabiam sob as pontes.

A descrição dessa lógica no livro de Caro, *The Power Broker*, chamou a atenção de Langdon Winner, um repórter da revista *Rolling Stone*, além de músico, professor e filósofo da tecnologia. Num importante artigo escrito em 1989 e intitulado "Os objetos têm uma política?", Winner considerou o modo como as "monumentais estruturas de concreto e aço" de Moses "incorporam uma desigualdade social sistemática, uma engenharia das relações entre as pessoas que, depois de algum tempo, se tornam apenas mais uma parte da paisagem".

À primeira vista, uma ponte é apenas uma ponte. Porém, como ressalta Winner, as decisões arquitetônicas e de design frequentemente se baseiam tanto na política como na estética. Tal qual os peixes dourados que crescem apenas o suficiente para caber no aquário em que se encontram, nós somos seres contextuais, e o nosso comportamento é ditado em parte pela forma do ambiente. Se colocarmos um parquinho infantil num parque, estimularemos um tipo de uso; se construirmos um monumento, estimularemos outro.

Agora que passamos mais e mais tempo no ciberespaço – e menos tempo naquilo que os geeks às vezes chamam de *meatspace*, o mundo offline de carne e osso –, convém ter em mente as pontes de Moses. Os algoritmos do Google e do Facebook podem não ser feitos de aço e concreto, mas regulam nosso comportamento com a mesma eficácia. Foi isso que Larry Lessig, professor de direito e um dos primeiros teóricos do ciberespaço, quis dizer com sua famosa declaração "o código é a lei".

Se o código é a lei, ela é escrita pelos engenheiros de software e geeks. E são leis estranhas, criadas sem nenhum sistema judicial ou legisladores e aplicadas de forma quase perfeita e instantânea. Apesar de haver leis antivandalismo no mundo real, ainda temos a possibilidade de atirar uma pedra na vitrine de uma loja se não gostarmos dela. Talvez até nos safemos. Mas se o vandalismo não fizer parte do design de um mundo on-line, será simplesmente impossível. Se tentarmos atirar uma pedra na vitrine de uma loja virtual, tudo o que obteremos será um erro.

Em 1980, Winner escreveu que, "consciente ou inconscientemente, intencional ou inadvertidamente, as sociedades escolhem estruturas tecnológicas que influenciam o modo como as pessoas irão trabalhar, se comunicar, viajar, consumir e assim por diante durante um longo período de tempo". Naturalmente, isso não quer dizer que os designers de hoje tenham impulsos malévolos – nem que estejam sempre tentando moldar explicitamente a sociedade de certa maneira. Quer dizer apenas que eles podem fazê-lo – na verdade, seu trabalho consiste em moldar os mundos que constroem.

Parafraseando Stan Lee, o criador do Homem-Aranha, grande poder traz grandes responsabilidades, mas os programadores que nos trouxeram a internet e, agora, a bolha dos filtros nem sempre estão a fim de assumir essas responsabilidades. O Hacker Jargon File, um centro on-line de cultura geek, descreve a coisa desta forma: "Os hackers têm uma tendência muito mais forte do que os não hackers a (a) ser agressivamente apolíticos ou (b) defender ideias políticas peculiares ou excêntricas". Com muita frequência, os executivos do Facebook, Google e outras empresas socialmente importantes se fazem de bobos: são os revolucionários sociais quando lhes convêm e empresários neutros e amorais quando não. E as duas posturas deixam muito a desejar.

Fazendo-se de bobos

Na primeira vez que telefonei para o departamento de RP do Google, expliquei que queria saber o que o Google pensava sobre seu enorme poder de curadoria. Qual é o código de ética, perguntei, que o Google utiliza para determinar o que mostrar para quem? O gerente de relações públicas no outro lado da linha pareceu confuso. "O senhor está se referindo à privacidade?". Não, respondi, eu queria saber o que o Google pensava de seu poder editorial. "Ah", respondeu ele, "estamos apenas tentando dar às pessoas as informações mais relevantes". De fato, ele pareceu dar a entender que não havia nenhuma ética envolvida no processo, e a ética nem era necessária.

Eu insisti: se um defensor de teorias da conspiração para os atentados do 11 de Setembro procurar "9/11", a função do Google é lhe mostrar o artigo da revista *Popular Mechanics* que desbanca sua teoria ou o filme que a defende? Qual dos dois era mais relevante? "Percebo aonde o senhor está querendo chegar", respondeu ele. "É uma pergunta interessante." Mas não cheguei a receber uma resposta clara.

Durante boa parte do tempo, como afirma o Jargon File, os programadores resistem à ideia de que seu trabalho tenha qualquer consequência moral ou política. Muitos engenheiros de software se veem como pessoas interessadas em eficiência e design, em construir coisas bacanas em vez de se envolver em disputas ideológicas e valores confusos. E é verdade que se, por exemplo, o desenvolvimento de um programa de vídeos on-line ligeiramente mais rápido tiver quaisquer consequências políticas, elas serão bastante obscuras.

Entretanto, essa atitude às vezes pode se aproximar de uma mentalidade do tipo "armas não matam pessoas, as pessoas é que matam" – uma cegueira intencional sobre o modo como as decisões de design afetam as vidas diárias de milhões de pessoas. Como, por exemplo, o fato de que o botão do Facebook chamado Curtir prioriza certos tipos de informação em detrimento de outros. Ou de que a mudança do Google do algoritmo PageRank – que tem o objetivo de mostrar o resultado do consenso social – a uma mistura de PageRank e personalização representa uma mudança no modo como o Google compreende a relevância e o significado.

Essa amoralidade seria mais do mesmo no mundo corporativo se não coincidisse com uma retórica ambiciosa, de pretensões revolucionárias, por parte das mesmas pessoas e entidades. A missão do Google, de organizar a informação do mundo e torná-la acessível a todos, traz uma clara conotação moral e até mesmo política – uma redistribuição democrática do conhecimento, das portas fechadas das elites para o povo. Os aparelhos da Apple são comercializados com a retórica da mudança social e a promessa de que irão revolucionar não só nossa vida, mas também a sociedade como um todo. (Um famoso anúncio transmitido durante o Super Bowl, divulgando o lançamento do computador Macintosh, terminava declarando que "1984 não será igual a *1984*".)

O Facebook se descreve como um "serviço público", como se fosse uma companhia telefônica do século XXI. Mas quando os usuários reclamam da política de privacidade sempre mutável e cada vez mais deteriorada do Facebook, Zuckerberg costuma fazer pouco caso, insinuando que se você não quiser usar o Facebook, não precisa usá-lo, ou então deverá assumir os riscos. É difícil imaginar uma grande companhia telefônica se safando com uma declaração do tipo, "nós vamos publicar as suas conversas telefônicas para quem as quiser ouvir – e se você não gostar, é só não usar o telefone".

O Google tende a ser mais explicitamente moral em suas observações públicas; seu lema é "não fazer o mal", enquanto o lema não oficial do Facebook é "não seja tosco". Ainda assim, os fundadores do Google também usam a carta de "saída livre da prisão" de vez em quando: "Alguns dizem que o Google é Deus. Outros dizem que o Google é o Demônio", afirma Sergey Brin. "Mas se acharem que o Google é poderoso demais, lembrem-se de que no caso de um mecanismo de busca, ao contrário de outras empresas, basta um único clique para passar a outro site de buscas. As pessoas procuram o Google por decisão própria. Nós não as enganamos."

Brin não deixa de ter razão: ninguém é forçado a usar o Google, assim como ninguém é forçado a comer no McDonald's. Mas também existe algo de preocupante nesse argumento, que minimiza a responsabilidade que ele poderia ter com os bilhões de usuários que dependem do serviço oferecido pelo Google e, em troca, geram os bilhões arrecadados pela empresa com publicidade.

Para tornar a situação ainda mais obscura, quando as repercussões sociais de seu trabalho se tornam preocupantes, os principais arquitetos do mundo on-line muitas vezes retornam a uma retórica de tecnodeterminismo, ao estilo da doutrina do Destino Manifesto. Os tecnólogos, afirma Siva Vaidhyanathan, raramente dizem que algo "poderia" ou "deveria" ocorrer – eles dizem que "vai" acontecer. "Os mecanismos de busca do futuro serão personalizados", afirma Marissa Mayer, vice-presidente do Google, usando a voz passiva.

Assim como alguns marxistas acreditavam que as condições econômicas de uma sociedade inevitavelmente a lançariam ao capitalismo e então na direção de um regime socialista mundial, é fácil encontrar programadores e tecnodeterministas que acreditam que a tecnologia está avançando numa direção definida. Sean Parker, cofundador do Napster e um dos primeiros presidentes do Facebook, conta à revista *Vanity Fair* que se sente atraído pelo mundo da programação porque é um modo de "rearquitetar a sociedade. A tecnologia, e não os negócios ou o governo, é a verdadeira força por trás das mudanças sociais em grande escala."

Kevin Kelly, editor fundador da revista *Wired*, talvez tenha escrito o livro mais ousado dentre os que articulam a visão tecnodeterminista, *What Technology Wants* ("O que a tecnologia quer"), no qual afirma que a tecnologia é um "sétimo reino da vida", uma espécie de metaorganismo com desejos e tendências próprios. Kelly acredita que o *technium*, como o chama, é mais poderoso do que qualquer ser humano. No fim das contas, a tecnologia – uma força que "quer" devorar o poder e expandir as escolhas – irá obter o que quer, queiramos nós ou não.

O tecnodeterminismo é atraente e conveniente para os empreendedores que ganharam poder em muito pouco tempo, pois os absolve da responsabilidade por aquilo que fazem. Assim como padres no altar, eles são apenas os vassalos de uma força muito maior à qual seria inútil resistir. Eles não precisam se preocupar com os defeitos dos sistemas que criaram. Mas a tecnologia *não* resolve todos os problemas por conta própria. Se o fizesse, não teríamos milhões de pessoas morrendo de fome num mundo superabastecido de comida.

Não é de surpreender que empreendedores do software sejam incoerentes sobre suas responsabilidades sociais e políticas. Boa parte dessa tensão certamente surge do fato de que a natureza das empresas on-line consiste em crescer o mais rápido possível. Uma vez que uma pessoa está a caminho de grande sucesso e riqueza – muitas vezes quando ainda é um programador muito jovem –, ela simplesmente não tem muito tempo para pensar nisso tudo em profundidade. E a pressão dos capitalistas de risco respirando em seu pescoço para "monetizar" nem sempre oferece muito espaço para meditar sobre a responsabilidade social.

O castelo de areia de 50 bilhões de dólares

Uma vez por ano, a incubadora de empresas Y Combinator realiza uma conferência de um dia chamada Startup School, na qual empreendedores de tecnologia bem-sucedidos transmitem sua sabedoria à plateia de aspirantes, beneficiários de investimentos da Y Combinator que assistem a tudo com olhos maravilhados. O programa geralmente inclui muitos dos principais presidentes de empresas do Vale do Silício, e, em 2010, Mark Zuckerberg aparecia no topo da lista.

Zuckerberg estava de bom humor, vestindo uma camiseta preta e calça jeans e aproveitando aquela plateia, claramente amigável. Ainda assim, Jessica Livingston, sua entrevistadora, perguntou-lhe sobre *A rede social*, o filme que tornou seu nome conhecido por todos; nesse momento, toda uma gama de emoções cruzou o rosto de Zuckerberg. "É interessante notar o tipo de coisa que eles se esforçaram para acertar", começou Zuckerberg. "Tipo, todas as camisetas e casacos que eles incluíram naquele filme são uma camiseta ou casaco que eu realmente tenho."

O ponto no qual havia uma enorme discrepância entre a ficção e a realidade, disse Zuckerberg, era o modo como suas motivações eram retratadas. "Eles apresentam a questão como se, ao criar o Facebook ou construir alguma coisa, minha única motivação fosse pegar meninas ou entrar em algum tipo de instituição social. E a realidade, para quem me conhece, é que eu namoro a mesma menina desde antes de começar o Facebook. É tão longe da realidade... eles não conseguem entender a ideia de que alguém construa algo simplesmente porque gosta de construir coisas."

É perfeitamente possível que essa frase tenha sido apenas um inteligente ato de RP por parte do Facebook. E não há dúvidas de que o bilionário de 26 anos é motivado pela construção de um império. Mas o comentário me pareceu sincero: para programadores, assim como para artistas e artesãos, criar algo muitas vezes é uma recompensa em si mesma.

As falhas do Facebook e as visões equivocadas de seu fundador sobre a identidade não são o resultado de uma mentalidade antissocial ou vingativa. O mais provável é que sejam uma consequência natural da estranha situação criada por empresas *start-up* bem-sucedidas como o Facebook, na qual um rapaz de vinte e poucos anos se vê, em questão de cinco anos, em uma posição de grande autoridade sobre os afazeres de 50 milhões de seres humanos. Um belo dia você está construindo castelos de areia; no seguinte, o seu castelo vale 50 bilhões de dólares e o mundo inteiro quer um pedaço dele.

É verdade que existem personalidades muito piores no mundo dos negócios às quais poderíamos confiar o tecido de nossa vida social. Com sua reverência às regras, os geeks tendem a ser pessoas de princípios – pessoas que ponderam cuidadosamente as regras que estabelecem para si mesmas e então as seguem, atendo-se a elas apesar da pressão social. "Eles têm uma visão um tanto cética da autoridade", disse Terry Winograd, professor de Stanford, referindo-se a seus ex-alunos Page e Brin. "Se eles veem o mundo seguir numa direção e acreditam que deveria estar seguindo em outra, é mais provável que digam 'o resto do mundo está errado' do que 'talvez devêssemos reconsiderar nosso ponto de vista'."

Entretanto, as características que movem as melhores empresas *start-up* – agressividade, um toque de arrogância, um interesse pela construção de impérios e, é claro, brilhantes habilidades de sistematização – podem se tornar um pouco problemáticas quando a pessoa passa a governar o mundo. Assim como astros pop lançados para o palco global, os engenheiros de software nem sempre estão prontos ou dispostos a aceitar a enorme responsabilidade que passam a deter quando suas criações ganham vida. E não é raro encontrarmos programadores que desconfiam profundamente do poder nas mãos dos outros, mas que se enxergam como racionalistas supremos, imunes a seus efeitos.

É possível que esse poder seja grande demais para ser confiado a qualquer grupo pequeno e homogêneo de pessoas. Gigantes da mídia que começam sua carreira com um profundo compromisso com a verdade se transformam nos confidentes de presidentes e mudam de caráter; empresários que começam trabalhando em empreendimentos sociais se tornam pessoas mais preocupadas em gerar retorno aos acionistas. E uma consequência do sistema atual é que podemos acabar colocando muito poder nas mãos de pessoas cujas ideias políticas são bastante extravagantes e não muito bem desenvolvidas. Como Peter Thiel, um dos primeiros investidores e mentores de Zuckerberg.

Thiel possui coberturas em São Francisco e Nova York e uma McLaren prata com portas "asas de gaivota", o carro mais rápido do mundo. Ele também detém cerca de 5% do Facebook. Apesar de suas feições bonitas e um tanto infantis, Thiel frequentemente tem um ar taciturno. Ou talvez esteja sempre perdido em pensamento. Na adolescência, ele era um jogador de xadrez de alto nível, mas parou antes e se tornar um grande mestre. "Se for levado longe demais, o xadrez pode se transformar numa realidade alternativa na qual perdemos contato com o mundo real", disse a um entrevistador da revista *Fortune*. "A minha habilidade no xadrez estava praticamente no limite. Para ficar mais forte, teria de abrir mão de muitas coisas em outros domínios da vida." No ensino médio, Thiel lera *O Arquipélago Gulag*, de Solzhenitsyn, e a série *O Senhor dos Anéis* de J.R.R. Tolkien – visões do poder corrupto e totalitário. Na Universidade de Stanford, ele passou a publicar um jornal de orientação anarcocapitalista, o *Stanford*, para pregar o evangelho da liberdade.

Em 1998, Thiel cofundou a empresa que se tornaria a PayPal, que vendeu ao eBay por 1,5 bilhão de dólares em 2002. Hoje em dia, Thiel administra um fundo de *hedge* de muitos bilhões de dólares, o Clarium, e uma empresa de capital de risco, a Founder's Fund, que investe em empresas de software no Vale do Silício. Thiel fez algumas escolhas excelentes, lendárias – entre elas, o Facebook, do qual foi o primeiro investidor externo. (Também fez escolhas ruins – o Clarium perdeu bilhões nos últimos anos.) Entretanto, para Thiel, investir não é apenas um trabalho. É um hobby. "Ao iniciar um novo negócio na internet, um empreendedor pode criar um novo mundo", afirma Thiel. "A esperança da internet é que esses novos mundos gerem impacto e forcem mudanças na ordem política e social existente."

Seus comentários nos fazem pensar no tipo de mudança que Thiel gostaria de ver. Embora muitos bilionários sejam bastante circunspectos sobre suas posições políticas, Thiel tem sido bastante eloquente – e podemos dizer com segurança que há poucas posições mais incomuns do que as dele. "Peter quer acabar com a inevitabilidade da morte e dos impostos", disse Patri Friedman (neto de Milton), colaborador de Thiel durante algum tempo, à revista *Wired*. "Isso sim é sonhar alto!"

Num ensaio publicado no site do Cato Institute, uma organização anarcocapitalista, Thiel descreve a razão pela qual acredita que "a liberdade e a democracia já não são compatíveis". "Desde 1920", escreve, "o enorme aumento no número de beneficiários da seguridade social e a extensão do direito de voto às mulheres – dois grupos notoriamente difíceis para os anarcocapitalistas – transformaram a noção de 'democracia capitalista' numa contradição em termos." Ele descreve então suas esperanças para o futuro: exploração do espaço, "seasteading" – a construção de micropaíses móveis no oceano aberto – e o ciberespaço. Thiel tem despejado milhões em tecnologias para sequenciar genes e prolongar a vida. Ele também está se preparando para a Singularidade, o momento, dentro de algumas décadas, em que, segundo alguns futuristas, os seres humanos e as máquinas provavelmente irão se mesclar.

Numa entrevista, ele afirma que, caso a Singularidade ocorra, seria aconselhável estarmos do lado dos computadores: "Certamente esperamos que [um computador com inteligência artificial] seja amistoso com os seres humanos. Ao mesmo tempo, acho que ninguém gostaria de ser conhecido como um ser humano que é contra os computadores e que dedica sua vida a combatê-los."

Se tudo isso parece um tanto fantástico, Thiel não parece se preocupar. Ele está focado no longo prazo. "A tecnologia está no centro do que determinará o curso do século XXI", afirma. "A tecnologia tem aspectos excelentes e aspectos terríveis, e os seres humanos têm uma importante escolha a fazer na decisão sobre quais tecnologias devem ser fomentadas, e com quais devemos ser mais cuidadosos."

É claro que Peter Thiel tem o direito de defender suas próprias ideias, mas vale a pena prestarmos atenção nelas, pois são ideias que moldam cada vez mais o mundo em que vivemos. Existem apenas mais quatro pessoas no conselho executivo do Facebook além de Mark Zuckerberg; Thiel é uma delas, e Zuckerberg o descreve publicamente como um mentor. "Ele ajudou a moldar o que eu penso sobre o negócio", disse Zuckerberg numa entrevista à Bloomberg News em 2006. Como afirma Thiel, temos grandes decisões a tomar sobre a tecnologia. E como essas decisões deverão ser tomadas? "Tenho pouca esperança", afirma Thiel, "de que eleições possam melhorar a situação."

"Que jogo você está jogando?"

Evidentemente, nem todos os programadores e geeks compartilham as visões de Peter Thiel sobre a democracia e a liberdade – ele é uma exceção, sem dúvida. Craig Newmark, o fundador do Craigslist, um site gratuito, passa boa parte de seu tempo defendendo "valores geek", que incluem a caridade e o espírito público. Jimmy Wales e os editores da Wikipédia trabalham para tornar o conhecimento humano livre para todos. Os gigantes da filtragem também fazem grandes contribuições: o ideal democrático de uma cidadania iluminada e capacitada é bastante fortalecido pelo conjunto mais amplo de relações que o Facebook me permite gerir e as montanhas de artigos científicos e outras informações públicas de difícil acesso que o Google tem disseminado.

Entretanto, a comunidade de programadores pode fazer mais para fortalecer o espaço cívico da internet. E, para ter uma ideia do caminho a seguir, conversei com Scott Heiferman.

Heiferman, o fundador do MeetUp.com, é um homem de fala mansa, com sotaque da região Centro-Oeste dos Estados Unidos. Ele cresceu em Homewood, em Illinois, uma pequena cidade nos arredores de Chicago. Seus pais tinham uma loja de tintas.

Quando adolescente, Heiferman devorava material sobre Steve Jobs, deliciando-se com a história sobre o dia em que Jobs tentou atrair um executivo de alto escalão da Pepsi para sua empresa, perguntando-lhe se ele queria mudar o mundo ou vender água com açúcar. "Ao longo da minha vida", contou-me, "tive uma relação de amor e ódio com a propaganda".

No início da década de 1990, na Universidade de Iowa, Heiferman estudou engenharia e marketing, mas, durante a noite, produzia um programa de rádio chamado *Advertorial Infotainment*, no qual remixava e cortava anúncios para criar uma espécie de arte sonora. Ele publicava os programas on-line e incentivava os ouvintes a enviar anúncios para serem remixados; a atenção que ganhou com isso lhe rendeu seu primeiro emprego: gerir o site da Sony.com.

Depois de alguns anos trabalhando como o "pioneiro de marketing interativo" da Sony, Heiferman fundou a i-traffic, uma das primeiras grandes empresas de publicidade da rede. A i-traffic atraiu clientes como a Disney e a British Airways. Porém, embora a empresa estivesse crescendo rápido, Heiferman se sentia insatisfeito. O verso de seu cartão de visitas citava sua missão de conectar as pessoas com as marcas que elas adoravam, mas Heiferman duvidava cada vez mais de que esse era um empreendimento válido – no fim das contas, ele talvez estivesse vendendo água com açúcar. Heiferman abandonou a empresa em 2000.

Ele passou o resto do ano, e o início de 2001, num estado melancólico. "Eu tinha sinais do que poderíamos chamar de depressão", afirma. Quando ouviu as primeiras notícias dos ataques de 11 de setembro ao World Trade Center, Heiferman correu para a cobertura de seu edifício em Manhattan e assistiu, horrorizado. "Conversei com mais estranhos nos três dias que se seguiram", conta ele, "do que nos cinco anos anteriores vivendo em Nova York."

Pouco depois dos ataques, Heiferman leu num blog a postagem que mudou sua vida. O blogueiro dizia que os ataques, por mais horríveis que houvessem sido, talvez acabassem por reunir os americanos em sua vida cívica, e citava o best-seller *Bowling Alone*. Heiferman comprou um exemplar e o leu de cabo a rabo. "Fiquei fascinado", conta, "com a possibilidade de usar a tecnologia para reconstruir e fortalecer a comunidade." O MeetUp.com, um site que facilita os encontros cara a cara de grupos locais, foi sua resposta; atualmente, o MeetUp ajuda o encontro de 79.000 grupos locais. Existe o MeetUp de Artes Marciais em Orlando, o MeetUp de Espiritualidade Urbana em Barcelona e o MeetUp de Negros Solteiros em Houston. E Heiferman é um homem mais feliz.

"O que aprendi na indústria da publicidade", conta, "é que as pessoas podem passar muito tempo sem se perguntar em que deveriam aplicar seu talento. Estamos jogando e sabemos que o objetivo é ganhar. Mas que jogo você está jogando? O que estamos tentando otimizar? Se estivermos no jogo de tentar criar o aplicativo com o maior número de downloads, vamos criar o melhor aplicativo de peidos."

"Não precisamos de mais coisas", ele afirma. "As pessoas são mais mágicas do que os iPads! Os relacionamentos não são mídia. As amizades não são mídia. O amor não é mídia." Com seu jeito comedido, Heiferman começou a ficar animado.

Pregar a visão de Heiferman para a tecnologia – a ideia de que ela deveria servir para algo significativo que torne nossa vida mais plena e resolva os grandes problemas que enfrentamos – não é tão fácil quanto pode parecer. Além do MeetUp geral, Scott fundou o MeetUp de Tecnologia de Nova York, um grupo de 10 mil engenheiros de software que se reúnem todos os meses para apresentar novos sites. Num encontro recente, Scott fez um apelo apaixonado ao grupo reunido para se concentrar em resolver os problemas realmente importantes – educação, saúde, meio ambiente. Não foi muito bem-recebido – na verdade, acabou vaiado. "A atitude dos presentes era algo do tipo 'a gente só quer fazer coisas bacanas'", disse-me Scott mais tarde. "'Não venha me perturbar com política'."

Os tecnodeterministas gostam de sugerir que a tecnologia é inerentemente boa. Entretanto, apesar do que diz Kevin Kelly, a tecnologia não é mais benevolente do que um martelo ou uma chave de fenda. Só é boa quando as pessoas a usam para coisas boas e de boas maneiras. Melvin Kranzberg, professor universitário que estuda a história da tecnologia, deu a melhor descrição dessa situação quase trinta anos atrás, e sua afirmação é conhecida hoje como a Primeira Lei de Kranzberg: "A tecnologia não é nem boa nem má, nem neutra".

Para o bem ou para o mal, os programadores e engenheiros de software estão numa posição de grande poder para mudar o futuro da sociedade. Eles podem usar esse poder para ajudar a resolver os grandes problemas da nossa era – pobreza, educação, doenças – ou podem, como diz Heiferman, criar um excelente aplicativo de peidos. É claro que eles têm o direito de fazê-lo. No entanto, fazer jogo duplo – afirmar que sua empresa é tudo de bom quando lhe convém e que você é um mero vendedor de água com açúcar quando não convém – é hipocrisia.

Na verdade, criar uma cidadania informada e engajada – na qual as pessoas possuem as ferramentas que as ajudam a gerir não só sua vida, como também suas comunidades e sociedades – é um dos desafios mais interessantes e importantes da engenharia. Resolvê-lo exigirá grande habilidade técnica misturada à compreensão humanística – um verdadeiro feito. Precisamos de mais programadores que transcendam o famoso slogan do Google, "não fazer o mal". Precisamos de programadores que façam o bem.

E precisamos deles com urgência: como veremos no próximo capítulo, se a personalização continuar em sua trajetória atual, o futuro próximo poderá ser mais estranho e problemático do que imaginamos.

7. O que você quer, quer queira, quer não

> Sempre haverá muito o que computar nas questões detalhadas de milhões de pessoas empenhadas em seus complicados afazeres.
>
> VANNEVAR BUSH, pioneiro da computação, 1945

> Todos os dados coletados haviam chegado ao fim. Não havia mais nada a coletar. Mas todos os dados coletados ainda precisavam ser completamente correlacionados e reunidos em todas as associações possíveis.
>
> Do conto "A última pergunta", de Isaac Asimov

HÁ POUCO TEMPO, recebi um convite de amizade no Facebook de uma pessoa cujo nome não reconheci, uma moça de belas curvas, com olhos grandes e cílios longos. Ao clicar na figura para descobrir quem era (e, confesso, para dar uma olhada melhor), li seu perfil. Não dizia muito sobre ela, mas podia ser o perfil de alguém que eu conhecesse. Nós tínhamos alguns interesses semelhantes.

Olhei outra vez para os olhos. Pareciam um pouco grandes *demais*.

Na verdade, quando observei mais de perto, percebi que a imagem não era sequer uma fotografia – tinha sido criada por um programa gráfico 3-D. Aquela pessoa não existia. Essa moça atraente, minha nova possível amiga, era uma criação de software que perambulava de amigo em amigo recolhendo dados de usuários do Facebook. A própria lista de filmes e livros de que ela gostava parecia ter sido copiada das listas de seus "amigos".

Por falta de uma palavra melhor, vamos chamá-la de *advertar* – um avatar destinado à publicidade. À medida que a membrana da bolha dos filtros se torna mais grossa e de difícil penetração, os advertars poderiam se tornar uma poderosa estratégia adaptativa. Se eu só consumo notícias direcionadas a mim pelo código e por meus amigos, a melhor maneira de atrair a minha atenção talvez seja através de amigos feitos de código.

As tecnologias que favorecem a personalização só vão ficar mais fortes nos próximos anos. Os sensores que recolhem novos sinais pessoais e fluxos de dados estarão cada vez mais inseridos na vida cotidiana. As fazendas de servidores dos Googles e Amazons vão crescer, e os processadores dentro deles vão diminuir; esse poder computacional será usado para fazer palpites cada vez mais precisos sobre nossas preferências e até sobre nossa vida pessoal. Tecnologias personalizadas de "realidade aumentada" irão projetar uma camada extra sobre nossa experiência do mundo real, e não apenas do digital. Os próprios agentes inteligentes de Nicholas Negroponte talvez retornem. "Os mercados são forças poderosas", afirma Bill Joy, o lendário programador que cofundou a Sun Microsystems. "Eles nos levam a algum lugar com muita rapidez. E, se esse lugar não é aonde queremos ir, temos um problema."

Em 2002, o filme de ficção científica *Minority Report: A nova lei* mostrava anúncios holográficos personalizados que falavam com os pedestres enquanto eles caminhavam pela rua. Em Tóquio, o primeiro outdoor personalizado ao estilo do *Minority Report* foi instalado dentro da matriz da empresa NEC (embora, ao menos por agora, ainda não seja holográfico). O outdoor é movido pelo software PanelDirector da empresa, que examina o rosto dos transeuntes e os compara a um banco de dados de 10 mil fotografias armazenadas, adivinhando sua idade e sexo. Quando uma mulher jovem se coloca diante da tela, o outdoor responde instantaneamente, mostrando-lhe publicidade dirigida a ela. A IBM também está trabalhando num projeto semelhante; seu projeto de outdoors eletrônicos utiliza carteiras de identidade que podem ser lidas remotamente, saudando os transeuntes pelo nome.

Em *Reality Hunger*, um livro de ensaios composto inteiramente de fragmentos de textos e citações manipuladas, David Shields defende o crescente movimento de artistas que estão "rompendo pedaços cada vez maiores da 'realidade' para colocá-los em seu trabalho". Os exemplos de Shields são muito diversos e incluem *A bruxa de Blair*, *Borat* e *Curb Your Enthusiasm*; o caraoquê, *Behind the Music* e a TV aberta; *The Eminem Show* e *The Daily Show*, documentários e *mockumentaries* (falsos documentários). Essas obras, segundo Shields, constituem a arte mais vital desta época, parte de um novo estilo caracterizado por ser "intencionalmente despretensioso" e por "uma enturvação (a ponto de invisibilidade) de qualquer distinção entre a ficção e a não ficção: é a atração e o ofuscamento do real". A veracidade, segundo Shields, é o futuro da arte.

E com a tecnologia ocorre algo semelhante. O futuro da personalização – e da própria computação – é um estranho amálgama do real e do virtual. É um futuro no qual a cidade, nosso quarto e todos os espaços entre os dois possuem o que os pesquisadores chamam de "inteligência ambiental". É um futuro no qual o ambiente se modifica para se adequar às nossas preferências e até ao nosso humor. E é um futuro no qual os publicitários vão desenvolver maneiras cada vez mais poderosas de distorcer a realidade para conseguir que seus produtos sejam vistos.

Em outras palavras, os dias nos quais a bolha dos filtros desaparece quando nos afastamos do computador estão contados.

O robô com gaydar

O professor de direito Ryan Calo, da Universidade de Stanford, pensa muito em robôs, mas não passa muito tempo divagando sobre um futuro cheio de ciborgues e androides. Ele está mais interessado nos Roombas, os pequenos aspiradores de pó robóticos vendidos atualmente no mercado. Os donos de Roombas dão nomes a suas máquinas, como se fossem animais de estimação. Eles adoram ver esses aparelhinhos desajeitados percorrendo a casa. Os Roombas provocam uma resposta emocional, as pessoas até passam a se relacionar com eles. E nos próximos anos, um pequeno exército de bens de consumo eletrônicos se unirá a esses robôs.

A presença cada vez maior de máquinas de aspecto humano na vida cotidiana traz novos dilemas para as áreas de personalização e da privacidade. As emoções provocadas pela "humanidade", tanto no meio virtual (advertars) como na realidade (robôs humanoides), são poderosas. E quando as pessoas começam a se relacionar com máquinas como fazem com seres humanos, podem ser convencidas a revelar informações implícitas que jamais entregariam diretamente.

Em primeiro lugar, a presença de rostos humanoides modifica o comportamento, fazendo com que as pessoas se comportem mais como se estivessem em público. O experimento chinês com Jingjing e Chacha, os personagens da polícia na internet, é um exemplo disso. Por um lado, comenta Calo, as pessoas estão muito menos dispostas a fornecer informações privadas voluntariamente quando são interrogadas por um agente virtual, em comparação com as informações que fornecem quando simplesmente preenchem um formulário. Isso explica em parte por que a moda dos agentes inteligentes não prosperou na primeira tentativa: em muitos casos, é mais fácil fazer as pessoas partilharem informações pessoais se elas sentirem que estão num ambiente privado, inserindo informações numa máquina impessoal, do que se as estiverem partilhando com outras pessoas.

Por outro lado, quando Terence Burnham e Brian Hare, pesquisadores de Harvard, pediram a voluntários que jogassem um jogo no qual podiam decidir se doavam dinheiro ou não, uma imagem do simpático robô Kismet aumentou as doações em 30%. Agentes humanoides nos tornam mais reservados quanto aos detalhes íntimos das nossas vidas, pois nos fazem sentir como se estivéssemos realmente na presença de outras pessoas. Para idosos que vivem sozinhos, ou crianças num hospital, um amigo virtual ou robótico pode representar um grande alívio contra a solidão e o tédio.

Tudo isso é bom. Mas os agentes humanoides também têm muito poder para moldar nosso comportamento. "Computadores programados para ser educados, ou para detectar certas personalidades", escreve Calo, "causam efeitos profundos no nível de delicadeza, aceitação e outros comportamentos de pessoas em estudos científicos." E como esses robôs se relacionam com pessoas, podem obter informações implícitas que elas jamais desejariam divulgar. Um robô capaz de flertar, por exemplo, talvez consiga detectar pistas subconscientes – contato ocular, linguagem corporal – para identificar rapidamente os traços de personalidade de seus interlocutores.

O desafio, segundo Calo, está na dificuldade de lembrarmos que software e hardware humanoides não são nem um pouco humanos. Os advertars ou assistentes robóticos podem ter acesso a todo o conjunto de dados pessoais que existe on-line – podem saber mais sobre você, e com mais precisão, que o seu melhor amigo. E à medida que os perfis de persuasão e personalidade são aprimorados, os robôs adquirem capacidade cada vez mais detalhada de modificar o nosso comportamento.

O que nos leva de volta ao advertar. Num mundo carente de atenção, os sinais que parecem vivos, e especialmente os que parecem humanos, se destacam – nós estamos programados para lhes dar atenção. É muito mais fácil ignorar um outdoor do que uma pessoa atraente chamando nosso nome. Com isso, os publicitários talvez decidam investir em tecnologias que lhes permitam inserir anúncios humanos em espaços sociais. O próximo homem ou mulher atraente que lhe enviar uma solicitação de amizade no Facebook pode ser um anúncio de batatas fritas.

Como afirma Calo, "a evolução humana não preparou as pessoas para se adaptar à tecnologia do século XX. O cérebro humano evoluiu num mundo no qual somente os seres humanos apresentavam comportamento social complexo, num mundo no qual todos os objetos vistos eram objetos físicos reais." Agora, tudo isso está mudando.

O futuro já chegou

O futuro da personalização é movido por um cálculo econômico simples. Os sinais sobre nosso comportamento social e o poder computacional necessário para analisá-los estão se tornando cada vez mais baratos. E, com o colapso desses custos, surgem estranhas possibilidades.

Tomemos, por exemplo, o reconhecimento facial. Usando o Moris, um aplicativo do iPhone que custa 3 mil dólares, a polícia de Brockton, no

Massachusetts, pode tirar uma foto de um suspeito e verificar sua identidade e ficha criminal em segundos. Se marcarmos algumas fotos no Picasa, a ferramenta do Google para a edição de fotos, o software já é capaz de identificar quem é quem numa coleção de fotos. E segundo Eric Schmidt, o mesmo vale para o estoque de imagens do Google para toda a rede. "Se você nos der catorze imagens suas", disse ele a uma multidão de tecnólogos na Techonomy Conference de 2010, "nós conseguiremos encontrar outras imagens suas com precisão de 95%."

Entretanto, até o final de 2010, essa função ainda não estava disponível na pesquisa de imagens do Google. O site Face.com, uma empresa *start-up* israelense, talvez ofereça o serviço antes do gigante das buscas on-line. Não é todo dia que uma empresa desenvolve uma tecnologia extremamente útil, capaz de mudar o mundo, e então espera até que um concorrente a lance antes. Mas o Google tem boas razões para se preocupar: a capacidade de pesquisar por rosto destruirá muitas das ilusões que temos sobre a privacidade e o anonimato.

Muitos seremos pegos em flagrante. Nossos amigos e inimigos conseguirão encontrar facilmente as fotos que outras pessoas tiraram de nós – como se toda a internet tivesse sido marcada no Facebook. Mas isso é o de menos – eles também conseguirão encontrar fotos que outras pessoas tiraram de outras pessoas, nas quais nós estávamos passando ou fumando um cigarro ao fundo.

Depois que os dados tiverem sido calculados, o resto é fácil. Você quer procurar duas pessoas – por exemplo, o seu namorado e aquela estagiária excessivamente simpática com a qual você suspeita que ele esteja flertando, ou um empregado da sua empresa e o executivo que vem tentando levá-lo para a empresa concorrente? Fácil. Quer construir um gráfico social ao estilo do Facebook examinando quem aparece com mais frequência junto de quem? Moleza. Quer saber quais dos seus colegas de trabalho postaram perfis em sites de namoro anônimos – ou então, fotos de si mesmos em vários níveis de nudez? Quer saber como era a aparência do seu novo amigo nos tempos em que ele vivia doidão? Quer encontrar membros de grupos criminosos no Programa de Proteção de Testemunhas ou espiões camuflados? As possibilidades são quase ilimitadas.

É verdade que, para reconhecer caras corretamente, é necessário um enorme poder computacional. A ferramenta do Picasa é lenta. No meu laptop, leva minutos. Portanto, ao menos por enquanto, talvez seja algo caro demais para se fazer com precisão em toda a rede. Ainda assim, o reconhecimento facial segue a lei de Moore, uma das mais poderosas leis da computação: a cada ano, o custo do processamento cai pela metade – portanto, a cada ano será duas vezes mais barato fazê-lo. Mais cedo ou mais tarde, o reconhecimento facial em massa – talvez até em tempo real, o que permitiria o reconhecimento em câmeras de segurança ou vídeos – acabará por chegar.

O reconhecimento facial é especialmente importante porque irá criar uma espécie de descontinuidade da privacidade. Estamos acostumados a um semianonimato público – embora saibamos que podemos ser identificados numa discoteca ou na rua, é improvável que alguém nos reconheça. No entanto, quando as imagens de câmeras de segurança ou telefones celulares puderem ser pesquisadas por rosto, essa expectativa irá evanescer. As lojas com câmeras voltadas para a porta – e para os corredores – poderão observar precisamente por onde caminham clientes específicos, o que eles compram e como isso se correlaciona com os dados já coletados sobre eles por empresas como a Acxiom. E esse poderoso conjunto de dados – para onde vamos e o que fazemos, segundo os locais em que nosso rosto aparece no fluxo de bits – poderá ser usado para gerar experiências cada vez mais personalizadas.

E essa facilidade de rastreamento não se limitará às pessoas. O mesmo acontecerá com os objetos – aquilo que alguns pesquisadores estão chamando de "a internet das coisas".

Como disse uma vez William Gibson, autor de livros de ficção científica: "O futuro já chegou – só não está distribuído por igual." Ele surge em alguns lugares antes de outros. E um dos lugares em que esse aspecto do futuro surgiu primeiro, estranhamente, é o Parque de Diversões Coca-Cola Village, um *resort*, parque temático e evento de marketing que funciona durante o verão em Israel. Patrocinado pelo Facebook e pela Coca-Cola, os adolescentes que visitaram o parque no verão de 2010 receberam braceletes com um minúsculo circuito que lhes permitia Curtir objetos reais. Por exemplo, se um adolescente agitasse o bracelete na entrada da montanha-russa, a atualização de status postada em sua conta afirmaria que ele estava prestes a embarcar no brinquedo. Se ele tirasse uma foto com os amigos com uma câmera especial e agitasse o bracelete diante dela, a foto seria postada com sua identidade já marcada.

Em cada bracelete havia um chip de identificação por rádio frequência (RFID, na sigla em inglês). Os chips RFID não precisam de baterias, e só existe um modo de utilizá-los: chamada e resposta. Ao receber uma pequena corrente eletromagnética sem fio, o chip emite um código identificador único. Basta correlacionar o código com, por exemplo, uma conta no Facebook, e começa a brincadeira. Um único chip pode custar muito pouco, algo como sete centavos de dólar, e vai custar muito menos nos próximos anos.

De repente, as empresas ganharam a possibilidade de rastrear o percurso de cada objeto produzido em torno do planeta. Se um chip for afixado a uma autopeça, será possível observar a peça ao ser levada à fábrica de automóveis, ser montada num carro e então seguir para a concessionária e dali para a garagem de alguém. Já não existirão perdas de estoque, não será preciso fazer o *recall* de modelos inteiros de produtos devido a erros numa única fábrica.

Inversamente, com os chips RFID é possível fazer um inventário automático de todos os objetos que existem no interior de uma casa, e rastrear quais objetos estão em quais ambientes. Com sinal suficientemente forte, o RFID poderia ser uma solução permanente para o problema das chaves perdidas – levando-nos diretamente àquilo que Reihan Salam, colaborador da revista *Forbes*, chama de "a poderosa promessa de um mundo real que possa ser indexado e organizado de forma limpa e coerente, assim como o Google indexou e organizou a Rede".

Esse fenômeno é chamado inteligência ambiental. Baseia-se numa observação simples: os objetos que possuímos, o local onde os colocamos e o que fazemos com eles são, afinal, importantes sinais sobre o tipo de pessoa que somos e as preferências que temos. "Num futuro próximo", observa uma equipe de especialistas em inteligência ambiental liderada por David Wright, "todos os produtos manufaturados – as nossas roupas, dinheiro, eletrodomésticos, a tinta nas paredes, tapetes, carros, tudo – terão inteligência, redes de minúsculos sensores e ativadores, aquilo que alguns chamam de 'poeira inteligente'."

E existe um terceiro conjunto de sinais poderosos que está se tornando cada vez mais barato. Em 1990, custava cerca de dez dólares sequenciar um único par de bases – uma "letra" – do DNA. Em 1999, esse valor havia caído para 90 centavos. Em 2004, o sequenciamento cruzou o limiar de 1 centavo, e agora, enquanto escrevo em 2010, custa um décimo de milésimo de centavo. Quando este livro for publicado, sem dúvida custará exponencialmente menos. Em algum ponto em meados da década, o sequenciamento de qualquer genoma humano completo custará menos que um sanduíche.

Parece algo retirado do filme *Gattaca*, mas o incentivo para acrescentarmos esses dados aos nossos perfis será forte. Embora esteja cada vez mais claro que o DNA não determina tudo a nosso respeito – outros conjuntos de informação celular, hormônios e o ambiente têm grande influência –, certamente existem diversas correlações entre o material genético e o comportamento. Não estou falando apenas da capacidade de prever e prevenir futuros problemas de saúde com grande precisão – embora isso já seja razão suficiente para que muitos tenhamos interesse em realizar esse tipo de análise. A questão é que, reunindo os dados do DNA e dados comportamentais – como a informação sobre a localização do usuário de um iPhone ou o texto de uma atualização de status no Facebook –, um cientista arrojado poderia realizar análises de regressão estatística em toda uma sociedade.

Em todos esses dados existirão correlações que sequer conseguimos imaginar. Quando bem-ordenadas, tais informações gerarão um nível de precisão de filtragem difícil de imaginar – um mundo no qual praticamente toda a experiência objetiva será quantificada, captada e usada para nos dar informações sobre o ambiente. O maior desafio, de fato, será pensar nas perguntas certas a fazer diante desses enormes fluxos de algarismos binários. E cada vez mais, o código aprenderá a fazer ele próprio essas perguntas.

O fim da teoria

Em dezembro de 2010, os pesquisadores da Universidade de Harvard, do Google, da *Encyclopædia Britannica* e do dicionário *American Heritage* anunciaram os resultados de um trabalho conjunto realizado durante quatro anos. A equipe havia criado um banco de dados que continha o conteúdo completo de livros publicados ao longo de mais de quinhentos anos – 5,2 milhões de livros no total, em inglês, francês, chinês, alemão e outras línguas. Agora, qualquer pessoa que visite a página "N-Gram viewer" do Google poderá investigá-la e observar o modo como as expressões ganham e perdem popularidade com o tempo, desde o neologismo até o longo esquecimento. Para os pesquisadores, a ferramenta sugeria possibilidades ainda maiores – uma "abordagem quantitativa às ciências humanas", na qual as mudanças culturais poderiam ser mapeadas e medidas cientificamente.

Os primeiros achados já sugerem o quanto essa ferramenta pode ser poderosa. Examinando as referências a datas anteriores, a equipe descobriu que a "humanidade está esquecendo o seu passado mais rapidamente a cada ano que passa". Além disso, os pesquisadores defenderam a ideia de que a ferramenta poderia servir como "um método poderoso para identificar automaticamente a censura e a propaganda", revelando os países e línguas nos quais existe uma ausência estatisticamente anormal de certas ideias ou expressões. Leon Trotski, por exemplo, é citado muito menos em livros russos de meados do século XX que em livros ingleses e franceses da mesma época.

O projeto certamente será muito útil para pesquisadores e para o público curioso. Entretanto, prestar um serviço à academia provavelmente não foi a única motivação do Google. Você se lembra da declaração de Larry Page, sobre sua intenção de criar uma máquina "capaz de entender qualquer coisa", o que algumas pessoas poderiam chamar de inteligência artificial? Para o Google, a chave para criar a inteligência está nos dados, e os 5 milhões de livros digitalizados contêm uma enorme quantidade deles. Para que a inteligência artificial cresça, é preciso alimentá-la bem.

Para ter uma ideia de como isso funciona, considere o Google Translate, que já faz um trabalho razoável de tradução automática entre quase sessenta línguas. Se você pensa que o Translate foi criado a partir de um conjunto muito grande e sofisticado de dicionários de tradução, está enganado. Em vez disso, os programadores do Google utilizaram um método probabilístico: eles criaram um software capaz de identificar quais palavras tendem a aparecer conectadas a quais outras, e então procuraram grandes conjuntos de dados disponíveis em múltiplas línguas para treinar o software. Uma das maiores fontes de dados foi um conjunto de registros de patentes, que são úteis porque dizem sempre a mesma coisa, estão em domínio público e precisam ser registradas globalmente em muitas línguas diferentes. Tendo acesso a centenas de milhares de registros de patentes em inglês e francês, o Translate conseguiu determinar que quando a palavra *word* surge num documento em inglês, a palavra *mot* geralmente surge no documento correspondente em francês. E à medida que os usuários corrigem o trabalho do Translate, o programa traduz cada vez melhor.

O Google pretende utilizar o método do Translate para as línguas e aplicá-lo a praticamente tudo. Sergey Brin, o cofundador da empresa, expressou seu interesse em examinar dados genéticos. O Google Voice grava milhões de minutos de fala humana, que os programadores esperam utilizar para criar a próxima geração de programas de reconhecimento de voz. O Google Research já contém a maior parte dos artigos acadêmicos publicados em todo o mundo. E, naturalmente, os usuários do Google digitam milhões de pesquisas na máquina todos os dias, o que serve como mais um rico veio de informações culturais. Se você tivesse um plano secreto para sugar os dados de toda uma civilização e usá-los para criar inteligência artificial, não poderia fazer muito melhor do que isso.

Quando o protocérebro do Google ganhar em sofisticação, abrirá incríveis possibilidades. Pesquisadores na Indonésia já podem se beneficiar dos últimos artigos publicados na Universidade de Stanford (e vice-versa) sem ter que esperar atrasos de tradução. Dentro de alguns anos, talvez seja possível termos uma conversa telefônica traduzida automaticamente com alguém que esteja falando outra língua, o que abrirá canais inteiramente novos de comunicação e entendimento intercultural.

Entretanto, à medida que esses sistemas se tornam mais "inteligentes", também ficam mais difíceis seu controle e sua compreensão. Não podemos dizer que eles ganham vida própria – no fim das contas, ainda não passam de código. No entanto, atingem um nível de complexidade no qual nem mesmo seus programadores conseguem explicar perfeitamente cada um dos resultados gerados.

Isso já acontece, em certa medida, com o algoritmo de buscas do Google. O funcionamento do algoritmo é um tanto misterioso até para seus programadores. "Se eles revelassem a estrutura do mecanismo de busca", afirma o especialista Danny Sullivan, "nós ainda não a entenderíamos. O Google poderia nos revelar todos os duzentos sinais que utiliza e nos mostrar o código, e ainda não saberíamos o que fazer com aquilo." O software central do mecanismo de busca do Google contém centenas de milhares de linhas de código. Segundo um funcionário do Google com quem conversei, que tinha acesso à equipe responsável pelo mecanismo de buscas, "a equipe faz ajustes aqui e ali, não sabe muito bem o que funciona nem por que funciona, só examina o resultado".

O Google promete não ajustar os resultados para favorecer seus próprios produtos. Porém, quanto mais complexo e "inteligente" for o sistema, mais difícil será saber se isso é verdade. É difícil, se não impossível, identificar o ponto exato em que existem vieses ou erros num cérebro humano – existem neurônios e conexões demais para especificarmos um único pedaço de tecido defeituoso. E por dependermos cada vez mais de sistemas inteligentes como o do Google, sua opacidade poderá causar problemas reais – como o ainda misterioso "*flash crash*", causado por máquinas, que fez com que o índice Dow Jones caísse 600 pontos em alguns minutos no dia 6 de maio de 2010.

Num artigo provocador publicado na revista *Wired*, o editor-chefe Chris Anderson argumentou que os grandes bancos de dados tornam as próprias teorias científicas obsoletas. Por que passar tanto tempo formulando hipóteses em linguagem humana quando podemos rapidamente analisar trilhões de dados e encontrar os conglomerados e correlações? Ele cita

Peter Norvig, diretor de pesquisa do Google: "Todos os modelos estão errados, e cada vez mais podemos funcionar sem eles." Existe muito a ser dito sobre essa ideia, mas vale a pena lembrarmos seu lado negativo: as máquinas talvez consigam enxergar os resultados sem modelos, mas os seres humanos não são capazes de entendê-los sem eles. É importante compreendermos os processos que dirigem nossa vida – afinal, ao menos em teoria, nós somos seus beneficiários.

Danny Hillis, o inventor de supercomputadores, disse uma vez que a maior conquista da tecnologia humana é desenvolver ferramentas que nos permitem criar mais do que entendemos. Isso é verdade, mas essa mesma característica também está na origem dos maiores desastres. Quando o código que move a personalização fica mais parecido à complexidade da cognição humana, torna-se mais difícil entender por que ou como ele está tomando as decisões que toma. É fácil identificar um código simples que impede a pessoas de certo grupo ou classe social o acesso a certo conteúdo; mas, quando essa ação é o resultado de uma massa complexa de correlações num supercomputador global, temos um problema mais complicado. E o resultado é que, com isso, é mais difícil responsabilizar esses sistemas e seus criadores por suas ações.

Não existe almoço virtual grátis

Em janeiro de 2009, se você estivesse ouvindo uma das 25 estações de rádio do México, talvez tivesse ouvido um acordeão tocando a balada "El más grande enemigo". A música soa como uma polca alegre, mas a letra retrata uma tragédia: um imigrante tenta cruzar a fronteira ilegalmente, mas é traído pelo homem que organiza a travessia e abandonado para morrer sob o sol ardente do deserto. Outra música do álbum *Migra corridos* conta outro trecho da mesma história triste:

Para cruzar a fronteira
Entrei no fundo de um trailer

Onde contei minhas mágoas
A outros quarenta imigrantes
Jamais me disseram
Que era uma viagem para o inferno.

Se as letras não são extremamente sutis sobre os perigos de cruzar a fronteira, a ideia é justamente essa. *Migra corridos* foi produzido por uma empresa que trabalha para a Patrulha de Fronteiras dos Estados Unidos, como parte de uma campanha para reduzir a onda de imigrantes que tentam atravessar a fronteira. A música é um exemplo típico de uma tendência crescente naquilo que os marqueteiros chamam delicadamente de "mídia financiada pelo anunciante", ou MFA.

O marketing indireto, baseado na inserção de publicidade em meio ao conteúdo de programas ou filmes, já é usado há décadas, e a MFA é uma evolução natural. Os anunciantes adoram o marketing indireto porque, num ambiente midiático no qual é cada vez mais difícil fazer com que as pessoas prestem atenção em qualquer coisa – especialmente propaganda –, o método funciona como uma brecha. Não podemos pular o marketing indireto. Não podemos deixar de assisti-lo sem perder parte do conteúdo original. A MFA é apenas uma extensão natural dessa lógica: os meios de comunicação sempre foram veículos para a venda de produtos, diz o argumento, então por que não eliminar o intermediário e permitir que a indústria produza ela própria o conteúdo?

Em 2010, a Walmart e a Proctor & Gamble anunciaram uma parceria para produzir *Secrets of the Mountain* e *The Jensen Project*, filmes nos quais os personagens usarão os produtos das empresas o tempo todo. Michael Bay, o diretor de *Transformers*, abriu uma nova empresa chamada Institute, cujo *slogan é* "Onde a ciência das marcas encontra os grandes contadores de histórias". *João e Maria em 3-D*, sua primeira produção, trará marketing indireto ao longo da história.

Agora que a indústria dos videogames é muito mais lucrativa do que a do cinema, também serve como grande oportunidade para a publicidade e o marketing indireto no interior dos jogos. A Massive Incorporated, uma plataforma de publicidade em jogos adquirida pela Microsoft por um valor entre 200 e 400 milhões de dólares, tem incluído anúncios de empresas como a Cingular e o McDonald's em jogos, e consegue identificar quais usuários viram quais anúncios e por quanto tempo. O Splinter Cell, um jogo produzido pela UBIsoft, faz marketing indireto de produtos como o desodorante Axe na arquitetura das cidades pelas quais passeiam os personagens.

Nem mesmo os livros estão imunes. Em *Cathy's Book*, um título para o segmento jovem publicado em setembro de 2006, a heroína aplica "uma camada animal de batom Lipslicks". Não é coincidência – *Cathy's Book* foi publicado pela Proctor & Gamble, a empresa que produz o batom Lipslicks.

Se o marketing indireto e a mídia financiada pelo anunciante continuarem a crescer, a personalização trará muitas novas possibilidades. Por que falar do batom Lipslicks quando a leitora está muito mais inclinada a comprar o batom da Cover Girl? Num videogame, por que criar uma cena de perseguição dentro da loja Macy's quando o cara que está segurando o joystick é do tipo que compra roupas na Old Navy? Quando os engenheiros de software falam de arquitetura, geralmente o fazem metaforicamente. No entanto, como as pessoas passam cada vez mais tempo em locais virtuais e personalizáveis, não há razão para não modificar esses mundos para que se adequem às preferências dos usuários. Ou às de uma empresa.

Um mundo em mutação

Os ricos modelos psicológicos e novos fluxos de dados que medem tudo, desde os batimentos cardíacos até as preferências musicais, abrem novas fronteiras para a personalização on-line, onde o que muda não é apenas a escolha de produtos ou notícias, mas sim todo o aspecto do site no qual são apresentados.

Por que os sites *deveriam* ter o mesmo aspecto para todos os usuários ou clientes? Pessoas diferentes não respondem apenas a produtos diferentes – também respondem a diferentes sensibilidades de design, diferentes cores e até mesmo diferentes formas de descrever os produtos. É bastante fácil imaginarmos o site da Walmart com bordas arredondadas e tons pastel para alguns clientes e um design mais geométrico e minimalista para outros. E já que existe essa capacidade, por que usar apenas um design por cliente? Talvez seja melhor me mostrar um lado da marca Walmart quando estou irritado e outro quando estou contente.

Essas ideias não são uma fantasia futurista. Uma equipe liderada por John Hauser, na escola de business do MIT, desenvolveu as técnicas básicas daquilo que chamam de *metamorfose* de sites, na qual um site de compras analisa os cliques do usuário para descobrir que tipos de informação e estilos de apresentação são mais eficazes, ajustando então a aparência para se adaptar ao estilo cognitivo de cada usuário. Hauser estima que sites capazes de se metamorfosear aumentarão as "intenções de compra" em 21%. Se pensarmos na indústria como um todo, isso vale bilhões. E o que começa com a venda de produtos aos consumidores não para por aí: as fontes de notícias e entretenimento capazes de se metamorfosear também se beneficiarão.

Por um lado, essa metamorfose nos faz sentir mais confortáveis na rede. Utilizando os dados que oferecemos, todos os sites poderão parecer nossos velhos amigos. No entanto, isso também abre as portas para um mundo estranho e onírico, no qual o ambiente se modifica constantemente às nossas costas. E como ocorre com os sonhos, talvez seja cada vez mais difícil partilhar esse mundo com as pessoas que estão fora dele – isto é, todas as outras pessoas.

Graças à realidade aumentada, essa experiência talvez logo se torne a norma no mundo off-line.

"No campo de batalha moderno", disse Todd Lovell, gerente da Raytheon Avionics, a um repórter, "existem muito mais dados lá fora do que as pessoas conseguem utilizar. Se você tentar enxergar todo o ambiente com os próprios olhos e analisá-lo parte por parte, jamais conseguirá entendê-lo. Assim, o fundamento da tecnologia moderna é recolher todos esses dados e transformá-los em informações úteis que o piloto consiga reconhecer com muita rapidez, baseando nelas suas ações." O projeto Scorpion, de Lovell, pretende fazer com o mundo real o que o Google faz com a informação on-line.

O aparelho Scorpion se encaixa como um monóculo sobre um dos olhos de um piloto, projetando então anotações em tempo real sobre o que o piloto vê. O sistema utiliza cores específicas para possíveis ameaças, indica quando e onde a aeronave está sendo perseguida por um míssil, auxilia com a visão noturna e reduz a necessidade de que os pilotos olhem para o painel, num ambiente em que cada microssegundo é importante. "O sistema transforma todo o mundo numa tela", declarou o piloto Paul Mancini à Associated Press.

Essa é a tecnologia da realidade aumentada, que está passando rapidamente dos cockpits dos jatos para os bens de consumo, aumentando o volume e melhorando o sinal da vida cotidiana. Usando a câmera de um iPhone e um aplicativo desenvolvido pela Yelp, um serviço de recomendação de restaurantes, podemos ver a classificação de um estabelecimento apresentada diante da fachada da loja real. Um novo tipo de fone de ouvido capaz de cancelar ruídos consegue detectar e amplificar vozes humanas, transformando os ruídos da rua ou de um avião num suspiro. O Estádio Meadowlands de futebol americano está gastando 100 milhões de dólares em novos aparelhos que dão aos fãs presentes a capacidade de analisar detalhes sobre o jogo em tempo real, consultar estatísticas durante o jogo e ver a partida de vários ângulos diferentes – todas as informações de um jogo visto na TV sobrepostas ao jogo real.

A Darpa, a agência de pesquisa e desenvolvimento em defesa dos Estados Unidos, está desenvolvendo tecnologias que fazem o Scorpion parecer bastante antiquado. Desde 2002, a Darpa tem realizado pesquisas numa área chamada "cognição aumentada" ou AugCog, que utiliza a neurociência cognitiva e exames de imagem para descobrir qual é a melhor via para transmitir informações importantes para o cérebro. A AugCog parte da premissa de que existem limites básicos para o número de tarefas que uma pessoa consegue realizar simultaneamente, e que "essa capacidade também poderá variar de momento a momento segundo uma série de fatores, como fadiga mental, novidade, tédio e estresse".

Monitorando a atividade de áreas do cérebro associadas à memória, à tomada de decisões e assim por diante, os aparelhos de AugCog conseguem encontrar um modo de realçar as informações mais importantes. Se estivermos absorvendo o máximo de estímulos visuais que conseguimos, o sistema talvez decida nos enviar um alerta sonoro. Segundo a revista *The Economist*, um estudo revelou que os usuários de um aparelho de AugCog tiveram melhora de 100% na memória de longo prazo e de 500% na memória de trabalho. E se tudo isso parece uma possibilidade longínqua demais, não se esqueça: o pessoal da Darpa também ajudou a inventar a internet.

A realidade aumentada é um campo em grande expansão, e Gary Hayes, especialista em personalização e realidade aumentada na Austrália, vislumbra ao menos dezesseis maneiras diferentes pelas quais essa tecnologia poderia ser usada para melhorar os serviços e ganhar dinheiro. Em sua visão, empresas de turismo poderiam oferecer tours com realidade aumentada, nas quais as informações sobre edifícios, peças de museu e ruas seriam sobrepostas ao ambiente. Consumidores poderiam usar aplicativos de telefones para obter informações imediatas sobre produtos nos quais estão interessados – entre elas, o preço do produto em outras lojas (a Amazon.com já fornece uma versão rudimentar desse serviço). Jogos em realidade aumentada poderiam sobrepor pistas a ambientes do mundo real.

A tecnologia de realidade aumentada gera valor, mas também serve como uma oportunidade para captar a atenção das pessoas com novas formas de publicidade. As transmissões digitais de eventos esportivos já conseguem incluir logotipos de empresas sobrepostos a campos de futebol, e cobram por isso. Mas esta nova tecnologia permite fazer o mesmo, de forma personalizada, no mundo real: você liga o aplicativo para, por exemplo, tentar encontrar um amigo numa multidão, e vê, projetado num edifício próximo, um enorme anúncio da Coca-Cola com o seu rosto e o seu nome.

E quando combinamos a filtragem personalizada do que vemos e ouvimos com, por exemplo, o reconhecimento facial, as coisas ficam bem interessantes: começamos a filtrar não só informações, mas também pessoas.

Chris Coyne, cofundador do OkCupid, um dos sites de namoro mais populares da internet, já pensa na filtragem de pessoas há algum tempo. Coyne fala em tom enérgico e sincero, franzindo a fronte quando está pensando e agitando as mãos para ilustrar suas ideias. Ele se formou em matemática, e então se interessou pelo uso de algoritmos para resolver problemas humanos.

"Existem muitas maneiras de usarmos a matemática para gerar lucro", disse-me enquanto comia uma tigela fervente de *bibimbap* em Koreatown, em Nova York. Muitos de seus colegas partiram para ganhar grandes salários em fundos de investimento. "Mas nós estávamos interessados em usá-la para alegrar as pessoas." E para alegrar as pessoas, nada melhor do que ajudá-las a se apaixonar.

Quanto mais Coyne e seus colegas de faculdade, Sam Yeager e Max Krohn, olhavam para outros sites de namoro, mais irritados ficavam: era evidente que os outros sites estavam mais interessados em fazer as pessoas gastar dinheiro do que em fazê-las começar um relacionamento. E depois de pagar, os usuários frequentemente viam perfis de pessoas que já não estavam no site ou que jamais lhes escreveriam de volta.

Coyne e sua equipe decidiram abordar o problema usando a matemática. O serviço seria grátis. Em vez de oferecer uma solução única para todos os usuários, eles usaram cálculos para desenvolver um algoritmo personalizado para cada pessoa que entrasse no site. Fazendo o mesmo que o Google na otimização dos cliques, eles fariam de tudo para maximizar a probabilidade de que os usuários tivessem conversas reais – se conseguissem resolver esse problema, o lucro logo viria. Em essência, eles construíram um mecanismo de busca moderno para relacionamentos.

Quando você entra no OkCupid, deve responder a uma série de perguntas sobre si mesmo: acredita em Deus? Faria sexo a três? Sente repulsa por cigarro? Dormiria com alguém no primeiro encontro? Tem alguma DST? (Se responder que sim, será mandado a outro site.) Você também deve indicar que tipos de resposta gostaria de ver num possível parceiro e o quanto cada resposta é importante para você. Usando essas perguntas, o OkCupid cria uma equação ponderada para descobrir o seu parceiro ou parceira ideal. E quando você procura pessoas na sua área, o site usa o mesmo algoritmo para avaliar a probabilidade de que vocês gostem um do outro. O poderoso conjunto de servidores do OkCupid consegue avaliar

10 mil pessoas, usando um modelo de duzentas perguntas, apresentando os resultados em menos de um décimo de segundo.

E eles precisam ser eficientes, pois o tráfego do OkCupid tem crescido enormemente. Centenas de milhares de respostas para seus questionários entram no sistema a cada noite. Milhares de novos usuários se registram a cada dia. E o sistema não para de melhorar.

No futuro, disse-me Coyne, teremos pessoas andando pela rua com aparelhos de realidade aumentada. Ele descreveu um rapaz saindo para a balada: ele entra num bar, e a câmera imediatamente detecta os rostos no lugar e os associa ao banco de dados do OkCupid. "O acessório poderia dizer: aquela menina ali tem uma compatibilidade de 88% com você. É um sonho tornado realidade!"

Vladimir Nabokov declarou que "realidade" é "uma das poucas palavras que nada significam sem aspas". A visão de Coyne talvez logo se torne a nossa "realidade". Essa visão traz enormes promessas: cirurgiões que nunca erram um ponto, soldados que nunca põem a vida de civis em perigo e, por toda parte, um mundo mais informado, mais denso de informações. Mas também existe um perigo: a realidade aumentada representa o fim do empirismo ingênuo, do mundo como o enxergamos, e o início de algo muito mais mutável e estranho: uma bolha dos filtros no mundo real, da qual teremos cada vez mais dificuldade em escapar.

Perdendo o controle

Esse futuro plenamente personalizado tem muitas facetas adoráveis.

Aparelhos inteligentes, desde aspiradores de pó até lâmpadas ou porta-retratos, trazem a promessa de que o ambiente seja exatamente o que esperamos dele, onde quer que estejamos. No futuro próximo, sugere o especialista em inteligência ambiental David Wright, talvez carreguemos conosco até as nossas preferências para a iluminação de um cômodo; quando houver muitas pessoas numa sala, seria possível alcançar um consenso automático pela média das preferências, com peso maior para o anfitrião.

Aparelhos de AugCog nos ajudarão a rastrear os fluxos de dados que consideramos mais importantes. Em algumas situações – por exemplo, alertas médicos ou de incêndios que encontrem maneiras de se tornar mais chamativos até captar a nossa atenção –, poderiam até salvar vidas. E embora aparelhos de AugCog capazes de ler as ondas cerebrais ainda estejam um pouco distantes da realidade das massas, variantes desse conceito básico já estão sendo desenvolvidas. A caixa de entrada de mensagens "importantes" do Gmail, que rastreia e-mails e ressalta os que considera ser mais relevantes, é um prelúdio a essa ideia. Enquanto isso, os filtros de realidade aumentada nos oferecem a possibilidade de uma realidade coberta de anotações e links, na qual aquilo que vemos está repleto de informações que nos permitem trabalhar melhor, assimilar informações com mais rapidez e tomar melhores decisões.

Esse é um lado positivo. Porém, a personalização sempre envolve uma troca: ganhamos conveniência, mas cedemos à máquina um pouco de privacidade e controle.

À medida que os dados pessoais se tornam mais valiosos, o mercado de dados comportamentais descrito no Capítulo 1 tende a sofrer uma enorme expansão. Se uma empresa de roupas observa o aumento de cinco dólares nas vendas quando descobre a cor preferida de uma pessoa, passa a ter uma base econômica para pagar por essa informação – e outros sites ganham razões para nos fazer essa pergunta. (Embora o OkCupid não revele seu modelo de negócios, ele provavelmente se baseia em oferecer aos anunciantes a possibilidade de direcionar propaganda a seus usuários com base nas centenas de perguntas pessoais que eles respondem.)

Embora muitas dessas aquisições de dados sejam legítimas, algumas não são. Os dados são facilmente vendidos no mercado negro, pois não carregam consigo nenhum indício sobre o local de onde vieram ou por onde passaram pelo caminho. Wright chama esse processo de lavagem de dados, algo que já ocorre em grande escala: empresas de spyware e spam vendem dados adquiridos de forma questionável a intermediários, que os acrescentam então a bancos de dados para alimentar as campanhas de marketing de grandes empresas.

Além disso, como as transformações aplicadas aos dados muitas vezes são bastante turvas, nem sempre sabemos ao certo que decisões estão sendo tomadas a nosso respeito, por quem ou para quê. E isso já é bastante sério quando estamos falando de fluxos de informações, mas a questão se torna ainda mais grave quando esse poder afeta o nosso próprio aparato sensorial.

Em 2000, Bill Joy, cofundador da Sun Microsystems, escreveu um artigo para a revista *Wired* intitulado "Por que o futuro não precisa de nós". "À medida que a sociedade e seus problemas se tornam cada vez mais complexos, e as máquinas, cada vez mais inteligentes", argumentava, "as pessoas deixarão que as máquinas tomem cada vez mais decisões por elas, simplesmente porque as decisões tomadas por máquinas trarão resultados melhores do que os decorrentes de decisões humanas."

Isso talvez já ocorra em muitos casos: os sistemas movidos por máquinas de fato geram um valor significativo. A grande promessa da tecnologia é nos dar mais liberdade e mais controle sobre o mundo – lâmpadas que respondam aos nossos caprichos e humores, telas e projeções que nos permitam focar nossa atenção apenas nas pessoas que nos interessam, de modo que não precisemos nos dar ao trabalho de viver. A ironia é que elas nos oferecem essa liberdade e controle retirando-os de nós. Uma coisa é termos um controle remoto tão cheio de botões que nos impeça de fazer algo básico como trocar os canais; mas quando esse controle remoto controla as nossas vidas, a situação é muito mais grave.

É razoável supormos que a tecnologia do futuro funcionará tão bem quanto a do passado – ou seja, bastante bem, mas não à perfeição. Haverá bugs. Haverá problemas e incômodos. Haverá panes que nos farão questionar se o sistema como um todo tem mesmo valor. E viveremos com a ameaça de que os sistemas criados para nos ajudar se voltem contra nós – de que um hacker inteligente invada o monitor do bebê, dispondo então de uma câmera de vigilância, de que uma pessoa capaz de interferir com o que vemos nos exponha ao perigo. Quanto mais poder temos sobre o ambiente, mais poder sobre nós terá qualquer pessoa que assuma o controle.

Por isso é importante mantermos em mente a lógica básica desses sistemas: não temos a capacidade de criar um mundo próprio. Vivemos num equilíbrio entre os nossos desejos e o que o mercado nos traz. E ainda que, em muitos casos, isso gere uma vida mais saudável e feliz, também gera a comercialização de tudo – até do nosso próprio aparato sensorial. Propagandas em AugCog que cresçam até tomar o controle da nossa atenção são uma das coisas mais feias que poderíamos imaginar.

E assim, voltamos à pergunta de Jaron Lanier: para quem trabalham essas tecnologias? Se a história serve como guia, nós talvez não sejamos o cliente principal. E à medida que a tecnologia se torna mais eficaz no direcionamento da nossa atenção, precisamos examinar de perto para onde a nossa atenção está sendo dirigida.

8. Fugindo da cidade dos guetos

> Para encontrar a si mesma [uma pessoa] também precisa viver num meio no qual a possibilidade de existirem diferentes sistemas de valores seja explicitamente reconhecida e honrada. Mais especificamente, precisa de uma grande variedade de escolhas para não se enganar sobre a natureza de sua própria pessoa.
>
> CHRISTOPHER ALEXANDER et al., *A Pattern Language*

EM TEORIA, a internet é o sistema que mais nos permite assumir a responsabilidade de compreender e gerir o nosso mundo – nunca tivemos nada parecido. Entretanto, na prática, a internet se encaminha numa direção diferente. Sir Tim Berners-Lee, o criador da World Wide Web, expressou a gravidade dessa ameaça num recente chamado às armas publicado nas páginas da revista *Scientific American*, intitulado "Long Live the Web" ("Vida longa à Web"). "A Web que conhecemos", afirmou, "está sendo ameaçada... alguns de seus habitantes mais prósperos começaram a destruir lentamente seus princípios básicos. Grandes sites de redes sociais estão bloqueando as informações postadas por seus usuários do resto da rede ... os governos – tanto os totalitários como os democráticos – estão monitorando os hábitos on-line da população, ameaçando importantes direitos humanos. Se nós, os usuários da Web, permitirmos que essas e outras tendências avancem livremente, ela poderá se partir em muitas ilhas fragmentadas."

Neste livro, argumentei que o crescimento da filtragem difusa e internalizada está modificando o modo como vivenciamos a internet e, em última análise, o mundo. No centro dessa transformação está o fato de que, pela primeira vez, um meio é capaz de descobrir quem somos, do que gostamos e o que queremos. Ainda que o código de personalização nem sempre seja infalível, ele é preciso o suficiente para ser lucrativo, não só por nos apresentar uma publicidade mais direcionada, mas também por ajustar a substância do que lemos, vemos e ouvimos.

Com isso, embora a internet nos dê acesso a uma gama fascinante de fontes e opções, dentro da bolha dos filtros acabamos por perder muitas delas. Enquanto a internet nos dá novas oportunidades para crescer e experimentar diferentes facetas da nossa identidade, a economia da personalização nos leva a um conceito estático da individualidade. A internet tem o potencial de descentralizar o conhecimento e o controle, mas na prática está concentrando o controle sobre o que vemos e as oportunidades que recebemos nas mãos de muito poucos, de uma forma nunca antes vista.

É claro que o surgimento da internet personalizada tem suas vantagens. Eu gosto de usar o Pandora, o Netflix e o Facebook tanto quanto qualquer outra pessoa. Aprecio os atalhos que o Google me oferece em meio à selva de informações (e não poderia ter escrito este livro sem eles). No entanto, o preocupante é que essa mudança rumo à personalização é em grande medida invisível para o usuário e, por isso, fica fora do nosso controle. Sequer estamos cientes do fato de que vemos imagens cada vez mais divergentes da internet. A internet talvez saiba quem somos, mas nós não sabemos quem ela pensa que somos, ou como está usando essas informações. A tecnologia criada para nos dar mais controle sobre nossa vida está, na verdade, retirando-nos esse controle.

No fim das contas, disse-me Bill Joy, o cofundador da Sun Microsystems, os sistemas informáticos terão de ser julgados com base em seus efeitos públicos. "Se o que a internet faz é disseminar muita informação por aí, tudo bem, mas o que isso provoca?", pergunta ele. Se não nos ajudar a resolver os problemas realmente importantes, de que serve? "Realmente precisamos enfrentar as questões fundamentais: mudanças climáticas, instabilidade política na Ásia e no Oriente Médio, problemas demográficos e o declínio da classe média. Diante de problemas dessa magnitude, esperamos que surja um novo eleitorado consciente dessas questões, mas existe uma série de distrações – falsas questões, entretenimento, jogos. Se o nosso sistema, com toda sua liberdade de escolha, não resolver os problemas, algo está errado."

Algo *está* errado na nossa mídia. Mas a internet não está condenada, por uma simples razão: esse novo meio é extremamente plástico. Sua grande virtude, de fato, é a capacidade de mudar. Por uma combinação de ação individual, responsabilidade empresarial e regulamentação governamental, é possível modificar o seu curso.

"Nós criamos a Rede", afirmou Tim Berners-Lee. "Nós escolhemos que propriedades queremos que ela tenha ou não. Ela certamente não está concluída (e muito menos morta)." Ainda é possível criar sistemas informáticos que nos apresentem a novas ideias, que nos levem por novos caminhos. Ainda é possível criar uma mídia que nos mostre o que não sabemos, em vez de apenas refletir o que fazemos. Ainda é possível erigir sistemas que não nos prendam num ciclo interminável de autobajulação nem nos isolem de áreas de investigação diferentes das que já conhecemos.

Entretanto, antes de mais nada precisamos de uma visão – uma ideia dos nossos objetivos.

O mosaico de subculturas

Em 1975, o arquiteto Christopher Alexander e uma equipe de colegas começaram a publicar uma série de livros que mudou a cara do urbanismo, do design e da programação. O volume mais famoso, *A Pattern Language*, é um guia que parece um texto religioso. Está repleto de citações, aforismos e desenhos à mão, uma bíblia que guia seus devotos a um novo modo de pensar o mundo.

A questão que consumiu Alexander e sua equipe durante oito anos de pesquisa era entender por que alguns lugares prosperavam e "funcionavam", e outros não – por que algumas cidades, bairros e casas floresciam enquanto outros eram lúgubres e desolados. Para Alexander, o fundamental era que o design se adequasse ao contexto literal e cultural. A conclusão do grupo era que a melhor maneira de assegurar isso seria utilizar uma "linguagem de padrões", um conjunto de especificações de design para espaços humanos.

O livro oferece uma leitura fascinante, mesmo para quem não é arquiteto. Existe um padrão que descreve o recanto ideal para crianças (o teto deve ter entre 75 centímetros e 1,20 metro de altura) e outro para Lugares Altos, "dos quais podemos olhar para baixo e examinar o nosso mundo". "Toda a sociedade viva e plena", escreveu Alexander, "terá sua linguagem de padrões única e distinta."

Algumas das passagens mais intrigantes do livro esclarecem os padrões sobre os quais são construídas as cidades bem-sucedidas. Alexander imagina duas metrópoles – a "cidade heterogênea", na qual as pessoas estão todas misturadas, independentemente de seu estilo de vida e história pessoal, e a "cidade dos guetos", na qual as pessoas estão agrupadas por categoria. A cidade heterogênea "parece rica", observa Alexander, mas "na verdade, abafa toda a variedade significativa e coíbe quase todas as possibilidades de diferenciação". Embora exista uma mistura variada de pessoas e culturas, todas as partes da cidade são igualmente diversas. Moldada pelos menores denominadores comuns culturais, a cidade parece sempre a mesma onde quer que estejamos.

Enquanto isso, na cidade dos guetos, algumas pessoas ficam presas no pequeno mundo de uma única subcultura que não representa realmente quem elas são. Sem conexões e sobreposições entre as comunidades, as subculturas que formam a cidade não evoluem. Com isso, os guetos fomentam a estagnação e a intolerância.

Mas Alexander oferece uma terceira possibilidade: um belo meio-termo entre os guetos fechados e as massas indiferenciadas da cidade heterogênea. Ele o chamou de mosaico de subculturas. Para criar esse tipo de cidade, explica, seus arquitetos devem fomentar o surgimento de bairros com caráter cultural, "mas, embora essas subculturas precisem ser bem delineadas, distintas e separadas, não devem ser fechadas; devem ser facilmente acessíveis entre si, para que qualquer pessoa possa transitar com facilidade entre as culturas e se acomodar àquela que lhe sirva melhor". O mosaico de Alexander se baseia em duas premissas sobre a vida humana: primeiro, uma pessoa só pode se tornar plenamente ela mesma num lugar em que "receba apoio para suas idiossincrasias por parte das pessoas e dos valores que a cercam". Segundo, como sugere a citação no início deste capítulo, precisamos conhecer muitos estilos de vida para escolher o melhor para nós. Isso é o que fazem as melhores cidades: cultivam uma gama vibrante de culturas e permitem que seus cidadãos encontrem seu lugar nos bairros e tradições nos quais se sentem mais à vontade.

Alexander escrevia sobre cidades, mas a beleza de *A Pattern Language* está no fato de poder ser aplicado a qualquer espaço em que os humanos se reúnam e vivam – inclusive a internet. As comunidades e nichos on-line são importantes. São os locais em que novas ideias, estilos, temas e até linguagens são formados e testados. São os lugares em que nos sentimos mais em casa. Uma internet construída como a cidade heterogênea descrita por Alexander não seria um lugar muito agradável – um redemoinho caótico de fatos, ideias e mensagens. Por outro lado, ninguém quer viver nas cidades dos guetos – e essa é a direção na qual a personalização, se for muito aguda, nos levará. O pior efeito da bolha dos filtros é nos confinar ao nosso bairro de informações, incapazes de ver ou explorar o restante das enormes possibilidades do mundo on-line. Os urbanistas da rede devem encontrar um equilíbrio entre a relevância e a serendipidade, entre o conforto de ver os amigos e o êxtase de conhecer estranhos, entre os nichos aconchegantes e os espaços amplos e abertos.

O que as pessoas podem fazer

danah boyd, pesquisadora de mídia social, estava certa quando alertou que corríamos o risco de um "equivalente psicológico da obesidade". E ainda que, para termos uma dieta saudável de informações, dependamos de ações por parte das empresas que produzem os alimentos, isso não será suficiente a menos que modifiquemos os nossos hábitos. Os vendedores de chocolate não vão mudar suas práticas até que os consumidores demonstrem que querem algo diferente.

Eis um bom ponto de partida: não seja mais um rato.

Num episódio do programa de rádio *This American Life*, o apresentador Ira Glass investiga como construir uma ratoeira melhor. Ele conversa com Andy Woolworth, dono de uma das maiores fábricas de ratoeiras do mundo, que busca ideias para a criação de ratoeiras inovadoras. As ideias propostas variam das pouco práticas (uma ratoeira que submerge o rato em anticongelante, que deve então ser jogado fora aos baldes) às sinistras (uma ratoeira que mata roedores usando, isso mesmo, uma câmara de gás).

A graça está no fato de que todas elas são desnecessárias. O trabalho de Woolworth é fácil porque as ratoeiras existentes são muito baratas e funcionam, no período de um dia, 88% das vezes. As ratoeiras são eficazes porque os ratos geralmente estabelecem um percurso por onde procuram comida num raio de três metros do local onde estão, retornando aos mesmos pontos até trinta vezes por dia. Se colocarmos uma ratoeira na vizinhança, há grande chance de conseguirmos pegar o rato.

A maioria de nós tem um comportamento bastante parecido ao de um rato ao procurar informações. Eu confesso que sou assim: existem três ou quatro sites que checo frequentemente a cada dia, e raramente mudo de site ou acrescento outros ao meu repertório. "Quer vivamos em Calcutá ou em São Francisco", disse-me Matt Cohler, "todos nós passamos boa parte do tempo fazendo mais ou menos as mesmas coisas muitas e muitas vezes. E não é fácil escaparmos desses ciclos de repetição." É difícil mudar de hábitos. Porém, à semelhança do que ocorre quando escolhemos um novo caminho para ir ao trabalho e passamos a conhecer melhor o lugar em que vivemos, ao variar nossos percursos on-line, a chance de encontrar novas ideias e pessoas aumenta drasticamente.

Se estendermos nossos interesses em novas direções, daremos ao código de personalização mais amplitude com a qual trabalhar. Uma pessoa que demonstre interesse em ópera, histórias em quadrinhos, política sul-africana e Tom Cruise é mais difícil de rotular do que uma pessoa que só se interesse por uma dessas coisas. E, ao mover constantemente a lanterna da nossa atenção em diferentes direções, expandimos a compreensão que temos do mundo.

A ideia de escapar dos caminhos conhecidos pode ser assustadora no início, mas as experiências que temos ao encontrar novas ideias, pessoas e culturas são poderosas. Elas fazem com que nos sintamos humanos. A serendipidade é um atalho para a alegria.

Para alguns dos problemas do "ciclo da identidade" discutidos no Capítulo 4, uma solução parcial é apagarmos regularmente os cookies que o nosso navegador utiliza para identificar quem somos. Atualmente, é bastante simples apagar os cookies na maioria dos navegadores, basta escolher Opções ou Preferências e então clicar em Apagar Cookies. E muitas redes de publicidade personalizada já oferecem aos consumidores a opção de não receberem anúncios. Postei uma lista atualizada e detalhada de lugares que oferecem essa opção no site deste livro, www.thefilterbubble.com.

Porém, como a personalização é mais ou menos inevitável, muitos de nós simplesmente não temos a possibilidade de optar por não participar dela. Podemos realizar todas as nossas atividades on-line numa janela no "modo incógnito", na qual menos informações pessoais são armazenadas, mas isso é cada vez menos prático – muitos serviços simplesmente não funcionam como deveriam. (É por isso que, como descrevo mais adiante, não acredito que a lista de Não Rastrear, considerada atualmente pela Federal Trade Commission dos Estados Unidos, seja uma estratégia viável.) Além disso, o Google personaliza seu serviço com base em nosso endereço na internet, localização e muitos outros fatores mesmo que não nos conectemos à nossa conta e que estejamos usando um laptop novinho em folha.

Solução melhor é escolher sites que deem aos usuários mais controle e visibilidade sobre como funcionam seus filtros e como eles utilizam as nossas informações pessoais.

Por exemplo, considere a diferença entre o Twitter e o Facebook. Os dois sites são muito semelhantes em vários aspectos. Ambos dão aos usuários a oportunidade de compartilhar pequenas informações e links para vídeos, notícias e fotos. Ambos dão a oportunidade de ouvirmos o que dizem as pessoas que nos interessam e de bloquearmos as que não nos interessam.

Porém, o universo do Twitter se baseia em poucas regras, muito simples e bastante transparentes – aquilo que um defensor do Twitter chama de "uma fina camada de regulamentação". A menos que nos demos ao trabalho de "proteger" a nossa conta, tudo o que fizermos será público para todos. Podemos acompanhar o feed de qualquer pessoa sem sua permissão, e então veremos uma torrente de atualizações em ordem cronológica, que incluirá tudo o que foi dito por todas as pessoas que estejamos seguindo.

Em comparação, as regras que governam o universo de informações do Facebook são incrivelmente turvas e parecem mudar quase todo dia. Se postarmos uma atualização de status, nossos amigos poderão vê-la ou não, e nós talvez vejamos as deles ou não. (Isso ocorre também no feed de notícias Mais Recentes; muitos usuários acham que esse modo mostra todas as atualizações – não mostra.) Diferentes tipos de conteúdo têm diferentes chances de ser mostrados – se postarmos um vídeo, por exemplo, ele terá mais probabilidade de ser visto por nossos amigos do que uma atualização de status. E as informações que compartilhamos com o site em si são privadas num dia e públicas no dia seguinte. É imperdoável, por exemplo, pedir aos usuários que declarem os sites de que são "fãs", com a promessa de que isso só será mostrado a seus amigos, e então liberar essa informação para o mundo inteiro, como fez o Facebook em 2009.

Como o Twitter funciona com base em poucas regras, simples e facilmente compreensíveis, também está menos suscetível ao que o capitalista de risco Brad Burnham (cuja empresa Union Square Ventures foi o principal investidor do Twitter quando o site foi lançado) chama de "tirania da configuração padrão". Quando damos uma escolha às pessoas, a opção-padrão tem grande poder. Dan Ariely, estudioso da economia comportamental, ilustra esse princípio com um gráfico que mostra as taxas de doação de órgãos em diferentes países europeus. Na Inglaterra, Holanda e Áustria, as taxas variam entre 10% e 15%, mas na França, Alemanha e Bélgica, as taxas de doação são muito mais elevadas, chegando a 90%. Por quê? No primeiro conjunto de países, as pessoas precisam marcar um campo para permitir que seus órgãos sejam doados. No segundo, devem marcar um campo para dizer que *não* querem ser doadoras.

Se as pessoas deixam que as configurações-padrão determinem o destino de seus amigos que precisam de pulmões e corações, certamente as deixarão determinar o modo como compartilham informações. Não o fazemos por ser idiotas. É porque somos ocupados, temos uma atenção limitada com a qual tomar decisões e geralmente confiamos que, se todo mundo está fazendo a mesma coisa, não haverá problema se também fizermos. Mas essa confiança muitas vezes não tem fundamento. O Facebook tem se aproveitado desse poder de forma muito intencional – modificando as configurações-padrão de privacidade para encorajar as massas a tornar suas postagens mais públicas. E como os arquitetos do software entendem claramente o poder da configuração-padrão e o utilizam para tornar seus serviços mais lucrativos, sua alegação de que os usuários *têm* a opção de não compartilhar informações pessoais parece um tanto hipócrita. Com menos regras e um sistema mais transparente, haveria menos padrões a ser configurados.

O departamento de RP do Facebook não respondeu aos meus e-mails em que solicitei uma entrevista (talvez devido às conhecidas críticas do MoveOn às práticas de privacidade do Facebook). Porém, o site provavelmente argumentaria que dá a seus usuários muito mais escolhas e controle sobre o modo como usam o serviço do que o Twitter. E é verdade que o painel de controle do Facebook dá aos usuários muitas opções diferentes.

No entanto, para dar controle às pessoas, é preciso deixar muito claro quais são as opções, pois as opções só existem de fato na medida em que são percebidas. Esse é o problema que muitos de nós tínhamos ao tentar programar um videocassete: os aparelhos tinham todo tipo de função, mas a tentativa de fazê-las funcionar resultava num longo exercício de frustração que podia durar uma tarde inteira. E quando estamos tratando de questões importantes, como proteger nossa privacidade e ajustar nossos filtros on-line, dizer que para entender as opções basta passar um bom tempo lendo o manual não é uma resposta satisfatória.

Em suma, no momento em que escrevo, o Twitter nos permite, de maneira bastante direta, gerenciar nosso filtro e entender o que está sendo mostrado e por quê; no Facebook isso é quase impossível. Independentemente de outras questões, se você estiver interessado em ter controle sobre sua bolha dos filtros, é melhor usar serviços como o Twitter do que serviços como o Facebook.

Vivemos numa sociedade cada vez mais algorítmica, na qual nossas funções públicas, desde os registros policiais até as redes elétricas ou matrículas em escolas, são controladas por códigos. Precisamos reconhecer que valores sociais como a justiça, a liberdade e a oportunidade estão intrinsecamente ligados ao modo como o código é escrito e ao tipo de solução que ele oferece. Uma vez compreendido esse fato, podemos começar a decidir a quais variáveis damos mais importância e a encontrar soluções diferentes.

Por exemplo, nos Estados Unidos, ativistas que tentam resolver o problema da manipulação das fronteiras de distritos eleitorais para favorecer um partido ou o outro já vêm sugerindo, há bastante tempo, que deveríamos substituir os políticos envolvidos no processo por programas. A ideia parece boa: basta começarmos com alguns princípios básicos, incluirmos dados populacionais, e daí surge um novo mapa político. Mas isso não necessariamente resolve o problema básico, pois o tipo de solução oferecida pelo algoritmo tem consequências políticas: o modo como o algoritmo agrupa os dados – por cidade, por grupo étnico ou por fronteiras naturais – determina que partido mantém suas cadeiras no Congresso e que partido as perde. Se o público não prestar muita atenção no que o algoritmo faz, o resultado poderá ser o oposto do esperado – acordos escusos entre partidos sancionados pelo uso de um código "neutro".

Em outras palavras, é cada vez mais importante termos um nível básico de alfabetização algorítmica. Os cidadãos cada vez mais terão que julgar sistemas informáticos que afetam a vida pública e nacional. E mesmo que você não seja fluente a ponto de ler milhares de linhas de código, os conceitos básicos – como trabalhar com variáveis, ciclos e memória – podem esclarecer o funcionamento desses sistemas e revelar onde pode haver erros.

Especialmente no início, aprender o funcionamento básico da programação é ainda mais recompensador do que aprender uma língua estrangeira. Bastam umas poucas horas e uma plataforma básica para que você tenha a experiência "Olá, Mundo!" e comece a ver suas ideias ganharem vida. E em poucas semanas, poderá compartilhar essas ideias com toda a rede. Como em qualquer profissão, dominar o processo exige muito mais tempo, mas o retorno por um investimento limitado na programação é grande: em pouco tempo, uma pessoa pode aprender o suficiente para entender o que fazem as porções essenciais do código.

Parte do processo de furar a bolha dos filtros está em modificarmos o nosso comportamento. Mas isso terá efeitos limitados a menos que as empresas que promovem a personalização também modifiquem o seu.

O que as empresas podem fazer

É compreensível que, tendo em vista seu crescimento meteórico, os Googles e Facebooks do mundo on-line demorem em se dar conta de suas responsabilidades. Mas é fundamental que reconheçam sua responsabilidade pública o mais rápido possível. Já não é suficiente dizer que a internet personalizada é apenas uma consequência da existência de máquinas programadas para gerar relevância.

A primeira coisa que os novos filtradores podem fazer é tornar seus sistemas mais transparentes para o público, para que possamos discutir o modo como eles exercem suas responsabilidades. Como afirma Larry Lessig, "uma resposta política só é possível quando as regras são transparentes". E é bastante irônico que as empresas cujas ideologias públicas giram em torno da abertura e da transparência sejam elas próprias tão obscuras.

O Facebook, o Google e outros filtradores afirmam que revelar qualquer parte de seus processos algorítmicos equivaleria a entregar seus segredos comerciais. No entanto, essa defesa não é tão convincente quanto pode parecer. A principal vantagem das duas empresas se encontra no enorme número de pessoas que confia nelas e utiliza seus serviços (lembram-se do aprisionamento tecnológico?). Segundo o site Search Engine Land, de Danny Sullivan, os resultados de busca do Bing são "altamente competitivos" com os do Google, mas o mecanismo tem muito menos usuários do que seu rival mais poderoso. O que mantém o Google na liderança não é uma questão matemática, e sim o grande número de pessoas que o utiliza todos os dias. O PageRank e outras importantes partes do mecanismo de buscas do Google são "na verdade, alguns dos segredos mais mal guardados do mundo", afirma Amit Singhal, programador do Google.

O Google também afirma que precisa manter seu algoritmo de busca em segredo porque, se fosse conhecido, seria mais fácil influenciar seus resultados. No entanto, os sistemas abertos são mais difíceis de manipular do que os fechados, justamente porque todos compartilham um interesse em consertar as possíveis brechas. O Linux, sistema operacional de código aberto, é muito mais seguro e difícil de penetrar com um vírus do que sistemas fechados como o Windows ou o Apple OS X.

Independentemente da discussão sobre a eficiência e segurança dos produtos, a ocultação do código tem um efeito evidente: protege essas empresas de ter que prestar contas sobre as decisões que tomam, pois o público tem dificuldade em enxergar essas decisões. E mesmo que a transparência completa seja impossível, as empresas têm a possibilidade de deixar mais claro o modo como lidam com problemas de classificação e filtragem.

Por exemplo, o Google, o Facebook e outros gigantes da mídia poderiam se inspirar na história do surgimento dos *ombudsmen* dos jornais, que se tornaram tema muito falado nas salas de redação em meados da década de 1960.

Philip Foisie, um executivo do *Washington Post*, escreveu um dos documentos mais memoráveis defendendo a prática. "Não é suficiente dizermos", sugeriu ele, "que o nosso jornal, da forma como surge a cada manhã, é seu próprio credo, dizermos que, no fim das contas, nós somos o nosso próprio ombudsman. Já vimos que isso não é verdade, e provavelmente nem seja possível. E mesmo que fosse, não seria visto como tal. Não podemos pedir ao leitor que acredite em nossa capacidade de sermos sinceros e objetivos sobre nós mesmos." O argumento convenceu o *Post*, que contratou seu primeiro ombudsman em 1970.

"Sabemos que há na mídia uma grande dicotomia", afirmou Arthur Nauman, que foi ombudsman do *Sacramento Bee* durante muitos anos, num discurso proferido em 1994. Por um lado, disse ele, a mídia precisa gerir um negócio bem-sucedido que gere retorno sobre o investimento. "Mas, por outro, trata-se de um bem público, uma espécie de serviço público. É uma instituição dotada de enorme poder sobre a comunidade, o poder de influenciar pensamentos e ações segundo a forma como cobre as notícias – o poder de prejudicar ou favorecer o bem comum." A nova mídia faria bem em adotar esse espírito. Indicar um ombudsman independente e permitir que o mundo saiba melhor como funcionam seus poderosos algoritmos de filtração seria um importante primeiro passo.

A transparência não diz respeito apenas à ideia de revelar ao público as entranhas de um sistema. Como demonstra a dicotomia entre o Twitter e o Facebook, transparência também significa que os usuários compreendem intuitivamente o funcionamento do sistema. E essa é uma precondição necessária para que as pessoas controlem e usem as ferramentas – em vez de ser controladas e usadas por elas.

Em primeiro lugar, deveríamos saber melhor quem esses sites pensam que nós somos. O Google diz que nos dá essa possibilidade com um "*dashboard*" – um lugar único onde podemos monitorar e gerir todos esses dados. Na prática, seu design confuso e multifacetado praticamente impossibilita o usuário médio de navegar e entender esse sistema. O Facebook, a Amazon e outras empresas não permitem que os usuários baixem uma compilação completa de seus dados nos Estados Unidos, embora as leis europeias de privacidade os obriguem a isso. É perfeitamente razoável esperarmos que os usuários tenham acesso aos dados que fornecem às empresas, e essa é uma expectativa que, segundo a Universidade da Califórnia em Berkeley, a maioria dos norte-americanos tem. Temos que ter a possibilidade de dizer: "Você está errado. Eu talvez fosse surfista, ou fã de histórias em quadrinhos, ou eleitor do Partido Democrata, mas não sou mais."

Não é suficiente sabermos quais informações os personalizadores possuem sobre nós. Eles também precisam explicar a forma como usam esses dados – quais partes do conteúdo são personalizadas, em que nível e com base no quê. Um visitante de um site de notícias personalizadas poderia ter a opção de saber quantos outros visitantes viram cada um dos artigos – poderia até haver um mapa visual, em cores, das áreas de semelhança e divergência. Naturalmente, para isso seria necessário revelar ao usuário que o site é personalizado, e, em alguns casos, as empresas têm fortes razões para não o fazer. Mas são razões predominantemente comerciais, e não éticas.

O Gabinete de Publicidade Interativa (IAB, na sigla em inglês), associação comercial da comunidade de anunciantes on-line dos Estados Unidos, já está fazendo pressão nesse sentido. O IAB concluiu que, a menos que os anúncios personalizados revelem aos usuários o modo como é feita a personalização, os consumidores vão se irritar e exigir uma forma de regulamentação federal. Por isso, está incentivando seus membros a incluir um conjunto de ícones em cada anúncio para indicar os dados pessoais nos quais se baseia o anúncio e a forma de modificar ou de desativar o mecanismo. Os provedores de conteúdo que utilizam as técnicas de personalização criadas por publicitários também deveriam pensar em incluir essas precauções.

Ainda assim, a transparência não resolve o problema a menos que as empresas também se esforcem mais em otimizar diversas variáveis: mais serendipidade, uma noção de identidade mais humanista e sutil, uma promoção ativa das questões públicas e o cultivo da cidadania.

Como os computadores não possuem consciência, empatia ou inteligência, muito se perderá no fosso que existe entre nossa identidade verdadeira e os sinais que podem ser transmitidos em ambientes personalizados. Como discuti no Capítulo 5, os algoritmos de personalização podem gerar ciclos de identidade nos quais o que o código sabe sobre nós constrói nosso ambiente midiático, e esse ambiente, por sua vez, ajuda a formar as nossas preferências futuras. Esse problema é evitável, mas para isso é preciso criar um algoritmo que priorize a "falseabilidade", isto é, um algoritmo que tente *refutar* sua própria ideia sobre quem nós somos. (Por exemplo, se a Amazon achar que você gosta de ler romances policiais, poderia se empenhar em lhe apresentar títulos de outros gêneros, para identificar melhor que tipo de pessoa você é.)

As empresas que possuem um grande poder de curadoria também precisam se empenhar mais no cultivo do espaço público e da cidadania. Na verdade, algumas delas já estão envolvidas em atividades assim: em 2 de novembro de 2010, os visitantes do Facebook foram recebidos com um *banner* que lhes perguntava se haviam votado. Aqueles que votaram compartilharam essa informação com seus amigos. Como algumas pessoas votam por pressão social, é bem possível que o Facebook tenha aumentado o número de eleitores que compareceram para votar. Da mesma forma, o Google tem feito um forte trabalho para tornar mais abertas e acessíveis as informações sobre zonas eleitorais, e incluiu essa ferramenta no site no mesmo dia. Não sabemos se isso foi feito com fins lucrativos (uma ferramenta do tipo "encontre seu local de votação" seria um excelente lugar para incluir propaganda política), mas o fato é que esses dois projetos chamaram a atenção dos usuários para a participação política e a cidadania.

Muitos engenheiros de software e jornalistas da tecnologia com quem conversei ficaram surpresos quando lhes perguntei se os algoritmos de personalização poderiam fazer um melhor trabalho nessa área. Afinal, disse um deles, quem vai decidir o que é importante? Seria antiético se os engenheiros do Google dessem mais valor a alguns tipos de informação do que a outros, sugeriu outro dos meus entrevistados – ainda que, é claro, seja exatamente isso o que os engenheiros fazem o tempo todo.

Quero deixar claro que não morro de saudades dos velhos tempos em que um pequeno grupo de editores todo-poderosos decidia unilateralmente o que era relevante. Muitas histórias de grande importância (por exemplo, o genocídio em Ruanda) ficaram em segundo plano, enquanto muitas reportagens fúteis ocuparam a primeira página. Ainda assim, penso que não devemos descartar esse método de uma vez por todas. O Yahoo Notícias sugere ser possível encontrar um meio-termo: a equipe combina a personalização algorítmica com a liderança editorial à moda antiga. Algumas matérias são mais visíveis para todos por serem extraordinariamente importantes. Outras são mostradas a alguns usuários e não a outros. E embora a equipe editorial do Yahoo passe muito tempo interpretando indicadores de cliques e acompanhando a popularidade de cada matéria, não são submissos a esses dados. "Nossos editores pensam no público como pessoas com interesses, e não como um fluxo de dados direcionais", disse-me um funcionário do Yahoo Notícias. "Por mais que gostemos dos dados, eles estão sendo filtrados por seres humanos que quebram a cabeça para desvendar seu significado. Por que certa matéria, que julgávamos ser importante para os leitores, não foi muito acessada? O que podemos fazer para que atinjam um público mais amplo?"

Também existem soluções exclusivamente algorítmicas. Por exemplo, por que não nos basearmos na ideia do público sobre o que é importante? Imagine que no Facebook, ao lado de cada botão de Curtir, houvesse um botão de Importante. Poderíamos marcar cada item com um botão diferente, ou com ambos. E o Facebook poderia se basear numa mistura dos dois sinais – do que as pessoas gostam e o que pensam ser realmente importante – para personalizar o feed de notícias. Dessa forma, as notícias sobre o Paquistão certamente seriam vistas com mais frequência – apesar de estarmos nos baseando na definição, bastante subjetiva, daquilo que todos pensam ser realmente importante. A filtragem colaborativa não precisa nos encaminhar à mídia compulsiva: a grande questão é saber que valores os filtros tentam captar. Alternativamente, o Google ou o Facebook poderiam incluir um botão deslizante que corresse de "só coisas que eu curto" a "coisas que outras pessoas curtem e que eu provavelmente vou detestar" no topo dos resultados de buscas e do Feed de Notícias, permitindo assim que os usuários determinassem seu próprio equilíbrio entre a personalização estrita e um fluxo de informações mais variado. Esse método teria duas vantagens: deixaria claro que está sendo utilizado um processo de personalização e daria ao usuário maior controle sobre ele.

Há mais uma coisa que os engenheiros da bolha dos filtros podem fazer: eles podem resolver a questão da serendipidade, criando sistemas de filtragem destinados a expor as pessoas a temas distantes de sua experiência normal. Isso muitas vezes irá de encontro à otimização pura a curto prazo, pois um sistema de personalização que inclua certa aleatoriedade irá (por definição) receber menos cliques. Entretanto, quando os problemas da personalização se tornarem mais bem conhecidos, o método será benéfico a longo prazo – os consumidores talvez escolham sistemas que saibam lhes apresentar novos temas. Talvez precisemos de uma espécie de Prêmio Netflix às avessas – um Prêmio da Serendipidade para os sistemas mais eficazes na tarefa de manter a atenção dos leitores ao mesmo tempo em que lhes apresentam novos assuntos e ideias.

Ainda que essa mudança no sentido da responsabilidade corporativa pareça improvável, não seria um caso sem precedentes. Em meados do século XIX, imprimir um jornal não era o mais respeitável dos negócios. Os jornais eram ferozmente partidários e ideológicos. Tinham por hábito alterar os fatos para se adequar às vendetas de ocasião de seus donos, ou apenas para dar um colorido à situação. Foi contra essa cultura de mercantilismo e manipulação crassos que Walter Lippmann se posicionou em *Liberty and the News*.

No entanto, quando os jornais se tornaram altamente lucrativos e importantes, começaram a mudar. Começou a ser possível, em algumas grandes cidades, produzir jornais que não estivessem apenas em busca do escândalo e do sensacionalismo – em parte, porque seus donos podiam se dar a esse luxo. Os tribunais começaram a reconhecer que existia um interesse público no jornalismo, baseando nisso suas decisões. Os consumidores passaram a exigir um trabalho editorial mais escrupuloso e rigoroso.

E assim, estimulada pelas obras de Lippmann, uma ética editorial começou a tomar forma. Jamais chegou a ser adotada universalmente ou seguida tão bem quanto poderia ter sido. Sempre foi minada pelas exigências comerciais dos donos e acionistas dos jornais. Muitas vezes, fracassou inteiramente – a proximidade com os poderosos comprometeu o compromisso com a verdade, e as exigências dos anunciantes venceram as exigências dos leitores. Ainda assim, no fim das contas acabou por conseguir, de alguma forma, nos guiar ao longo de um século caótico.

Agora, a tocha está sendo passada a uma nova geração de curadores, e precisamos apanhá-la e carregá-la com orgulho. Precisamos de programadores que incluam a vida pública e a cidadania nos mundos que criam. E precisamos de usuários que os marquem de perto quando a pressão da monetização os empurrar numa direção diferente.

O que os governos e cidadãos podem fazer

As empresas que movem a bolha dos filtros podem fazer muito para mitigar as consequências negativas da personalização. As ideias acima são só um começo. Entretanto, alguns desses problemas são importantes demais para ser deixados nas mãos de entidades privadas que visam ao lucro. É aí que entram os governos.

Em última análise, como disse Eric Schmidt a Stephen Colbert, o Google é apenas uma empresa. Mesmo que existam maneiras de lidar com essas questões sem prejudicar sua lucratividade – e talvez existam –, essa nem sempre será uma alta prioridade da empresa. Por isso, depois que todos tivermos feito a nossa parte para furar a bolha dos filtros e que as empresas tenham feito o que estiverem dispostas a fazer, o governo provavelmente terá que supervisionar o processo para garantir que somos nós que controlamos nossas ferramentas on-line, e não o oposto.

No livro *Republic.com*, Cass Sunstein sugeriu uma espécie de *"fairness doctrine"*, a antiga lei de imparcialidade na imprensa, aplicada à internet, segundo a qual os agregadores de informação teriam de expor seu público aos dois lados de cada questão. Embora ele tenha posteriormente mudado de ideia, essa proposta indica um caminho para a regulamentação: basta exigir que os curadores se comportem com base num espírito público, expondo seus leitores a diversas linhas de argumentação. Eu tenho minhas dúvidas, por motivos semelhantes aos que levaram Sunstein a abandonar a ideia: o processo de curadoria é sutil e dinâmico, é ao mesmo tempo uma arte e uma ciência; portanto, é bem provável que a regulamentação da ética editorial inibia um bocado de experimentação, variedade estilística e crescimento.

Enquanto escrevo este livro, a Comissão Federal do Comércio dos Estados Unidos está propondo uma lista de Não Rastrear, baseada na lista de Não Telefonar, que foi muito bem-sucedida em fazer com que as pessoas optassem por não receber publicidade por telefone. À primeira vista, a ideia parece boa: criaria um único local no qual poderíamos optar por não participar do rastreamento on-line que move a personalização. Mas a lista de Não Rastrear provavelmente nos ofereceria uma escolha binária – estamos dentro ou fora –, e os serviços que ganham dinheiro com o rastreamento poderiam simplesmente desabilitar seus serviços para as pessoas que estivessem na lista de Não Rastrear. Se boa parte da internet deixar de funcionar para essas pessoas, elas rapidamente abandonarão a lista. Com isso, o tiro poderia sair pela culatra – "provando" que as pessoas não têm nada contra ser rastreadas, quando, na verdade, o que os usuários querem é poder exercer o controle sobre o rastreamento de formas mais sutis.

A melhor medida, em minha opinião, seria exigir que as empresas nos dessem um verdadeiro controle sobre nossas informações pessoais. Ironicamente, embora a personalização on-line seja relativamente nova, os princípios que deveriam nortear esse controle já estão bastante claros há décadas. Em 1973, o Departamento de Habitação, Educação e Bem-Estar Social do governo Nixon recomendou que a regulamentação se centrasse em certas Práticas Justas de Informação:

- Temos que saber quem possui nossos dados pessoais, que dados são esses e como são usados.
- Temos que ter a capacidade de impedir que dados coletados para um determinado propósito sejam usados para outro.
- Temos que poder corrigir informações incorretas sobre nós mesmos.
- Nossos dados devem estar seguros.

Quase quarenta anos depois, esses princípios continuam essencialmente corretos, e ainda estamos à espera de que venham a ser aplicados. Não podemos esperar muito mais: numa sociedade em que existem cada vez mais trabalhadores do conhecimento, os dados pessoais e a nossa "marca pessoal" valem mais do que nunca. Especialmente se você for um blogueiro ou escritor, se produzir vídeos engraçados ou música, se trabalhar como *coach* ou consultor, seu rastro de dados on-line será um de seus bens mais valiosos. Ainda assim, embora seja ilegal usar a imagem de Brad Pitt para vender um relógio sem a permissão dele, o Facebook tem liberdade para usar nosso nome para vender um relógio a nossos amigos.

Em tribunais de todo mundo, os mercadores da informação estão promovendo esta ideia: "todos saem ganhando se sua vida on-line nos pertencer". Eles argumentam que as oportunidades e o controle que os consumidores ganham usando suas ferramentas gratuitas compensam o valor de seus dados pessoais. No entanto, os consumidores não têm a menor possibilidade de fazer esse cálculo – embora o controle que ganhamos seja evidente, o controle que perdemos (por exemplo, quando nossos dados pessoais são usados para nos negar uma oportunidade no futuro) é invisível. A assimetria de informações é enorme.

Para piorar a situação, mesmo que você leia cuidadosamente a política de privacidade de uma empresa e decida que vale a pena ceder suas informações pessoais nessas condições, as empresas em geral se reservam o direito de mudar as regras do jogo a qualquer momento. O Facebook, por exemplo, prometeu a seus usuários que, se eles incluíssem um site em seu perfil, essa informação só seria compartilhada com seus amigos. No entanto, em 2010, o site decidiu que esses dados se tornariam inteiramente públicos; uma cláusula da política de privacidade do Facebook (à semelhança das políticas de privacidade de muitas empresas) lhe permite mudar as regras *retroativamente*. Na prática, isso dá ao Facebook um poder quase ilimitado para divulgar nossos dados pessoais como achar melhor.

Para aplicar as Práticas Justas de Informação, temos de começar a pensar nos dados pessoais como uma espécie de propriedade privada e proteger nossos direitos sobre eles. A personalização se baseia numa transação econômica na qual os consumidores se encontram numa situação de desvantagem inerente: enquanto o Google sabe o valor da informação sobre a cor da sua pele, você não sabe. E embora os benefícios sejam óbvios (e-mail grátis!), as desvantagens (perda de oportunidades e conteúdo) são invisíveis. Se pensarmos nas informações pessoais como uma forma de propriedade, esse mercado se tornará mais justo.

Embora as informações pessoais sejam propriedade, são um tipo especial de propriedade, pois ainda temos um interesse velado em nossos próprios dados muito depois de terem sido expostos. Provavelmente não desejaríamos que os consumidores pudessem vender todos seus dados pessoais, indefinidamente. As "leis morais" francesas, segundo as quais os artistas retêm algum controle sobre o que é feito com suas obras depois de terem sido vendidas, talvez sirvam como um modelo melhor. (Falando na França, embora as leis europeias sejam muito mais próximas às Práticas Justas de Informação na proteção das informações pessoais, em muitos sentidos sua aplicação é muito pior, em parte porque as pessoas têm muita dificuldade em processar quem desrespeite as leis.)

Marc Rotenberg, diretor-executivo do Electronic Privacy Information Center, observa que "nós não deveríamos ter que aceitar, como ponto de partida, a ideia de que não podemos ter serviços gratuitos na internet sem grandes violações à privacidade". E não estamos falando apenas de privacidade. Também estamos falando do modo como os dados moldam o conteúdo e as oportunidades que enxergamos ou não. Também estamos falando da possibilidade de rastrear e gerenciar essa constelação de dados que representa nossa vida com a mesma facilidade com que empresas como a Acxiom e o Facebook já o fazem.

Os tecnologistas do Vale do Silício às vezes falam do assunto como uma batalha perdida – as pessoas perderam o controle sobre seus dados pessoais, jamais o recuperarão e só lhes resta aceitar o fato. No entanto, as exigências legais sobre as informações pessoais não precisam ser infalíveis para funcionar, assim como a exigência legal de não roubar não é inútil só porque algumas pessoas roubam e conseguem se safar. A força da lei dificulta a transmissão de certos tipos de informação – e em muitos casos, essa pequena dificuldade já faz uma grande diferença.

Além disso, já existem leis destinadas a proteger as informações pessoais. Por exemplo, uma lei de 1970 obriga as agências de crédito a revelar suas classificações de crédito aos consumidores e notificá-los quando sofram discriminação com base nesses relatórios. Isso não é muito, no entanto, tendo em vista que, no passado, os consumidores sequer tinham a possibilidade de saber se sua classificação de crédito continha erros (e 70% das classificações contêm erros, segundo o Pirg, um grupo americano de pesquisa), a lei já representa um passo na direção certa.

Um passo ainda maior seria instituir uma agência que supervisionasse o uso das informações pessoais. A União Europeia e a maior parte dos países industrializados realizam esse tipo de supervisão, mas os Estados Unidos ficaram para trás, diluindo a responsabilidade pela proteção dos dados pessoais entre a Comissão Federal do Comércio, o Departamento de Comércio e outras agências. Agora que estamos entrando na segunda década do século XXI, já passamos da hora de levar essas preocupações mais a sério.

Nada disso é fácil: os dados privados estão sempre ameaçados, e o processo de equilibrar os interesses dos consumidores e cidadãos com os das empresas vai precisar de uma boa dose de ajuste fino. Na pior das hipóteses, as novas leis poderiam ser mais onerosas do que as práticas que pretendem evitar. Mas esse é um argumento para consertar a situação, e rápido, antes que as empresas que lucram com as informações privadas tenham ainda mais incentivos para tentar bloquear a aprovação de leis como essas.

Tendo em vista o dinheiro que está em jogo e o poder que o dinheiro tem no sistema legislativo dos Estados Unidos, essa mudança não será fácil. Assim, para salvarmos o ambiente digital de si mesmo, no fim das contas vamos precisar de um novo eleitorado de ambientalistas digitais – cidadãos desse novo espaço que estamos construindo em conjunto, que se reúnam para proteger tudo o que esse espaço tem de bom.

Nos próximos poucos anos serão escritas as regras que governarão a próxima década de vida on-line, ou mais. E os grandes conglomerados da internet estão se preparando para ajudar a escrevê-las. Os gigantes da comunicação que detêm a infraestrutura física da internet têm muita força política. A AT&T é uma das quatro empresas que mais contribuem para a política norte-americana, deixando para trás as companhias de petróleo e a indústria farmacêutica. Intermediários como o Google também detêm ampla influência política: Eric Schmidt visita a Casa Branca com frequência, e empresas como Microsoft, Google e Yahoo gastam milhões para influenciar a tomada de decisões em Washington. Depois de tudo que foi dito sobre a Web 2.0 e sua capacidade de transferir poder aos cidadãos, é irônico que a velha frase de John Gardner continue valendo: na luta pelo controle da internet, todos estão organizados, menos o povo.

Mas isso só ocorre porque a maioria de nós ainda não entrou na briga. As pessoas que usam a internet e têm interesse em seu futuro superam o número de lobistas corporativos em ordens de grandeza. Nós somos literalmente centenas de milhões espalhados por todas as categorias demográficas – políticas, étnicas, socioeconômicas e geracionais –, e todos temos interesse pessoal no resultado dessa disputa. Além disso, muitas empresas menores também estão plenamente interessadas em garantir que a rede seja democrática e tenha espírito público. Se a grande maioria decidir que uma internet aberta e com espírito público é necessária, e se erguermos nossa voz para defendê-la – participando de organizações como a Free Press (um movimento de base apartidário que luta pela reforma da mídia), telefonando para o Congresso, fazendo perguntas em assembleias de eleitores e doações de campanha aos deputados que lideram essa luta – os lobistas não terão a menor chance.

Agora que bilhões de pessoas estão entrando para a vida on-line na Índia, no Brasil e na África, a internet está se transformando num espaço realmente global. Cada vez mais, esse será o lugar em que vivemos nossa vida. No entanto, no fim das contas, um pequeno número de empresas nos Estados Unidos poderá ditar unilateralmente o modo como bilhões de pessoas trabalham, se divertem, se comunicam e compreendem o mundo. Proteger a noção primordial de conectividade radical e de controle por parte do usuário deve ser uma prioridade urgente para todos nós.

Agradecimentos

Escrever pode ser uma profissão solitária, mas pensar não é. Essa foi uma das grandes dádivas do processo de criação deste livro – a oportunidade de pensar e aprender com pessoas extremamente inteligentes e moralmente reflexivas. Este livro não seria o mesmo – e não seria grande coisa – se não fosse por uma grande equipe de colaboradores (que às vezes sequer sabiam sê-lo). A seguir, vou fazer o melhor possível para citar todos aqueles que contribuíram diretamente. No entanto, existe um número ainda maior de pessoas cujos conhecimentos acadêmicos, obras ou filosofia estruturaram minhas ideias e me forçaram a pensar de novas maneiras: Larry Lessig, Neil Postman, Cass Sunstein, Marshall McLuhan, Marvin Minsky e Michael Schudson são os primeiros que me vêm à mente. Tudo o que este livro tem de bom deve muito a esse quadro variado de pensadores. Os erros, naturalmente, são todos meus.

O filtro invisível começou como um pequeno rascunho escrito nos primeiros dias de 2010. Elyse Cheney, minha agente literária, deu-me a confiança de enxergá-lo como um livro. Sua grande perspicácia editorial, seu intelecto aguçado e suas críticas saudavelmente diretas ("Esta parte está bastante boa. Este capítulo, nem tanto.") fortaleceram drasticamente o texto final. Eu sei que é de praxe agradecer a nosso agente, mas Elyse foi mais que uma agente – foi a melhor proponente e crítica deste livro, constantemente compelindo-o (e a mim) para que fosse ótimo. Não sei se o manuscrito final chegou a esse nível, mas ainda assim aprendi muito, o que me deixa muito grato. Além disso, foi ótimo trabalhar com a equipe de Elyse – Sarah Rainone e Hannah Elnan.

Ann Godoff e Laura Stickney, minhas editoras na Penguin Press, são as duas outras integrantes do triunvirato que permitiu a este livro ver a luz do dia. A sabedoria de Ann ajudou a definir o tema do livro e o público ao qual se dirige; a visão aguçada de Laura, além de suas perguntas e delicadas provocações, ajudaram-me a enxergar as lacunas, saltos e problemas do texto. Sou muito grato a ambas.

Outro trio de pessoas também teve grande mérito não só por fazer com que este livro cruzasse a linha de chegada sem grandes acidentes de percurso, mas também por inspirar algumas de suas melhores ideias. Meus assistentes de pesquisa Caitlin Petre, Sam Novey e Julia Kamin esquadrinharam a internet e escavaram livros empoeirados em bibliotecas para me ajudar a entender o que exatamente estava acontecendo. Sam, meu permanente antagonista, incentivou-me sempre a pensar com mais profundidade no que eu estava dizendo. Julia trouxe ao trabalho um forte ceticismo científico e me protegeu de fontes duvidosas nas quais eu poderia ter me baseado. E a grande inteligência, trabalho duro e crítica cuidadosa de Caitlin foram a fonte de alguns de meus melhores momentos "eureca". Pessoal, eu não teria conseguido sem vocês. Obrigado.

Uma das melhores partes do processo de escrever foi a oportunidade de falar ao telefone ou encontrar pessoas extraordinárias e lhes fazer perguntas. Sou muito grato às seguintes pessoas por responderem aos meus questionamentos e ajudarem a ilustrar o texto: C.W. Anderson, Ken Auletta, John Battelle, Bill Bishop, Matt Cohler, Gabriella Coleman, Dalton Conley, Chris Coyne, Pam Dixon, Caterina Fake, Matthew Hindman, Bill Joy, Dave Karpf, Jaron Lanier, Steven Levy, Diana Mutz, Nicholas Negroponte, Markus Prior, Robert Putnam, John Rendon, Jay Rosen, Marc Rotenberg, Douglas Rushkoff, Michael Schudson, Daniel Solove, Danny Sullivan, Philip Tetlock, Clive Thompson e Jonathan Zittrain. As conversas com Ethan Zuckerman, Scott Heiferman, David Kirkpatrick, Clay Shirky, Nicco Mele, Dean Eckles, Jessi Hempel e Ryan Calo foram especialmente instigantes e úteis. Agradeço a Nate Tyler e Jonathan McPhie, do Google, por considerarem minhas dúvidas e as responderem. E por estranho que pareça, tendo em vista o tema do livro, agradeço também aos meus amigos do Facebook, alguns reais, outros virtuais, que logo responderam às minhas perguntas e me ajudaram quando eu precisava de exemplos casuais ou interessantes.

Durante o processo de escrita, recebi o auxílio inestimável de diversas instituições e comunidades. Não sei o que teria feito sem os meses de verão que passei pesquisando e escrevendo no Blue Mountain Center: muito obrigado a Ben, Harriet e meus outros companheiros por me oferecerem um espaço para pensar, receber conselhos (especialmente Carey McKenzie) e dar uns mergulhos tarde da noite. O Roosevelt Institute teve a gentileza de me oferecer um lugar para morar durante o último ano: agradeço a Andy Rich e Bo Cutter pelo estímulo intelectual e pelas excelentes conversas. Micah Sifry e Andrew Raseij, dois grandes amigos da democracia on-line, deram-me espaço para defender esse argumento no Personal Democracy Forum. David Fenton esteve sempre presente para me ajudar em cada etapa do processo, oferecendo-me sua casa para escrever e pensar, dando ideias para o título e ajudando-me a encontrar público para o livro. David, você é um grande amigo. E a Fenton Communications – especialmente minha amiga Lisa

Witter, tão simpática e reflexiva – ofereceu apoio generoso às primeiras pesquisas que me colocaram no caminho da personalização.

Não tenho palavras para agradecer à Equipe MoveOn, tanto a antiga como a atual, com quem aprendi muito sobre política, tecnologia e pessoas. Carrie, Zack, Joan, Patrick, Tom, Nita, Jenn, Ben, Matt, Natalie, Noah, Adam, Roz, Justin, Ilyse e toda a equipe: vocês são algumas das pessoas mais inteligentes e inspiradoras que já conheci, e tenho muita sorte de ter trabalhado com vocês.

O manuscrito só ficou pronto algumas semanas antes do prazo final. Wes Boyd, Matt Ewing, Randall Farmer, Daniel Mintz, meus pais – Emanuel Pariser e Dora Lievow –, além de, é claro, Sam, Caitlin e Julia, tiveram a generosidade de deixar de lado suas ocupações e examiná-lo. Tenho arrepios só de pensar no que poderia ter sido publicado sem seus comentários. Todd Rogers, Anne O'Dwyer, Patrick Kane, David Kirkpatrick e Jessi Hempel também tiveram a delicadeza de ler partes do livro. E não sei como agradecer a Krista Williams e Amanda Katz, cujo brilhante pensamento editorial ajudou a recuperar alguns dos capítulos mais enfermos (Krista, agradeço também por sua amizade). Stephanie Hopkins e Mirela Iverac ofereceram inestimável auxílio de última hora com o manuscrito.

Deixei meus agradecimentos maiores e mais pessoais para o final. Ao longo de minha vida, tive a incrível sorte de aprender com uma série de grandes professores: para citar alguns, Karen Scott, Doug Hamill e Leslie Simmons da Lincolnville Central School; Jon Potter e Rob Lovell de Camden-Rockport High; Barbara Resnik e Peter Cocks de Simon's Rock, entre muitos outros. Devo a essas pessoas toda a clareza de pensamento que eu possa ter. E tenho alguns amigos realmente maravilhosos – eu não poderia citar todos aqui, mas vocês sabem quem são. Sou especialmente grato ao apoio e ao amor que recebi – tanto nas horas boas como nas ruins – de Aram e Lara Kailian, Tate Hausman, Noah Winer, Nick Arons e Ben e Beth Wikler. Um dos meus objetivos na vida é ser um amigo tão bom quanto vocês foram comigo.

Minha família também me incentivou e aguçou meu pensamento durante todo o caminho. Um grande abraço e um obrigado ainda maior à minha mãe, Dora Lievow, meu pai e minha madrasta, Emanuel Pariser e Lea Girardin, e minha irmã, Ya Jia. Eben Pariser, meu irmão, incentivou-me e ainda fez pizzas incríveis quando eu estava fraquejando, e me ajudou a terminar o manuscrito. Ele é um ótimo irmão e um ótimo músico (deem uma olhada na banda dele, a Roosevelt Dime, para ver o que estou dizendo). Bronwen Rice talvez não seja oficialmente da família, mas vou incluí-la aqui de qualquer forma: Bronwen, obrigado por ajudar a me manter fiel a mim mesmo durante tantos anos.

Existem ainda quatro pessoas cuja generosidade, inteligência e amor eu aprecio mais do que consigo expressar:

Wes Boyd apostou num rapaz de 21 anos, confiou em mim mais do que eu confiava em mim mesmo e me orientou durante oito anos no MoveOn. Este livro ganhou muito com as conversas que tivemos nesses anos – não há ninguém com quem eu goste tanto de pensar. Peter Koechley, meu verdadeiro amigo e cúmplice, ajudou-me quando a coisa ficou difícil – tanto no processo de escrita como fora dele. Fico feliz por ter um amigo simultaneamente tão talentoso e tão correto. Vivien Labaton: não tenho suficientes superlativos para falar de você, por isso vou me ater ao coloquial. Você é o máximo. Por último, Gena Konstantinakos. Gena, você segurou a barra deste projeto mais que qualquer outra pessoa – tantos meses de trabalho nos finais de semana, madrugadas e manhãs no escritório, o estresse durante as revisões e os prazos constantemente estendidos. Você aceitou tudo isso e muito mais com tranquilidade, estimulando-me, ajudando-me a organizar os capítulos em fichários e me animando durante todo o caminho. Ainda fico maravilhado, em certos dias, ao perceber que tenho uma pessoa tão inteligente, bonita e talentosa, íntegra e alegre na minha vida. Eu te amo.

Leituras recomendadas

Alexander, Christopher, Sara Ishikawa e Murray Silverstein. *A Pattern Language: Towns, Buildings, Construction*. Nova York, Oxford University Press, 1977.

Anderson, Benedict. *Imagined Communities: Reflections on the Origin and Spread of Nationalism*. Nova York: Verso, 1991. [Ed. bras. *Comunidades imaginadas:reflexões sobre a origem e a difusão do nacionalismo*. São Paulo, Cia. das Letras, 2008.]

Battelle, John. *The Search: How Google and Its Rivals Rewrote the Rules of Business and Transformed Our Culture*. Nova York, Portfolio, 2005.

Berger, John. *Ways of Seeing*. Nova York, Penguin, 1973.

Bishop, Bill. *The Big Sort: Why the Clustering of Like-Minded America Is Tearing Us Apart*. Nova York, Houghton Mifflin Company, 2008.

Böhm, David. *On Dialogue*. Nova York, Routledge, 1996.

Conley, Dalton. *Elsewhere, USA: How We Got from the Company Man, Family Dinners, and the Affluent Society to the Home Office, BlackBerry Moms, and Economic Anxiety*. Nova York, Pantheon Books, 2008.

Dewey, John. *Public and Its Problems*. Athens, OH, Swallow Press, 1927.

Heuer, Richards J. *Psychology of Intelligence Analysis*. Washington, D.C., Central Intelligence Agency, 1999.

Inglehart, Ronald. *Modernization and Postmodernization*. Princeton, Princeton University Press, 1997.

Kelly, Kevin. *What Technology Wants*. Nova York, Viking, 2010.

Koestler, Arthur. *The Act of Creation*. Nova York, Arkana, 1989.

Lanier, Jaron. *You Are Not a Gadget: A Manifesto*. Nova York, Alfred A. Knopf, 2010.

Lessig, Lawrence. *Code: And Other Laws of Cyberspace, Version 2.0*. Nova York, Basic Books, 2006.

Lippmann, Walter. *Liberty and the News*. Princeton, Princeton University Press, 1920.

Minsky, Marvin. *A Society of Mind*. Nova York, Simon and Schuster, 1988.

Norman, Donald A. *The Design of Everyday Things*. Nova York, Basic Books, 1988.

Postman, Neil. *Amusing Ourselves to Death: Public Discourse in the Age of Show Business*. Nova York, Penguin Books, 1985.

Schudson, Michael. *Discovering the News: A Social History of American Newspapers*. Nova York, Basic Books, 1978.

Shields, David. *Reality Hunger: A Manifesto*. Nova York, Alfred A. Knopf, 2010.

Shirky, Clay. *Here Comes Everybody: The Power of Organizing Without Organizations*. Nova York, The Penguin Press, 2008. [Ed. bras. *Lá vem todo mundo: o poder de organizar sem organizações*. Rio de Janeiro, Zahar, 2012.]

Solove, Daniel J. *Understanding Privacy*. Cambridge, MA, Harvard University Press, 2008.

Sunstein, Cass R. *Republic.com 2.0*. Princeton, Princeton University Press, 2007.
Turner, Fred. *From Counterculture to Cyberculture: Stewart Brand, the Whole Earth Network, and the Rise of Digital Utopianism*. Chicago, The University of Chicago Press, 2006.
Watts, Duncan J. *Six Degrees: The Science of a Connected Age*. Nova York, WW, Norton & Company, 2003.
Wu, Tim. *The Master Switch: The Rise and Fall of Information Empires*. Nova York, Alfred A. Knopf, 2010.
Zittrain, Jonathan. *The Future of the Internet: And How to Stop It*. New Haven, Yale University Press, 2008.

Notas

Introdução (p.7-23)

7 "A morte de um esquilo": Kirkpatrick, David. *The Facebook Effect*: The Inside Story of the Company That Is Connecting the World. Nova York, Simon and Schuster, 2010, p.296.

7 "e então nossas ferramentas nos moldam": McLuhan, Marshall. *Understanding Media: The Extensions of Man*. Cambridge, MIT Press, 1994.

7 "Busca personalizada para todos": *Google Blog*, 4 dez 2009, acessado em 19 dez 2010 (http://googleblog.blogspot.com/2009/12/personalized-search-for-everyone.html).

7 "o Google passaria a utilizar 57 'sinalizadores'": entrevista do autor com fonte confidencial.

11 "estudo do *Wall Street Journal*": Angwin, Julia. "The Web's New Gold Mine: Your Secrets", *Wall Street Journal*, 30 de jul 2010, acessado em 19 dez 2010 (http://online.wsj.com/article/SB10001424052748703940904575395073512989404.html).

11 "o site irá instalar 223 cookies": Idem.

12 "panelas revestidas de Teflon": No momento em que o livro foi escrito, a ABC News usava um software de compartilhamento chamado "AddThis". Quando alguém usa o AddThis para compartilhar conteúdo no site da ABC News (ou em qualquer outro), o AddThis instala um cookie de rastreamento em seu computador, que pode ser usado para enviar propaganda direcionada a quem compartilhe itens de sites específicos.

12 "o custo são informações sobre nós mesmos": Palmer, Cris. Entrevista por telefone ao autor, 10 dez 2010.

12 "acumulou em média 1.500 informações": Clifford, Stephanie. "Ads Follow Web Users, and Get More Personal", *New York Times*, 30 jul 2009, acessado em 19 dez 2010 (www.nytimes.com/2009/07/31/business/media/31privacy.html).

12 "96% da população americana": Behar, Richard. "Never Heard of Acxiom? Chances Are It's Heard of You", *Fortune*, 23 fev 2004, acessado em 19 dez 2010 (http://money.cnn.com/magazines/fortune/fortune_archive/2004/02/23/362182/index.htm).

13 "a Netflix consegue prever": Kirkpatrick, Marshall. "They Did It! One Team Reports Success in the $1m Netflix Prize", *ReadWriteWeb*, 26 jun 2009, acessado em 19 dez 2010 (www.readwriteweb.com/archives/they_did_it_one_team_reports_success_in_the_1m_net.php).

13 "um site que não seja adaptado a cada usuário": Kirpatrick, Marshall. "Facebook Exec: All Media Will Be Personalized in 3 to 5 Years", *ReadWriteWeb*, 29 set 2010, acessado em 30 jan 2011 (http://www.readwriteweb.com/archives/facebook_exec_all_media_will_be_personalized_in_3.php).

13 "a rede agora gira em torno do 'eu'": Catone, Josh. "Yahoo: The Web's Future Is Not in Search", *ReadWriteWeb*, 4 jun 2007, acessado em 19 dez 2010 (www.readwriteweb.com/archives/yahoo_personalization.php).

13 "lhes diga o que deverão fazer a seguir": Farrar, James. "Google to End Serendipity (by Creating It)", *ZDNet*, 17 ago 2010, acessado em 19 dez 2010 (www.zdnet.com/blog/sustainability/google-to-end-serendipity-by-creating-it/1304).

13 "estão se transformando em sua fonte principal de informações": Pew Research Center, "Americans Spend More Time Following the News", 12 set 2010, acessado em 7 fev 2011 (http://people-press.org/report/?pageid=1793).

13-4 "meio milhão de pessoas adere ao site a cada dia": Smith, Justin. "Facebook Now Growing by Over 700,000 Users a Day, and New Engagement Stats", 2 jul 2009, acessado em 7 fev 2011 (http://www.insidefacebook.com/2009/07/02/facebook-now-growing-by-over-700000-users-a-day-updated-engagement-stats/).

14 "maior fonte de notícias do mundo": McGirt, Ellen. "Hacker. Dropout. CEO", *Fast Company*, 1º mai 2007, acessado em 7 fev 2011 (http://www.fastcompany.com/magazine/115/open_features-hacker-dropout-ceo.html).

15 "900 mil postagens em blogs, 50 milhões de tweets": "Measuring tweets", *Twitter Blog*, 22 fev 2010, acessado em 19 dez 2010 (http://blog.twitter.com/2010/02/measuring-tweets.html).

15 "60 milhões de atualizações de status no Facebook e 210 bilhões de e-mails": "A Day in the Internet", *Online Education*, acessado em 19 dez 2010 (www.onlineeducation.net/internet).

15 "aproximadamente 5 bilhões de gigabytes": Siegler, M.G. "Eric Schmidt: Every 2 Days We Create as Much Information as We Did up to 2003", *TechCrunch Blog*, 4 fev 2010, acessado em 19 dez 2010 (http://techcrunch.com/2010/08/04/schmidt-data).

16 "dois novos complexos do tamanho de estádios": Foy, Paul. "Gov't Whittles Bidders for NSA's Utah Data Center", *Associated Press*, 21 fev 2010, acessado em 19 dez 2010 (http://abcnews.go.com/Business/wireStory?id=10438827&page=2).

16 "novas unidades de medição": Bamford, James. "Who's in Big Brother's Database?", *The New York Review of Books*, 5 nov 2009, acessado em 8 fev 2011 (http://www.nybooks.com/articles/archives/2009/nov/05/whos-in-big-brothers-database/).

16 "colapso da atenção": Rubel, Steve. "Three Ways to Mitigate the Attention Crash, Yet Still Feel Informed", blog de Steve Rubel, 30 abr 2008, acessado em 19 dez 2010 (www.micropersuasion.com/2008/04/three-ways-to-m.html).

18 "não há caminho de volta": Sullivan, Danny. Entrevista telefônica com o autor, 10 set 2010.

18 "faz parte da nossa experiência diária": Sunstein, Cass. *Republic.com 2.0*. Princeton, Princeton University Press, 2007.

18 "deformar a nossa percepção do mundo": Calo, Ryan. Entrevista por telefone ao autor, 13 dez 2010.

19 "o equivalente psicológico da obesidade": boyd, danah. "Streams of Content, Limited Attention: The Flow of Information through Social Media", discurso pro-

ferido na Web 2.0 Expo (Nova York, NY, 2009), acessado em 19 jul 2010 (http://www.danah.org/papers/talks/Web2Expo.html).

19 "'calculassem estrategicamente' o momento de suas ofertas on-line": "Ovulation Hormones Make Women 'Choose Clingy Clothes'", *BBC News*, 5 ago 2010, acessado em 8 fev 2011 (http://www.bbc.co.uk/news/health-10878750).

20 "empresas de marketing": "Preliminary FTC Staff Privacy Report: Remarks of Chairman Jon Leibowitz, as Prepared for Delivery", 1º dez 2010, acessado em 8 fev 2011 (http://www.ftc.gov/speeches/leibowitz/101201privacyreportremarks.pdf).

20 "afirma o professor Yochai Benkler": Benkler, Yochai. "Siren Songs and Amish Children: Autonomy, Information, and Law", *New York University Law Review,* abr 2001.

21 "em várias redes sociais diferentes": Putnam, Robert. *Bowling Alone: The Collapse and Revival of American Community*. Nova York, Simon and Schuster, 2000.

21 "todos nos tornássemos vizinhos de porta": Friedman, Thomas. "It's a Flat World, After All", *New York Times,* 3 abr 2005, acessado em 19 dez 2010 (www.nytimes.com/2005/04/03/magazine/03DOMINANCE.html?pagewanted=all).

21 "cada vez menor e mais rápido": Friedman, Thomas. *The Lexus and the Olive Tree*. Nova York, Random House, 2000, p.141.

21 "nossos restritos interesses pessoais": Thompson, Clive. Entrevista ao autor, Brooklyn, NY, 13 ago 2010.

22 "O cliente tem sempre razão, mas as pessoas não": Siegel, Lee. *Against the Machine: Being Human in the Age of the Electronic Mob*. Nova York, Spiegel and Grau, 2008, p.161.

22 "36 horas por semana assistindo televisão": "Americans Using TV and Internet Together 35% More Than A Year Ago", *Nielsen Wire*, 22 mar 2010, acessado em 19 dez 2010 (http://blog.nielsen.com/nielsenwire/online_mobile/three-screen-report-q409).

23 "civilização da Mente no ciberespaço": Barlow, John Perry. "A Cyberspace Independence Declaration", 9 fev 1996, acessado em 19 dez 2010 (http://w2.eff.org/Censorship/Internet_censorship_bills/barlow_0296.declaration).

23 "o código é a lei": Lessig, Lawrence. *Code*. Nova York, Basic Books, 2ª ed. 2006, p.5.

1. A corrida pela relevância (p.25-46)

25 "Se você não está pagando por alguma coisa": MetaFilter blog, acessado em 10 dez 2010 (www.metafilter.com/95152/userdriven-discontent).

26 "entre sexo, violência e questões políticas": Negroponte, Nicholas. *Being Digital*. Nova York, Knopf, 1995, p.46.

26 "Diário do Eu": Ibid., p.151.

26 "os agentes inteligentes são o futuro inequívoco da computação": Negroponte, Nicholas. E-mail ao editor da *Wired.com,* 1º mar 1995/3 mar 1995 (www.wired.com/wired/archive/3.03/negroponte.html).

26 "A questão do agente será um fator decisivo": Lanier, Jaron. "Agents of Alienation", acessado em 30 jan 2011 (http://www.jaronlanier.com/agentalien.html).

27 "25 piores produtos tecnológicos": Tynan, Dan. "The 25 Worst Tech Products of All Time", *PC World*, 26 mai 2006, acessado em 10 dez 2010 (www.pcworld.com/article/125772-3/the_25_worst_tech_products_of_all_time.html#bob).

28 "investiu mais de 100 milhões de dólares": Kawamoto, Dawn. "Newsmaker: Riding the next technology wave", *CNET News*, 2 out 2003, acessado em 30 jan 2011 (http://news.cnet.com/2008-7351-5085423.html).

28 "bem parecido com ele": Spector, Robert. *Get Big Fast*. Nova York, HarperBusiness, 2000, p.142.

28 "uma espécie de pequena empresa de inteligência artificial": Ibid., p.145.

29 "surpreso ao ver que estavam no topo": Ibid., p.27.

29 "a Random House controlava apenas 10% do mercado": Ibid., p.25.

29 "3 milhões de títulos ativos": Idem.

30 "A área se chamava 'cibernética'": Johnson, Barnabas D. "Cybernetics of Society", *The Jurlandia Institute*, acessado em 30 jan 2011 (http://www.jurlandia.org/cybsoc.htm).

30 "O Parc era famoso por": Singer, Michael. "Google Gobbles Up Outride", *InternetNews.com*, 21 set 2001, acessado em 10 dez 2010 (www.internetnews.com/bus-news/article.php/889381/Google-Gobbles-Up-Outride.html).

30 "filtragem colaborativa": Mason, Moya K. "Short History of Collaborative Filtering", acessado em 10 dez 2010 (www.moyak.com/papers/collaborative-filtering.html).

30 "lidar com qualquer fluxo de documentos eletrônicos": Goldberg, David, David Nichols, Brian M. Oki e Douglas Terry. "Using Collaborative Filtering to Weave an Information Tapestry", *Communications of the ACM* 35, n.12, 1992, p.61.

31 "envia as respostas conforme o necessário": Shardanand, Upendra. *Social Information Filtering for Music Recommendation*. Dissertação de mestrado, Massachusetts Institute of Technology, 1994.

32 "menos de livros de saúde": Kaste, Martin. "Is Your E-Book Reading Up On You?", *NPR.org*, 15 dez 2010, acessado em 8 fev 2010 (http://www.npr.org/2010/12/15/132058735/is-your-e-book-reading-up-on-you).

32 "como se fosse uma recomendação 'objetiva'": Shepard, Aaron. *Aiming at Amazon: The NEW Business of Self Publishing, Or How to Publish Your Books with Print on Demand and Online Book Marketing*. Shepard Publications, 2006, p.127.

33 "noção de 'relevante'": Brin, Sergey e Lawrence Page. "The Anatomy of a Large-Scale Hypertextual Web Search Engine", Seção 1.3.1.

33 "publicidade gera incentivos mistos": Ibid, seção 8, apêndice A.

34 "muito difícil obter esses dados": Ibid., seção 1.3.2.

35 "um ar de agência secreta": Hansell, Saul. "Google Keeps Tweaking its Search Engine", *New York Times*, 3 jun 2007, acessado em 7 fev 2011 (http://www.nytimes.com/2007/06/03/business/yourmoney/03google.html?_r=1).

35 "ofereceria exatamente o que buscamos": Vise, David A. e Mark Malseed. *The Google Story*. Nova York, Bantam Dell, 2005, p.289.

36 "dentes de tubarões ancestrais": Texto completo da patente, acessado em 10 dez 2010 (http://patft.uspto.gov/netacgi/nph-Parser?Sect1=PTO2&Sect2=HITOFF&u=%2Fnetahtml%2FPTO%2Fsearch-adv.htm&r=1&p=1&f=G&l=50&d=PTXT&S1=7,451,130.PN.&OS=pn/7,451,130&RS=PN/7,451,13,).

37 "há quem chame isso de inteligência artificial": Page, Lawrence. *Google Zeitgeist Europe Conference*, mai 2006.

37 "respostas às perguntas mais hipotéticas": BBC News, "Hyper-personal Search 'Possible'", 20 jun 2007, acessado em 10 dez 2010 (http://news.bbc.co.uk/2/hi/technology/6221256.stm).

38 "Somos um serviço público": Kirkpatrick, David. "Facebook Effect", *New York Times*, 8 jun 2010, acessado em 10 dez 2010 (www.nytimes.com/2010/06/08/books/excerpt-facebook-effect.html?pagewanted=1).

39 "mais notícias num único dia": McGirt, Ellen. "Hacker. Dropout. CEO", *Fast Company*, 1º mai 2007, acessado em 7 fev 2011 (http://www.fastcompany.com/magazine/115/open_features-hacker-dropout-ceo.html).

39 "baseando-se em três fatores": Kincaid, Jason. "EdgeRank: The Secret Sauce That Makes Facebook's News Feed Tick", *TechCrunch blog*, 22 abr 2010, acessado em 10 dez 2010 (http://techcrunch.com/2010/04/22/facebook-edgerank).

39 "marca de 300 milhões de usuários": Zuckerberg, Mark. "300 Million and On", *blog do Facebook*, 15 set 2009, acessado em 10 dez 2010 (http://blog.facebook.com/blog.php?post=136782277130).

40 "página do jornal *Washington Post*": Divulgação integral: na primavera de 2010, consultei rapidamente o *Post* sobre suas comunidades on-line e presença na rede.

40 "a coisa mais transformadora": McCarthy, Caroline. "Facebook F8: One Graph to Rule Them All", *CNET News*, 21 abr 2010, acessado em 10 dez 2010 (http://news.cnet.com/8301-13577_3-20003053-36.html).

40 "compartilhando 25 bilhões de itens por mês": Siegler, M.G. "Facebook: We'll Serve 1 Billion Likes on the Web in Just 24 Hours", *TechCrunch blog*, 21 abr 2010, acessado em 10 dez 2010 (http://techcrunch.com/2010/04/21/facebook-like-button).

43 "a Acxiom sabia mais": Behar, Richard. "Never Heard of Acxiom? Chances Are It's Heard of You", *Fortune*, 23 de fev 2004, acessado em 10 dez 2010 (http://money.cnn.com/magazines/fortune/fortune_archive/2004/02/23/362182/index.htm).

43-4 "presta serviços à maioria das grandes empresas nos Estados Unidos": "Acxiom Hacked, Customer Information Exposed", *InternetNews.com*, 8 ago 2003, acessado em 10 dez 2010 (www.esecurityplanet.com/trends/article.php/2246461/Acxiom-Hacked-Customer-Information-Exposed.htm).

44 "o produto fabricado são dados": Behar, Richard. Op.cit.

44 "o leiloa à empresa que fizer a melhor oferta": Clifford, Stephanie. "Your Online Clicks Have Value, for Someone Who Has Something to Sell", *New York Times*, 25 mar 2009, acessado em 10 dez 2010 (www.nytimes.com/2009/03/26/business/media/26adco.html?_r=2).

44 "leva menos de um segundo": Center for Digital Democracy, U.S. PIRG e queixa do World Privacy Forum à Federal Trade Commission dos EUA, 8 abr 2010, acessado em 10 dez 2010 (http://democraticmedia.org/real-time-targeting).

44 "deixam o site sem comprar nada": Comunicado de imprensa, FetchBack Inc., 13 abr 2010, acessado em 10 dez 2010 (www.fetchback.com/press_041310.html).

45 "62 bilhões de atributos em tempo real por ano": Center for Digital Democracy, U.S. Public Interest Research Group e a queixa do World Privacy Forum à Federal Trade Commission dos EUA. Op.cit.

45 "Projeto Rubicon": Center for Digital Democracy, U.S. Public Interest Research Group e a queixa do World Privacy Forum à Federal Trade Commission dos EUA. Op.cit.

2. O usuário é o conteúdo (p.47-71)

47 "minando assim o modo de vida democrático": Dewey, John. *The Later Works of John Dewey, 1925-1953*, vol.14, *Essays, Reviews, and Miscellany, 1939-1941*. Carbondale, Southern Illinois University Press, 1998, p.227.

47 "adaptada para elas": Jenkins Jr., Holman W. "Google and the Search for the Future", *Wall Street Journal*, 14 ago 2010, acessado em 11 dez 2010 (http://online.wsj.com/article/SB10001424052748704901104575423294099527212.html).

48 "só não sei qual metade": John Wanamaker, dono de loja de departamentos dos Estados Unidos, citado por Marilyn Ross e Sue Collier, *The Complete Guide to Self-Publishing*. Cincinnati, OH, Writer's Digest Books, 2010, p.344.

48 "Um executivo do setor de marketing": Não consegui identificá-lo em minhas notas.

49 "Agora em 2010, recebiam apenas": Relatório em PowerPoint do Interactive Advertising Bureau, "Brand Advertising Online and The Next Wave of M&A", fev 2010.

49 "abordar seu público *premium* em 'outros lugares, mais baratos'": Idem.

49 "negado o acesso aos fatos": Lippmann, Walter. *Liberty and the News*. Princeton, Princeton University Press, 1920, p.6.

50 "blogs continuam incrivelmente dependentes": Pew Research Center, "How Blogs and Social Media Agendas Relate and Differ from the Traditional Press", 23 mai 2010, acessado em 11 dez 2010 (www.journalism.org/node/20621).

51 "esses documentos são falsos": Wallsten, Peter. "'Buckhead,' Who Said CBS Memos Were Forged, Is a GOP-Linked Attorney", *Los Angeles Times*, 18 set 2004, acessado em 11 dez 2010 (http://seattletimes.nwsource.com/html/nationworld/2002039080_buckhead18.html).

52 "não deveríamos ter utilizado esse material": Associated Press, "CBS News Admits Bush Documents Can't Be Verified", 21 set 2004, acessado em 11 dez 2010 (www.msnbc.msn.com/id/6055248/ns/politics).

52 "tinham a atenção voltada para a história": *The Gallup Poll: Public Opinion 2004*. Lanham, MD, Rowman & Littlefield, 2006 (http://books.google.com/books?id=uqqp-sDCjo4C&pg=PA392&lpg=PA392&dq=public+opinion+poll+on+dan+rather+controv

ersy&source=bl&ots=CPGu03cpsn&sig=9XT-li8ar2GOXxfVQWCcGNHIxTg&hl=en&ei=uw_7TLK9OMGB8gb3r72ACw&sa=X&oi=book_result&ct=result&resnum=1&ved=0CBcQ6AEwAA#v=onepage&q=public%20opinion%20poll%20on%20dan%20rather%20controversy&f=true).

53 "uma crise do jornalismo": Lippmann, Walter. Op.cit, p.64.

54 "os jornais passaram a publicar notícias": As informações desta seção vieram do excelente livro de Michael Schudson, *Discovering the News*. Nova York, Basic Books, 1978.

55 "Ensinaram-na a marchar e a bater continência": Lippmann, Walter. Op.cit, p.4.

55 "o que [o cidadão médio] deve saber": Ibid., p.7.

56 "membros singulares de uma comunidade": Dewey, John. *The Later Works of John Dewey, 1925-1953*, vol. 2, *Essays, Reviews, and Miscellany, 1939-1941*. Carbondale: Southern Illinois University Press, 1984, p.332.

57 "diz que os anos 2000 foram a década da desintermediação": Pareles, Jon. "A World of Megabeats and Megabytes", *New York Times*, 30 dez 2009, acessado em 11 dez 2010 (www.nytimes.com/2010/01/03/arts/music/03tech.html).

57 "Esse processo – a eliminação do intermediário": Blog de Dave Winer, "Scripting News", 7 dez 2005, acessado em 11 dez 2010 (http://scripting.com/2005/12/07.html#).

57 "suga o poder do centro": Dyson, Esther. "Does Google Violate Its 'Don't Be Evil' Motto?", *Intelligence Squared US*. Debate entre Esther Dyson, Siva Vaidhyanathan, Harry Lewis, Randal C. Picker, Jim Harper e Jeff Jarvis (Nova York, NY, 18 nov 2008), acessado em 7 fev 2011 (http://www.npr.org/templates/story/story.php?storyId=97216369).

58 "vem do latim e significa 'camada do meio'": Meu agradecimento a Clay Shirky por me apresentar a essa noção em sua conversa com Jay Rosen. Clay Shirky entrevistado por Jay Rosen, vídeo, cap.5, "Why Study Media?", NYU Primary Sources, Nova York, NY, 2011, acessado em 9 fev 2011 (http://nyuprimarysources.org/video-library/jay-rosen-and-clay-shirky/).

58 "disputando o poder com os poucos": Grossman, Lev. "Time's Person of the Year: You", *Time*, 13 dez 2006, acessado em 11 dez 2010 (www.time.com/time/magazine/article/0,9171,1569514,00.html).

58 "não eliminou os intermediários": Goldsmith, Jack e Tim Wu. Who Controls the Internet? *Illusions of a Borderless World*. Nova York, Oxford University Press, 2006, p.70.

59 "vai memorizar o que você já sabe": Sullivan, Danny. "Google CEO Eric Schmidt on Newspapers & Journalism", Search Engine Land, 3 out 2009, acessado em 11 dez 2010 (http://searchengineland.com/google-ceo-eric-schmidt-on-newspapers-journalism-27172).

59 "levar esse conteúdo para o grupo certo": "Krishna Bharat Discusses the Past and Future of Google News", *Google News blog*, 15 jun 2010, acessado em 11 dez 2010 (http://googlenewsblog.blogspot.com/2010/06/krishna-bharat-discusses-past-and.html).

59 "Nós damos atenção": Idem.

60 "sobretudo em seu círculo social": Idem.

60 "disponibilizar essa tecnologia aos editores": Idem.

60 "americanos perderam mais fé nas agências de notícias": "Press Accuracy Rating Hits Two Decade Low; Public Evaluations of the News Media: 1985-2009", *Pew Research Center for the People and the Press*, 13 set 2009, acessado em 11 dez 2010 (http://people-press.org/report/543/).

61 "o *New York Times* e algum blogueiro qualquer": Entrevista de um executivo do *Yahoo News*, ao autor, em 22 set 2010. Essa entrevista foi feita de forma confidencial.

62 "desiste das ofertas da TV a cabo": Schonfeld, Erick. "Estimate: 800,000 U.S. Households Abandoned Their TVs for the Web", *TechCrunch blog*, 13 abr 2010, acessado em 11 dez 2010 (http://techcrunch.com/2010/04/13/800000-households-abandoned-tvs-web). "Cable TV Taking It on the Chin" (http://www.freemoneyfinance.com/2010/11/cable-tv-taking-it-on-the-chin.html). E Peter Svensson, "Cable Subscribers Flee, but Is Internet to Blame?" (http://finance.yahoo.com/news/Cable-subscribers-flee-but-is-apf-3875814716.html?x=0).

62 "modificar drasticamente a indústria da publicidade, para sempre": "Google Vice President: Online Video and TV Will Converge", *Appmarket.tv*, 25 jun 2010, acessado em 11 dez 2010 (www.appmarket.tv/news/160-breaking-news/440-google-vice-president-online-video-and-tv-will-converge.html).

63 "pessoas que conhecemos geralmente vivem perto de nós": Bishop, Bill. *The Big Sort: Why the Clustering of Like-Minded America Is Tearing Us Apart*. Nova York, Houghton Mifflin, 2008, p.35.

63 "assistimos televisão para desligar nosso cérebro": Snell, Jason. "Steve Jobs on the Mac's 20th Anniversary", *Macworld*, 2 fev 2004, acessado em 11 dez 2010 (www.macworld.com/article/29181/2004/02/themacturns20jobs.html).

64 "televisão 36 horas por semana": "Americans Using TV and Internet Together 35% More Than a Year Ago", *Nielsen Wire*, 22 mar 2010, acessado em 11 dez 2010 (http://blog.nielsen.com/nielsenwire/online_mobile/three-screen-report-q409).

64 "paravam de trocar os canais muito antes": Klein, Paul. Citado por Marcus Prior, *Post-Broadcast Democracy*. Nova York, Cambridge University Press, 2007, p.39.

64 "nosso canal de televisão pessoal": "YouTube Leanback Offers Effortless Viewing", *YouTube blog*, 7 jul 2010, acessado em 11 dez 2010 (http://youtube-global.blogspot.com/2010/07/youtube-leanback-offers-effortless.html).

65 "um artigo que apareça no Grande Placar": McGrath, Bem. "Search and Destroy: Nick Denton's Blog Empire", *New Yorker*, 18 out 2010, acessado em 11 dez 2010 (www.newyorker.com/reporting/2010/10/18/101018fa_fact_mcgrath?currentPage=all).

65 "vêm até nós em busca do nosso senso crítico": Peters, Jeremy. "Some Newspapers, Tracking Readers Online, Shift Coverage", *New York Times*, 5 set 2010, acessado em 11 dez 2010 (www.nytimes.com/2010/09/06/business/media/06track.html).

67 "lenha na fogueira das matérias que ganham mais cliques": Harman, Danna. "In Chile, Instant Web Feedback Creates the Next Day's Paper", *Christian Science Monitor*, 1º dez 2004, acessado em 11 dez 2010 (www.csmonitor.com/2004/1201/p01s04-woam.html).

67 "criar conteúdo em resposta às ideias e necessidades do público": Peters, Jeremy. "At Yahoo, Using Searches to Steer News Coverage", *New York Times*, 5 jul 2010, acessado em 11 dez 2010 (www.nytimes.com/2010/07/05/business/media/05yahoo.html).

67 "as matérias mais enviadas por e-mail": Berger, Jonah A. e Katherine L. Milkman. "Social Transmission and Viral Culture", *Social Science Research Network Working Paper Series*, 25 dez 2009, p.2.

67-8 "Mulher vestida de lutador de sumô": *Huffington Post*, "The Craziest Headline Ever", 23 de jun 2010, acessado em 11 dez 2010 (www.huffingtonpost.com/2010/06/23/craziest-bar-ever-discove_n_623447.html).

68 "sexo com um cavalo": Westneat, Danny. "Horse Sex Story Was Online Hit", *Seattle Times*, 30 dez 2005, acessado em 11 dez 2010 (http://seattletimes.nwsource.com/html/localnews/2002711400_danny30.html).

68 "cachorro mais feio do mundo": Margot, Bem. "Rescued Chihuahua Princess Abby Wins World's Ugliest Dog Contest, Besting Boxer Mix Pabst", *Los Angeles Times*, 27 jun 2010, acessado em 11 dez 2010 (http://latimesblogs.latimes.com/unleashed/2010/06/rescued-chihuahua-princess-abby-wins-worlds-ugliest-dog-contest-besting-boxer-mix-pabst.html).

68 "todos vejam a mesma coisa": Bialik, Carl. "Look at This Article. It's One of Our Most Popular", *Wall Street Journal*, 20 mai 2009.

68 "pouca necessidade de partilhar informações de marketing": Alexander, Andrew. "Making the Online Customer King at The Post", *Washington Post*, 11 jul 2010, acessado em 11 dez 2010 (www.washingtonpost.com/wp-dyn/content/article/2010/07/09/AR2010070903802.html).

68 "não necessariamente no que os leitores queriam": Nicholas Negroponte. Entrevista ao autor, Truckee, CA, 5 ago 2010.

69 "o Grande Placar da Gawker é um caso extremo": professor Michael Schudson, entrevista ao autor, Nova York, NY, 13 ago 2010.

69 "matérias sobre a guerra no Afeganistão": Dumenco, Simon. "Google News Cares More About Facebook, Twitter and Apple Than Iraq, Afghanistan", *Advertising Age*, 23 jun 2010, acessado em 9 fev 2011 (http://adage.com/mediaworks/article?article_id=144624).

69 "não investigar certas histórias importantes": Alexander, Andrew. Op.cit.

70 "periodicamente alarmado quando há uma crise": Clay Shirky, entrevistado por Jay Rosen, Vídeo, *NYU Primary Sources*, Nova York, NY, 2011, acessado em 7 fev 2011 (http://nyuprimarysources.org/video-library/jay-rosen-and-clay-shirky/).

70 "do comportamento conjunto e interativo": Dewey, John. *The Public and Its Problems*. Athens, OH, Swallow Press, 1927, p.126.

3. A sociedade Adderall (p.72-98)

72 "contato com pessoas diferentes": Mill, John Stuart. *The Principles of Political Economy*. Amherst, MA, Prometheus Books, 2004, p.543.

72 "lembra mais o desempenho de um sonâmbulo": Koestler, Arthur. *The Sleepwalkers: A History of Man's Changing Vision of the Universe*. Nova York, Penguin, 1964, p.11.

72 "mas não quero conversar aqui": Precht, Henry. Entrevista com o embaixador David E. Mark, The Association for Diplomatic Studies and Training, Foreign Affairs Oral History Project, 28 jul 1989, acessado em 14 dez 2010 (http://memory.loc.gov/service/mss/mssmisc/mfdip/2005%20txt%20files/2004mar02.txt).

72 "os dois combinaram uma reunião": Idem.

73 "tudo o que eu quero é o meu dinheiro": Idem.

73 "Eu estava torto": Hart, John Limond. *The CIA's Russians*. Annapolis, Naval Institute Press, 2003, p.132.

73 "desertar e se mudar para os Estados Unidos": Ibid., p.135.

73 "James Jesus Angleton ... estava desconfiado": Ibid., p.140.

74 "os documentos da CIA indicavam uma data diferente": "Yuri Ivanovich Nosenko, a Soviet defector, Died on August 23rd, Aged 80", *Economist*, 4 set 2008, acessado em 14 dez 2010 (www.economist.com/node/12051491).

74 "interrogado num polígrafo": Idem.

74 "enviados ao front russo como punição": Heuer Jr., Richards J. "Nosenko: Five Paths to Judgment", *Studies in Intelligence* 31, n.3, outono de 1987.

74 "uma nova identidade": Stout, David. "Yuri Nosenko, Soviet Spy Who Defected, Dies at 81", *New York Times*, 27 ago 2008, acessado em 14 dez 2010 (www.nytimes.com/2008/08/28/us/28nosenko.html?scp=1&sq=nosenko&st=cse).

75 "a notícia de sua morte foi repassada": Idem.

75 "cheio de elogios": Heuer Jr., Richards J. *Psychology of Intelligence Analysis*. Alexandria, VA, Central Intelligence Agency, 1999.

75 "Os analistas de inteligência deveriam estar cientes": Ibid., xiii.

76 "em segunda mão e de forma distorcida": Ibid., xx-xxi.

76 "Para terem a imagem mais clara possível": Ibid., xxi-xxii.

77 "previsivelmente irracionais": Ariely, Dan. *Predictably Irrational: The Hidden Forces That Shape Our Decisions*. Nova York, HarperCollins, 2008.

77 "compreender o que nos faz felizes": Gilbert, Dan. *Stumbling on Happiness*. Nova York, Knopf, 2006.

77 "a história não acaba por aí": Schulz, Kathryn. *Being Wrong: Adventures in the Margin of Error*. Nova York, HarperCollins, 2010.

78 "a informação quer ser reduzida": Taleb, Nassim Nicholas. *The Black Swan: The Impact of the Highly Improbable*. Nova York, Random House, 2007, p.64.

79 "transformadas em esquemas com bastante rapidez": Graber, Doris. *Processing the News: How People Tame the Information Tide*. Nova York, Longman, 1988.

79 "condensação de todas as características de uma matéria": Ibid., p.161.

79 "mulher celebrando seu aniversário": Breckler, Steven James, James M. Olson e Elizabeth Corinne Wiggins. *Social psychology Alive*. Belmont, CA, Thomson Wadsworth, 2006, p.69.

79 "acrescentou detalhes às memórias": Graber, Doris. Op.cit, p.170.

79-80 "Princeton contra Dartmouth": A.H. Hastorf e H. Cantril. "They Saw a Game: A Case Study", *Journal of Abnormal and Social Psychology* n.49, p.129-34.

80 "previsões dos especialistas não chegaram nem perto": Tetlock, Philip E. *Expert Political Judgment: How Good Is It? How Can We Know?* Princeton, NJ, Princeton University Press, 2005.

81 "um processo de assimilação e acomodação": Piaget, Jean. *The Psychology of Intelligence*. Nova York, Routledge & Kegan Paul, 1950.

82 "acreditar que Obama era muçulmano": Chait, Jonathan. "How Republicans Learn That Obama Is Muslim", *New Republic*, 27 ago 2010 (www.tnr.com / blog / jonathan-chait / 77260 / how-republicans-learn-obama-muslim).

82 "têm mais tendência a se deseducar": Idem.

83 "duas versões modificadas de *Um médico rural*": Proulx, Travis e Steven J. Heine. "Connections from Kafka: Exposure to Meaning Threats Improves Implicit Learning of an Artifical Grammar", *Psychological Science* 20, n.9, 2009, p.1.125-31.

83 "Uma nevasca intensa preenchia o espaço": Kafka, Franz. *A Country Doctor*. Praga, Twisted Spoon Press, 1997.

83 "uma vez que respondemos a um alarme falso": Idem.

83 "esforço para tentar encontrar um sentido": Proulx, Travis e Steven J. Heine. Op.cit.

84 "diante de uma 'lacuna de informações'": Loewenstein, George. "The Psychology of Curiosity: A Review and Reinterpretation", *Psychological Bulletin* 116, n.1, 1994, p.75-98 (https: // docs.google.com / viewer?url=http: // www.andrew.cmu.edu / user / gl20 / GeorgeLoewenstein / Papers_files / pdf / PsychofCuriosity.pdf).

84 "impede o usuário de ter esses encontros radicais": Vaidhyanathan, Siva. *The Googlization of Everything*. Berkeley e Los Angeles, CA, University of California Press, 2011, p.182.

84 "só nos dão respostas": Picasso, Pablo. Citado em Gerd Leonhard, site Media Futurist, 8 dez 2004, acessado em 9 fev 2011 (http: // www.mediafuturist.com / about.html).

85 "Usando Adderall, consegui trabalhar": Foer, Joshua. "The Adderall Me: My Romance with ADHD Meds", *Slate*, 10 mai 2005 (http: // www.slate.com / id / 2118315).

85 "pressão [para usar drogas estimulantes] só vai crescer": Talbot, Margaret. "Brain Gain: The Underground World of 'Neuroenhancing Drugs'", *New Yorker*, 27 abr 2009, acessado em 14 dez 2010 (www.newyorker.com / reporting / 2009 / 04 / 27 / 090427fa_fact_talbot?currentPage=all).

85 "pensando 'dentro da caixa'": *Erowid Experience Vaults*, acessado em 14 dez 2010 (www.erowid.org / experiences / exp.php?ID=56716).

85 "uma geração de contadores muito concentrados": Talbot, Margaret. Op.cit.

87 "uma analogia que ninguém tinha visto antes": Koestler, Arthur. *Art of Creation*. Nova York, Arkana, 1989, p.82.

87 "descobre, seleciona, reembaralha, combina e sintetiza": Ibid., p.86.

87 "fundamentais para o pensamento criativo": Eysenck, Hans. *Genius: the Natural History of Creativity*. Cambridge, Cambridge University Press, 1995.

87 "a caixa representa o horizonte de soluções": Eysenck, Hans. "Creativity and Personality: Suggestions for a Theory", *Psychological Inquiry*, vol.4, n.3, 1993, p.147-78.

89 "não fazem ideia do que estão procurando": Kantorovich, Aharon e Yuval Ne'eman. "Serendipity as a Source of Evolutionary Progress in Science", *Studies in History and Philosophy of Science, Part A*, vol.20, n.4, p.505-29.

90 "prender a vela à parede": Duncker, Karl. "On Problem Solving", *Psychological Monographs*, n.58, 1945.

90 "relutância a 'desfazer a configuração perceptual'": Katona, George. *Organizing and memorizing*. Nova York, Columbia University Press, 1940.

90 "pessoas criativas tendem a enxergar": Cropley, Arthur. *Creativity in Education and Learning*. Nova York, Longmans, 1967.

90 "agrupou um total de quarenta objetos": Andreases, N.J.C. e Pauline S. Powers, "Overinclusive Thinking in Mania and Schizophrenia", *British Journal of Psychology*, n.125, 1974, p.452-6.

91 "coisa com peso": Cropley, Arthur. Op.cit.

92 "Pare de contar – são 43 fotos": Wiseman, Richard. *The Luck Factor*. Nova York, Hyperion, 2003, p.43-4.

92 "bilíngues são mais criativas que as monolíngues": Nemeth, Charlan e Julianne Kwan. "Minority Influence, Divergent Thinking and Detection of Correct Solutions", *Journal of Applied Social Psychology*, n.17, I. 9, 1987, p.1, acessado em 7 fev 2011 (http://onlinelibrary.wiley.com/doi/10.1111/j.1559-1816.1987.tb00339.x/abstract).

92 "ideias externas nos ajudem": Maddux, W. M., A.K. Leung, C. Chiu e A. Galinsky. "Toward a More Complete Understanding of the Link Between Multicultural Experience and Creativity", *American Psychologist*, n.64, 2009, p.156-8.

93 "ilustra de forma elegante de onde surge a criatividade": Johnson, Steven. *Where Good Ideas Come From: The Natural History of Innovation*. Nova York, Penguin, 2010 [Ed. bras.: *De onde vêm as boas ideias*, Zahar, 2011].

93 "conjunto amplo e diversificado de partes sobressalentes": Ibid., p.6.

93 "ambientes são particularmente adequados à criação": Ibid., p.3.

93 "artigo sobre 'serendipidade' na Wikipédia": Ibid., p.13.

94 "mudança da exploração e da descoberta": Battelle, John. *The Search: How Google and Its Rivals Rewrote the Rules of Business and Transformed Our Culture*. Nova York, Penguin, 2005, p.61.

94 "banco de dados de intenções": Idem.

95 "Precisamos de ajuda para superar a racionalidade": Gelernter, David. *Time to Start Taking the Internet Seriously*, acessado em 14 dez 2010 (www.edge.org/3rd_culture/gelernter10/gelernter10_index.html).

95 "ilha chamada Califórnia": Montalvo, Garci Rodriguez de. *The Exploits of Esplandian*. Madri, Editorial Castalia, 2003.

4. O ciclo da identidade (p.99-122)

99 "o que é um computador pessoal de verdade": Gaudin, Sharon. "Total Recall: Storing Every Life Memory in a Surrogate Brain", *ComputerWorld*, 2 ago 2008, aces-

sado em 15 dez 2010 (www.computerworld.com/s/article/9074439/Total_Recall_Storing_every_life_memory_in_a_surrogate_brain).

99 "Você tem uma identidade": Kirpatrick, David. *The Facebook Effect: The Inside Story of the Company That Is Connecting the World*. Nova York, Simon & Schuster, 2010, p.199.

99 "eu me comporto de maneira diferente": "Live-Blog: Zuckerberg and David Kirkpatrick on the Facebook Effect", *Social Beat*, transcrição da entrevista, acessado em 15 dez 2010 (http://venturebeat.com/2010/07/21/live-blog-zuckerberg-and-david-kirkpatrick-on-the-facebook-effect).

99 "A mesma pessoa desajeitada": Idem.

100 "aquilo seria a norma": Kirkpatrick, Marshall. "Facebook Exec: All Media Will Be Personalized in 3 to 5 Years", *ReadWriteWeb*, 29 set 2010, acessado em 15 dez 2010 (www.readwriteweb.com/archives/facebook_exec_all_media_will_be_personalized_in_3.php).

100 "um mundo no qual todos pudessem entrar": Barlow, John Perry. "A Declaration of the Independence of Cyberspace", 8 fev 1996, acessado em 15 dez 2010 (https://projects.eff.org/~barlow/Declaration-Final.html).

101 "utilizando um pseudônimo": Angwin, Julia e Steve Stecklow. "'Scrapers' Dig Deep for Data on Web", *Wall Street Journal*, 12 out 2010, acessado em 15 dez 2010 (http://online.wsj.com/article/SB10001424052748703358504575544381288117888.html).

101 "associados às pessoas que os utilizam": Angwin, Julia e Jennifer Valentino-Devries. "Race Is On to 'Fingerprint' Phones, PCs", *The Wall Street Journal*, 30 nov 2010, acessado em 30 jan 2011 (http://online.wsj.com/article/SB10001424052748704679204575646704100959546.html?mod=ITP_pageone_0).

102 "informação nos torna mais livres": Benkler, Yochai. "Of Sirens and Amish Children: Autonomy, Information, and Law", *New York University Law Review*, n.76, N.Y.U.L. Rev. n.23, abr 2001, p.110.

104 "somos mais do que os dados": Solove, Daniel. *The Digital Person: Technology and Privacy in the Information Age*. Nova York, New York University Press, 2004, p.45.

105 "como uma pessoa se comporta e quem ela realmente é": Jones, E.E. e V.A. Harris. "The Attribution of Attitudes", *Journal of Experimental Social Psychology*, n.3, 1967, p.1-24.

105 "eletrocutassem outras pessoas": Milgram, Stanley. "Behavioral Study of Obedience", *Journal of Abnormal and Social Psychology*, n.67, 1963, p.371-78.

105 "A plasticidade da identidade": Bloom, Paul. "First person plural", *Atlantic*, nov 2008, acessado em 15 dez 2010 (www.theatlantic.com/magazine/archive/2008/11/first-person-plural/7055).

106 "suas aspirações futuras com seus desejos atuais": Milkman, Katherine L. Todd Rogers e Max H. Bazerman. "Highbrow Films Gather Dust: Time-Inconsistent Preferences and Online DVD Rentals", *Management Science* 55, n.6, jun 2009, p.1047-59, acessado em 29 jan 2011 (http://opimweb.wharton.upenn.edu/documents/research/Highbrow.pdf).

106 "filmes que 'queriam', como *Sintonia de amor*": Idem.

107 "nuances do que significa ser humano": Battelle, John. Entrevista por telefone ao autor, 12 out 2010.

107 "o Google está trabalhando no problema": Battelle, John. Entrevista por telefone ao autor, 13 out 2010.

107 "'informações prejudiciais' que dali poderão surgir": Rothstein, Mark, citado em Cynthia L. Hackerott, J.D. e Martha Pedrick, J.D. "Genetic Information Nondiscrimination Act Is a First Step; Won't Solve the Problem", 1º out 2007, acessado em 9 fev 2011 (http://www.metrocorpcounsel.com/current.php?artType=view&artMonth=January&artYear=2011&EntryNo=7293).

108 "O fantasma digital de Jay Gatz": Vaidhyanathan, Siva. "Naked in the 'Nonopticon'", *Chronicle Review* 54, n.23, p.B7.

109 "argumentos de 'alta cognição'": Eckles, Dean. Entrevista por telefone ao autor, 9 nov 2010.

109 "aumentar a efetividade dos materiais de marketing": Idem.

111 "ofertas apresentadas como prêmios": PK List Marketing, "Free to Me–Impulse Buyers", acessado em 28 jan 2011 (www.pklistmarketing.com/Data%20Cards/Opportunity%20Seekers%20&%20Sweepstakes%20Participants/Cards/Free%20To%20Me%20-%20Impulse%20Buyers.htm).

112 "smartphone faça buscas constantemente": Andrews, Robert. "Google's Schmidt: Autonomous, Fast Search Is 'Our New Definition'", *PaidContent*, 7 set 2010, acessado em 15 dez 2010 (http://paidcontent.co.uk/article/419-googles-schmidt-autonomous-fast-search-is-our-new-definition).

112 "consequências 'não tão mínimas'": Iyengar, Shanto, Mark D. Peters e Donald R. Kinder. "Experimental Demonstrations of the 'Not-So-Minimal' Consequences of Television News Programs", *American Political Science Review* 76, n.4, 1982, p.848-58.

112 "acreditar que a defesa ou a poluição": Idem.

113 "a força desse efeito de precondicionamento": Westen, Drew. *The Political Brain: The Role of Emotion in Deciding the Fate of the Nation*. Cambridge, MA, Perseus, 2007.

113 estudo realizado por Hasher e Goldstein: Hasher, Lynn e David Goldstein. "Frequency and the Conference of Referential Validity", *Journal of Verbal Learning and Verbal Behaviour*, n.16, 1977, p.107-12.

114 "cercado de ladeiras descendentes": Cohler, Matt. Entrevista por telefone ao autor, 23 nov 2010.

115 "redistribuídas aleatoriamente": Rosenthal, Robert e Lenore Jacobson, "Teachers' Expectancies: Determinants of Pupils' IQ Gains", *Psychological Reports*, n.19, 1966, p.115-18.

117 "categorizações baseadas em redes": Conley, Dalton. *Elsewhere, USA: How We Got from the Company Man, Family Dinners, and the Affluent Society to the Home Office, BlackBerry Moms, and Economic Anxiety*. Nova York, Pantheon Books, 2008, p.164.

117 "dirigindo um Model-T": Duncan, Geoff. "Netflix Offers $1Mln for Good Movie Picks", *Digital Trends*, 2 out 2006, acessado em 15 dez 2010 (www.digitaltrends.com/computing/netflix-offers-1-mln-for-good-movie-picks).

118 "um PC e uma grande ideia": Hafner, Katie. "And If You Liked the Movie, a Netflix Contest May Reward You Handsomely", *New York Times*, 2 out 2006, acessado em 15 dez 2010 (www.nytimes.com/2006/10/02/technology/02netflix.html).
119 "enorme êxito no uso de grafos sociais": Stryler, Charlie. Painel de Marketing no Social Graph Symposium de 2010, Microsoft Campus, Mountain View, CA, 21 mai 2010.
119 "na solvência dos seus amigos": Angwin, "Web's New Gold Mine: Your Secrets", *Wall Street Journal*, 30 jul 2010, acessado em 7 fev 2011 (http://online.wsj.com/article/SB10001424052748703940904575395073512989404.html).
120 "a realidade não funciona dessa maneira": Hume, David. *An Enquiry Concerning Human Understanding*. Harvard Classics Vol.37, edição on-line, P.F. Collier & Son, 1910, seção VII, parte I, acessado em 7 fev 2011 (http://18th.eserver.org/hume-enquiry.html).
120 "o propósito da ciência, para Popper": Popper, Karl. *The Logic of Scientific Discovery*. Nova York, Routledge, 1992.
122 "não haverá mais incidentes nem aventuras no mundo": Dostoievsky, Fiódor. *Notes from Underground*, trad. Richard Pevear e Laura Volokhonsky. Nova York, Random House, 1994, p.24.

5. O público é irrelevante (p.123-47)

123 "outros que veem o que vemos": Arendt, Hannah. *The Portable Hannah Arendt*. Nova York, Penguin, 2000, p.199.
123 "neutralizar a influência dos jornais": Tocqueville, Alexis de. *Democracy in America*. Nova York, Penguin, 2001.
123 "violação grave da soberania chinesa": "NATO Hits Chinese Embassy", *BBC News*, 8 mai 1999, acessado em 17 dez 2010 (http://news.bbc.co.uk/2/hi/europe/338424.stm).
124 "fóruns on-line anônimos continuam a ser um elemento vital": Downey, Tom. "China's Cyberposse", *New York Times*, 3 mar 2010, acessado em 17 dez 2010 (www.nytimes.com/2010/03/07/magazine/07Human-t.html?pagewanted=1).
124 "uma elite conectada da população": Kalathil, Shanthi e Taylor Boas, "Open Networks, Closed Regimes: The Impact of the Internet on Authoritarian Rule", *First Monday* 8, n.1-6, 2003.
124 "Os acionistas querem ganhar dinheiro": Thompson, Clive. "Google's China Problem (and China's Google Problem)", *New York Times*, 23 abr 2006, acessado em 17 dez 2010 (www.nytimes.com/2006/04/23/magazine/23google.html).
125 "O que o governo quer": Fallows, James. "The Connection Has Been Reset", *Atlantic*, mar 2008, acessado em 17 dez 2010 (www.theatlantic.com/magazine/archive/2008/03/-ldquo-the-connection-has-been-reset-rdquo/6650).
125 "pressão social e autocensura": Idem.

125 "a sensação de que eles estão observando tudo": Thompson, Clive. Op.cit.

125 "a Polícia da Internet vai manter a ordem": Yan, Hong. "Image of Internet Police: JingJang and Chacha Online", *China Digital Times*, 8 fev 2006, acessado em 17 dez 2010 (http://chinadigitaltimes.net/china/internet-police/page/2).

126 "ver meus amigos, viver feliz": Thompson, Clive. Op.cit.

126 "se os internautas puderem ver alguma pornografia": "Web Porn Seeps Through China's Great Firewall", *Associated Press*, 22 jul 2010, acessado em 17 dez 2010 (www.cbsnews.com/stories/2010/07/22/tech/main6703860.shtml).

126 "É dar murro em ponta de faca": Clinton, Bill. "America's Stake in China", *Blueprint* magazine, 10 jun 2000, acessado em 17 dez 2010 (http://www.dlc.org/ndol_ci.cfm?kaid=108&subid=128&contentid=963).

127 "conseguiram arrumar bandeiras americanas?": Miller, Laura e Sheldon Rampton. "The Pentagon's Information Warrior: Rendon to the Rescue", *PR Watch* 8, n.4, 2001.

127 "substituídas por patrulhas de sinais eletrônicos": Rendon, John, citado em Franklin Foer. "Flacks Americana", *The New Republic*, 20 mai 2002, acessado em 9 fev 2011 (http://www.tnr.com/article/politics/flacks-americana?page=0,2).

127 "um dicionário de sinônimos": Rendon, John. Entrevista por telefone ao autor, 1º nov 2010.

128 "consumam, distribuam e criem": Schmidt, Eric e Jared Cohen. "The Digital Disruption: Connectivity and the Diffusion of Power", *Foreign Affairs*, nov-dez 2010.

129 "Flatow era um ginasta olímpico": Halbrook, Stephen P. "'Arms in the Hands of Jews Are a Danger to Public Safety': Nazism, Firearm Registration, and the Night of the Broken Glass", *St. Thomas Law Review*, n.21, 2009, p.109-41 (www.stephenhalbrook.com/law_review_articles/Halbrook_macro_final_3_29.pdf).

130 "a nuvem 'não passa de um punhado de empresas'": Thompson, Clive. Entrevista ao autor, Brooklyn, NY, 13 ago 2010.

130 "não tinha para onde ir": Svensson, Peter. "WikiLeaks Down? Cables Go Offline After Site Switches Servers", *The Huffington Post*, 1º dez 2010, acessado em 9 fev 2011 (http://www.huffingtonpost.com/2010/12/01/wikileaks-down-cables-go-_n_790589.html).

130 "perde imediatamente as suas garantias constitucionais": Ketcham, Christopher e Travis Kelly. "The More You Use Google, the More Google Knows About You", *AlterNet*, 9 abr 2010, acessado em 17 dez 2010 (www.alternet.org/investigations/146398/total_information_awareness:_the_more_you_use_google,_the_more_google_knows_about_you_?page=entire).

130 "A polícia vai adorar": "Does Cloud Computing Mean More Risks to Privacy?", *New York Times*, 23 fev 2009, acessado em 8 fev 2011 (http://bits.blogs.nytimes.com/2009/02/23/does-cloud-computing-mean-more-risks-to-privacy).

131 "as três empresas os cederam rapidamente": Gonsalves, Antone. "Yahoo, MSN, AOL Gave Search Data to Bush Administration Lawyers", *Information Week*, 19 jan 2006, acessado em 9 fev 2011 (http://www.informationweek.com/news/security/government/showArticle.jhtml?articleID=177102061).

131 "prever eventos futuros no mundo real": Ketcham, Christopher e Travis Kelly. Op.cit.

131 "cada pessoa é obrigada, cada vez mais": Zittrain, Jonathan. *The Future of the Internet – and How to Stop It*. New Haven, CT, Yale University Press, 2008, p.201.

131 "uma troca implícita em nosso comportamento": Battelle, John. Entrevista por telefone ao autor, 12 out 2010.

131 "redistribuição do poder da informação": Mayer-Schonberger, Viktor. *Delete: The Virtue of Forgetting in the Digital Age*. Princeton, NJ, Princeton University Press, 2009, p.107.

133 "violência no mundo real": Gerbner, George. "TV Is Too Violent Even Without Executions", *USA Today*, 16 jun 1994, 12A, acessado em 9 fev 2011 pelo LexisNexis.

133 "Quem narra as histórias de uma cultura": "Fighting 'Mean World Syndrome,'" GeekMom Blog, *Wired*, 27 jan 2011, acessado em 9 fev 2011 (http://www.wired.com/geekdad/2011/01/fighting-%E2%80%9Cmean-world-syndrome%E2%80%9D/)

133 "síndrome do mundo bom": Eckles, Dean. "The 'Friendly World Syndrome' Induced by Simple Filtering Rules", Ready-to-Hand: Dean Eckles on People, Technology, and Inference, blog, 10 nov 2010, acessado em 9 fev 2011 (http://www.deaneckles.com/blog/386_the-friendly-world-syndrome-induced-by-simple-filtering-rules/).

134 "preferiu o nome 'Curtir'": "What's the History of the Awesome Button (That Eventually Became the Like Button) on Facebook?" *Quora Forum*, acessado em 17 dez 2010 (www.quora.com/Facebook-company/Whats-the-history-of-the-Awesome-Button-that-eventually-became-the-Like-button-on-Facebook).

135 "contrária à indústria dos cruzeiros": Thomases, Hollis. "Google Drops Anti-Cruise Line Ads from AdWords", *Web Ad.vantage*, 13 fev 2004, acessado em 17 dez 2010 (http://www.webadvantage.net/webadblog/google-drops-anti-cruise-line-ads-from-adwords-338).

136 "identificar os eleitores mais fáceis de persuadir": "How Rove Targeted the Republican Vote", *Frontline*, acessado em 8 fev 2011 (http://www.pbs.org/wgbh/pages/frontline/shows/architect/rove/metrics.html).

136 "O mecanismo de recomendações da Amazon é o caminho a seguir": Steitz, Mark e Laura Quinn, "An Introduction to Microtargeting in Politics", acessado em 17 dez 2010 (www.docstoc.com/docs/43575201/An-Introduction-to-Microtargeting-in-Politics).

137 "a empresa criou uma 'sala de guerra'": "Google's War Room for the Home Stretch of Campaign 2010", *e.politics*, 24 set 2010, acessado em 9 fev 2011 (http://www.epolitics.com/2010/09/24/googles-war-room-for-the-home-stretch-of-campaign-2010/).

138 "dinheiro que ele tenha decidido gastar no Facebook": Harris, Vincent R. "Facebook's Advertising Fluke", *TechRepublican*, 21 dez2010, acessado em 9 fev 2011 (http://techrepublican.com/free-tagging/vincent-harris).

139 "fossem retirados do ar": Scott, Monica. "Three TV Stations Pull 'Demonstrably False' Ad Attacking Pete Hoekstra", *Grand Rapids Press*, 28 mai 2010, acessado em 17 dez 2010 (www.mlive.com/politics/index.ssf/2010/05/three_tv_stations_pull_demonst.html).

140 "aumentar a probabilidade de que um republicano filiado": *Bishop, Bill. The Big Sort: Why the Clustering of Like-Minded America Is Tearing Us Apart*. Nova York, Houghton Mifflin, 2008, p.195.

141 "serão mais salientes na política": Inglehart, Ronald. *Modernization and Post-modernization*. Princeton, NJ, Princeton University Press, 1997, p.10.

142 "patrocinar eventos moderninhos de jovens *hipsters*": Stewart, Neal. "Marketing with a Whisper", *Fast Company*, 11 jan 2003, acessado em 30 jan 2011 (www.fastcompany.com/fast50_04/winners/stewart.html).

142 "Cada garrafa vale uns 44 dólares": Read, Max. "Pabst Blue Ribbon Will Run You $44 a Bottle in China", *Gawker*, 21 jul 2010, acessádo em 9 fev 2011 (http://m.gawker.com/5592399/pabst-blue-ribbon-will-run-you-44-a-bottle-in-china).

143 "Eu sirvo como uma tela em branco": Obama, Barack. *The Audacity of Hope: Thoughts on Reclaiming the American Dream*. Nova York, Crown, 2006, p.11.

144 "perdemos toda a perspectiva": Nordhaus, Ted. Entrevista por telefone ao autor, 31 ago 2010.

145 "a origem se encontra essencialmente no pensamento": Bohm, David. *Thought as a System*. Nova York, Routledge, 1994, p.2.

145 "participantes de um acervo de significado comum": Bohm, David. *On Dialogue*. Nova York, Routledge Press, 1996, p.x-xi.

146 "definir e expressar seus interesses": Dewey, John. *The Public and Its Problems*. Athens, OH, Swallow Press, 1927, p.146.

6. Olá, Mundo! (p.148-68)

148 "que não tenha inteligência nem habilidade de navegação": Platão, *First Alcibiades, in The Dialogues of Plato*, trad. Benjamin Jowett. Oxford, UK, Clarendon Press, 1871, vol.4, p.559.

149 "Nós somos como Deuses": Brand, Stewart. *Whole Earth Catalog* (publicação independente, 1968), acessado em 16 dez 2010 (http://wholeearth.com/issue/1010/article/195/we.are.as.gods).

149 "transformavam qualquer homem (ou mulher) num deus": Levy, Steven. *Hackers: Heroes of the Computer Revolution*. Nova York, Penguin, 2001, p.451.

150 "Estou tendo dificuldades com a minha família": "How Eliza Works", acessado em 16 dez 2010 (http://chayden.net/eliza/instructions.txt).

150 "um modo de agir sem consequências": Vaidhyanathan, Siva. Entrevista por telefone ao autor, 9 ago 2010.

151 "não é um programa muito bom": Rushkoff, Douglas. Entrevista ao autor, Nova York, NY, 25 ago 2010.

151 "os programadores tendem a enxergar a política": Coleman, Gabriella. "The Political Agnosticism of Free and Open Source Software and the Inadvertent Politics of Contrast", *Anthropological Quarterly*, vol.77, n. 3, verão de 2004, p.507-19, Academic Search Premier, EBSCOhost.

152 "também nos dá um controle viciante": Levy, Steven. Op.cit, p.73.

154 "começar um e-mail com uma saudação mais informal": Rudder, Christian. "Exactly What to Say in a First Message", 14 set 2009, acessado em 16 dez 2010 (http://blog.okcupid.com/index.php/online-dating-advice-exactly-what-to-say-in-a-first-message).

155 "os hackers em geral não sabem de nada disso": Levy, Steven. "The Unabomber and David Gelernter", *New York Times*, 21 mai 1995, acessado em 16 dez 2010 (www.unabombers.com/News/95-11-21-NYT.htm).

156 "uma engenharia das relações entre as pessoas": Winner, Langdon. "Do Artifacts Have Politics?" *Daedalus* vol.109, n.1, inverno de 1980, p.121-36, seção: Technical Arrangements and Social Order.

156 "o código é a lei": Lessig, Lawrence. *Code*. Nova York, Basic Books, 2ª ed. 2006.

157 "escolhem estruturas tecnológicas": Winner, Langdon. Op.cit.

157 "Hacker Jargon File": *The Jargon File*, Versão 4.4.7, Appendix B, "A Portrait of J. Random Hacker", acessado em 9 fev 2011 (http://linux.rz.ruhr-uni-bochum.de/jargon/html/politics.html).

159 "se descreve como um 'serviço público'": Biografia executiva de Mark Zuckerberg, *Facebook Press Room*, acessado em 8 fev 2011 (http://www.facebook.com/press/info.php?execbios).

159 "procuram o Google por decisão própria": Jarboe, Greg. "A 'Fireside Chat' with Google's Sergey Brin", *Search Engine Watch*, 16 out 2003, acessado em 16 dez 2010 (http://searchenginewatch.com/3081081).

159 "mecanismos de busca do futuro": Hotckiss, Gord. "Just Behave: Google's Marissa Mayer on Personalized Search", *Searchengineland*, 23 fev 2007, acessado em 16 dez 2010 (http://searchengineland.com/just-behave-googles-marissa-mayer-on-personalized-search-10592).

160 "A tecnologia, e não os negócios ou o governo": Kirpatrick, David. "With a Little Help from his Friends", *Vanity Fair*, out 2010, acessado em 16 dez 2010 (www.vanityfair.com/culture/features/2010/10/sean-parker-201010).

160 "sétimo reino da vida": Kelly, Kevin. *What Technology Wants*. Nova York, Viking, 2010.

161 "camiseta ou casaco que eu realmente tenho": Zuckerberg, Mark. Comentários na Startup School Conference, *XConomy*, 18 out 2010, acessado em 8 fev 2010 (http://www.xconomy.com/san-francisco/2010/10/18/mark-zuckerberg-goes-to-startup-school-video//).

162 "o resto do mundo está errado": Wise, David A. e Mark Malseed, *The Google Story*. Nova York, Random House, 2005, p.42.

163 "abrir mão de muitas coisas em outros domínios da vida": O'Brien, Jeffrey M. "The PayPal Mafia", *Fortune*, 14 nov 2007, acessado em 16 dez 2010 (http://money.cnn.com/2007/11/13/magazines/fortune/paypal_mafia.fortune/index2.htm).

163 "vendeu ao eBay por 1,5 bilhão": Wolverton, Troy. "It's official: eBay weds PayPal", *Cnet News*, 3 out 2002, acessado em 16 dez 2010 (http://news.cnet.com/Its-official-eBay-weds-PayPal/2100-1017_3-960658.html).

163 "gerem impacto e forcem mudanças": Thiel, Peter. "Education of a Libertarian", *Cato Unbound*, 13 abr 2009, acessado em 16 dez 2010 (www.cato-unbound.org/2009/04/13/peter-thiel/the-education-of-a-libertarian).

164 "acabar com a inevitabilidade da morte e dos impostos": Baker, Chris. "Live Free or Drown: Floating Utopias on the Cheap", *Wired*, 19 jan 2009, acessado em 16 dez 2010 (www.wired.com/techbiz/startups/magazine/17-02/mf_seasteading?currentPage=all).

164 "'democracia capitalista' numa contradição em termos": Thiel, Peter. Op.cit.

164 "contra os computadores": Carlson, Nicholas. "Peter Thiel Says Don't Piss Off the Robots (or Bet on a Recovery)", *Business Insider*, 18 nov 2009, acessado em 16 dez 2010 (www.businessinsider.com/peter-thiel-on-obama-ai-and-why-he-rents-his-mansion-2009-11#).

164 "quais tecnologias devem ser fomentadas": Bailey, Ronald. "Technology Is at the Center", *Reason.com*, mai 2008, acessado em 16 dez 2010 (http://reason.com/archives/2008/05/01/technology-is-at-the-center/singlepage).

165 "o que eu penso sobre o negócio": Gopinath, Deepak. "PayPal's Thiel Scores 230 Percent Gain with Soros-Style Fund", *CanadianHedgeWatch.com*, 4 dez 2006, acessado em 30 jan 2011 em (www.canadianhedgewatch.com/content/news/general/?id=1169).

165 "eleições possam melhorar a situação": Thiel, Peter. "Your Suffrage Isn't in Danger. Your Other Rights Are", *Cato Unbound*, 1º mai 2009, acessado em 16 dez 2010 (www.cato-unbound.org/2009/05/01/peter-thiel/your-suffrage-isnt-in-danger-your-other-rights-are).

165 "conversei com Scott Heiferman": entrevista ao autor, Nova York, NY, 5 out 2010.

167 "nem boa nem má, nem neutra": Kranzberg, Melvin. "Technology and History: 'Kranzberg's Laws,'" *Technology and Culture* 27, n.3, 1986, p.544-60.

7. O que você quer, quer queira, quer não (p.169-91)

169 "milhões de pessoas empenhadas em seus complicados afazeres": Wardrip-Fruin, Noah e Nick Montfort, *The New Media Reader*, vol.1. Cambridge, The MIT Press, 2003, p.8.

169 "ainda precisavam ser completamente correlacionados": Asimov, Isaac. *The intelligent man's guide to science*. Nova York, Basic Books, 1965.

170 "temos um problema": Entrevista por telefone ao autor, 10 out 2010.

170 "publicidade dirigida a ela": Mick, Jason. "Tokyo's 'Minority Report' Ad Boards Scan Viewer's Sex and Age", *Daily Tech*, 16 jul 2010, acessado em 17 dez 2010 (www.dailytech.com/Tokyos+Minority+Report+Ad+Boards+Scan+Viewers+Sex+and+Age/article19063.htm).

171 "o futuro da arte": Shields, David. *Reality Hunger: A Manifesto*. Nova York, Knopf, 2010. Crédito a Michiko Kakutani, cuja crítica me levou a este livro.

172 "interrogadas por um agente virtual": Calo, M. Ryan. "People Can Be So Fake: A New Dimension to Privacy and Technology Scholarship", *Penn State Law Review* 114, n.3, 2010, p.810-55.

172 "Kismet aumentou as doações em 30%": Woods, Vanessa. "Pay Up, You Are Being Watched", *New Scientist*,18 mar 2005, acessado em 17 dez 2010 (www.newscientist.com/article/dn7144-pay-up-you-are-being-watched.html).

172 "Computadores programados para ser educados": Calo, M. Ryan. Op.cit.

173 "para se adaptar à tecnologia do século XX": Idem.

174 "identidade e ficha criminal em segundos": Boyle, Maureen. "Video: Catching criminals? Brockton Cops Have an App for That", *Brockton Patriot Ledger*, 15 jun 2010, acessado em 17 dez 2010 (www.patriotledger.com/news/cops_and_courts/x1602636300/Catching-criminals-Cops-have-an-app-for-that).

174 "outras imagens suas com precisão de 95%": Taylor, Jerome. "Google Chief: My Fears for Generation Facebook", *Independent*, 18 ago 2010, acessado em 17 dez 2010 (www.independent.co.uk/life-style/gadgets-and-tech/news/google-chief-my-fears-for-generation-facebook-2055390.html).

175 "O futuro já chegou": Gibson, William. Entrevista no NPR's Fresh Air, 31 ago 1993, acessado em 17 dez 2010 (www.npr.org/templates/story/story.php?storyId=1107153).

176 "postada com sua identidade já marcada": "RFID Bracelet Brings Facebook to the Real World", 20 ago 2010, acessado em 17 dez 2010 (www.psfk.com/2010/08/rfid-bracelet-brings-facebook-to-the-real-world.html).

176 "um mundo real que possa ser indexado": Salam, Reihan. "Why Amazon Will Win the Internet", *Forbes*, 30 jul 2010, acessado em 17 dez 2010 (www.forbes.com/2010/07/30/amazon-kindle-economy-environment-opinions-columnists-reihan-salam.html).

177 "alguns chamam de 'poeira inteligente'": Wright, David. Serge Gutwirth, Michael Friedewald, Yves Punie e Elena Vildjiounaite. *Safeguards in a World of Ambient Intelligence*. Berlin/Dordrecht, Springer Science, 2008, Resumo.

178 "um trabalho conjunto realizado durante quatro anos": Comunicado de imprensa do Google/Harvard. "Digitized Book Project Unveils a Quantitative 'Cultural Genome'", acessado em 8 fev 2011 (http://www.seas.harvard.edu/news-events/news-archive/2010/digitized-books).

178 "a censura e a propaganda": Idem.

179 "tradução automática entre quase sessenta línguas": Página de Ajuda do Google Translate, acessado em 8 fev 2011 (http://translate.google.com/support/?hl=en).

179 "o programa traduz cada vez melhor": Tait, Nikki. "Google to translate European patent claims", *Financial Times*, 29 nov 2010, acessado em 9 fev 2010 (http://www.ft.com/cms/s/0/02f71b76-fbce-11df-b79a-00144feab49a.html).

180 "o que fazer com aquilo": Entrevista por telefone ao autor, 10 set 2010.

180 "*flash crash*": Bowley, Graham. "Stock Swing Still Baffles, with an Ominous Tone", *New York Times*, 22 ago 2010, acessado em 8 fev 2010 (http://www.nytimes.com/2010/08/23/business/23flash.html).

180 "artigo provocador publicado na revista *Wired*": Anderson, Chris. "The End of Theory: The Data Deluge Makes the Scientific Method Obsolete", *Wired*, 23 jun 2008, acessado em 10 fev 2010 (http://www.wired.com/science/discoveries/magazine/16-07/pb_theory).

181 "a maior conquista da tecnologia": Hillis citado em Jennifer Riskin. *Genesis Redux: Essays in the History and Philosophy of Artificial Life*. Chicago, University of Chicago Press, 2007, p.200.

182 "mídia financiada pelo anunciante": LeBron, Marisol. "'Migracorridos': Another Failed Anti-immigration Campaign", North American Congress of Latin America, 17 mar 2009, acessado em 17 dez 2010 (https://nacla.org/node/5625).

182 "usarão os produtos das empresas o tempo todo": McNamara, Mary. "Television Review: 'The Jensen Project'", *Los Angeles Times*, 16 jul 2010, acessado em 17 dez 2010 (http://articles.latimes.com/2010/jul/16/entertainment/la-et-jensen-project-20100716).

182 "marketing indireto ao longo da história": Miller, Jenni. "Hansel and Gretel in 3D? Yeah, Maybe", blog *Moviefone*, 19 jul 2010, acessado em 17 dez 2010 (http://blog.moviefone.com/2010/07/19/hansel-and-gretel-in-3d-yeah-maybe).

183 "a empresa que produz o batom Lipslicks": Rich, Motoko. "Product Placement Deals Make Leap from Film to Books", *New York Times*, 9 fev 2008, acessado em 17 dez 2010 (www.nytimes.com/2008/02/19/arts/19iht-20bookplacement.10177632.html?pagewanted=all).

184 "aumentarão as 'intenções de compra' em 21%": Hauser John e Glen Urban, "When to Morph", ago 2010, acessado em 17 dez 2010 (http://web.mit.edu/hauser/www/Papers/Hauser-Urban-Liberali_When_to_Morph_Aug_2010.pdf).

184 "transformá-los em informações úteis": Wardell, Jane. "Raytheon Unveils Scorpion Helmet Technology", *Associated Press*, 23 jul 2010, acessado em 17 dez 2010 (www.boston.com/business/articles/2010/07/23/raytheon_unveils_scorpion_helmet_technology).

185 "transforma todo o mundo numa tela": Wardell, Jane. Op.cit.

185 "sobrepostas ao jogo real": Schmidt, Michael. "To Pack a Stadium, Provide Video Better Than TV", *New York Times*, 28 jul 2010, acessado em 17 dez 2010 (www.nytimes.com/2010/07/29/sports/football/29stadium.html?_r=1).

185 "AugCog, que utiliza a neurociência cognitiva": Site da Augmented Cognition International Society, acessado em 17 dez 2010 (www.augmentedcognition.org).

186 "500% na memória de trabalho": "Computers That Read Your Mind", *Economist*, 21 set 2006, acessado em 17 dez 2010 (www.economist.com/node/7904258?story_id=7904258).

186 "ao menos dezesseis maneiras diferentes": Hayes, Gary. "16 Top Augmented Reality Business Models", *Personalize Media* (blogue de Gary Hayes), 14 set 2009, acessado em 17 dez 2010 (www.personalizemedia.com/16-top-augmented-reality-business-models).

187 "resolver problemas humanos": Entrevista ao autor, Nova York, NY, 6 out 2010.

188 "'realidade' é 'uma das poucas palavras'": Nabokov, Vladimir. *Lolita*. Nova York, Random House, 1997, p.312.

189 "alimentar as campanhas de marketing": Wright, David *et al. Safeguards in a World of Ambient Intelligence*. Londres, Springer, 2008, p.66, acessado pelo Google eBooks, 8 fev 2011.

190 "máquinas tomem cada vez mais decisões": Joy, Bill. "Why the Future Doesn't Need Us." *Wired*, abr 2000, acessado em 17 dez 2010 (www.wired.com/wired/archive/8.04/joy.html).

8. Fugindo da cidade dos guetos (p.192-214)

192 "a natureza de sua própria pessoa": Alexander, Christopher et al. *A Pattern Language*. Nova York, NY, Oxford University Press, 1977, p.8.

192 "Long Live the Web": Berners-Lee, Tim. "Long Live the Web: A Call for Continued Open Standards and Neutrality", *Scientific American*, 22 nov 2010.

193 "precisamos enfrentar as questões fundamentais": Joy, Bill. Entrevista por telefone ao autor, 1º out 2010.

195 "o recanto ideal para crianças": Alexander, Christopher. Op.cit., p.445, 928-29.

195 "linguagem de padrões única e distinta": Ibid., xvi.

195 "cidade dos guetos": Ibid., p.41-43.

195 "abafa toda a variedade significativa": Ibid., p.43.

195 "transitar com facilidade entre as culturas": Ibid., p.48.

196 "receba apoio para suas idiossincrasias": Ibid., p.48.

196 "equivalente psicológico da obesidade": boyd, danah. "Streams of Content, Limited Attention: The Flow of Information through Social Media", *Web 2.0 Expo*, Nova York, NY, 17 nov 2007, acessado em 19 jul 2009 (http://www.danah.org/papers/talks/Web2Expo.html).

197 "como construir uma ratoeira melhor": "A Better Mousetrap", *This American Life*, n. 366, apresentado em 10 out 2008 (http://www.thisamericanlife.org/radio-archives/episode/366/a-better-mousetrap-2008).

197 "conseguirmos pegar o rato": Idem.

197 "escaparmos desses ciclos de repetição": Cohler, Matt. Entrevista por telefone ao autor, 23 nov 2010.

199 "taxas de doação de órgãos em diferentes países europeus": Ariely, Dan citado em Lisa Wade. "Decision Making and the Options We're Offered", *Sociological Images Blog*, 17 fev 2010, acessado em 17 dez 2010 (http://thesocietypages.org/socimages/2010/02/17/decision-making-and-the-options-were-offered/).

202 "só é possível quando as regras são transparentes": Lessig, Lawrence. *Code*, Nova York, Basic Books, 2ª ed. 2006 p.260,

203 "segredos mais mal guardados do mundo": Singhal, Amit. "Is Google a Monopolist? A Debate", Opinion Journal, *Wall Street Journal*, 17 set 2010 (http://online.wsj.com/

article/SB10001424052748703466704575489582364177978.html?mod=googlenews_wsj#U301271935944OEB).

203 "sinceros e objetivos sobre nós mesmos": "Philip Foisie's memos to the management of the *Washington Post*", 10 nov 1969, acessado em 20 dez 2010 (http://newsombudsmen.org/articles/origins/article-1-mcgee).

203 "o bem comum": Nauman, Arthur. "News Ombudsmanship: Its Theory and Rationale", Simpósio Press Regulation: How Far Has it Come? Seul, Coreia do Sul, jun 1994.

204 "uma expectativa que … a maioria dos norte-americanos tem": Rosen, Jeffrey. "The Web Means the End of Forgetting", *New York Times Magazine*, 21 jul 2010 (www.nytimes.com/2010/07/25/magazine/25privacy-t2.html?_r=1&pagewanted=all).

207 "para que atinjam um público mais amplo": entrevista com o autor; o funcionário não quis ter sua identidade revelada.

209 "o Google é apenas uma empresa": "Transcript: Stephen Colbert Interviews Google's Eric Schmidt on *The Colbert Report*", *Search Engine Land*, 22 set 2010, acessado em 20 dez 2010 (http://searchengineland.com/googles-schmidt-colbert-report-51433).

209 "expor seu público aos dois lados": Sunstein, Cass R. *Republic.com*. Princeton, Princeton University Press, 2001.

212 "não deveríamos ter que aceitar": Petre, Caitlin. Entrevista por telefone com Marc Rotenberg, 5 nov 2010.

212 "70% das classificações contêm erros" "Mistakes Do Happen: Credit Report Errors Mean Consumers Lose", *US PIRG*, acessado em 8 fev 2010 (http://www.uspirg.org/home/reports/report-archives/financial-privacy--security/financial-privacy-security/mistakes-do-happen-credit-report-errors-mean-consumers-lose).

Índice

FSC
www.fsc.org
MISTO
Papel produzido
a partir de
fontes responsáveis
FSC® C019498

A marca FSC é a garantia de que a madeira utilizada na fabricação
do papel deste livro provém de florestas de origem controlada
e que foram gerenciadas de maneira ambientalmente correta,
socialmente justa e economicamente viável.

Este livro foi composto por Letra e Imagem em Dante Pro 11,5/16
e impresso em papel pólen soft 70g/m² e cartão triplex 250g/m²
por Geográfica Editora em fevereiro de 2012.